COACHING
A SOLUÇÃO

Copyright © 2013 by Editora Ser Mais Ltda.
Todos os direitos desta edição são reservados à Editora Ser Mais Ltda.

Diagramação
Desenho Editorial

Revisão:
Equipe da Editora Ser Mais

Diretora de Operações:
Alessandra Ksenhuck

Diretora Executiva:
Julyana Rosa

Relacionamento com o cliente:
Claudia Lima

Impressão:
Imprensa da Fé

Dados internacionais de catalogação na Publicação (CIP)

(Câmara Brasileira do Livro, SP, Brasil)

Coaching – A Solução – Grandes gurus ensinam os caminhos para vencer / Coordenação editorial: André Percia e Mauricio Sita - São Paulo: Editora Ser Mais, 2013.

Bibliografia.
ISBN 978-85-63178-33-6

1. Desenvolvimento pessoal e profissional. 2. Carreira profissional - Desenvolvimento. 3. Treinamento e desenvolvimento. 4. Sucesso profissional I. Título..

CDD-158.7

Índice para catálogo sistemático:

1.Desenvolvimento pessoal e profissional. 2.Carreira profissional - Desenvolvimento. 3. Treinamento e desenvolvimento. 4. Sucesso profissional I. Título.

Direitos cedidos para esta edição à
Editora Ser Mais Ltda.
Av. Rangel Pestana, 1105, 4º andar - Brás
São Paulo/SP - CEP 03001-000
Fone/fax: (0**11) 2659-0968
Site: www.editorasermais.com.br
e-mail: contato@revistasermais.com.br

Sumário

Apresentação...7

Ter muito dinheiro ou ser rico?
Adilson Bonvino..39

Coaching: uma ferramenta para aumento de performance
Anderson Tonnera...17

O pequeno ciclo de *coaching* "Stanley Krippner"
André Percia...25

Modernidade e *coaching* - Decisão e criação de um novo ambiente!
Aparecida Montijo...31

Você controla a sua empresa ou a sua empresa controla você?
Camila Berni...39

Por que *coaching*? Porque *coaching* é a solução!!!
Cristiane Farias..47

Coaching em saúde e bem-estar
Daniele Kallas..53

Por uma vida significativa e solucionadora
Danielle Maciel Brandão & Veronica Gurgel...........................61

O Sucesso começa com a sua atitude!
Darcimeire Soares...67

Coaching Executivo! Arte para poucos?
Edvaldo Almeida...75

Liderança Situacional - Fábrica de líderes
Elder de Campos...83

Coaching como processo de *personal trainer* da mente
Emerson Franco..89

Coaching como processo de *improvement* em gestão de projetos
Evelyn Cordeiro...95

Planejamento estratégico como ferramenta para o *autocoaching*
Fabio Arruda..103

Você está em busca constante de se superar em algo?
Felipe Gomes & Anthony Águia..111

O argueiro que atrapalha
Fredh Hoss..119

Coaching nas organizações como processo de desenvolvimento para lideranças envolve *autocoaching* como diferencial para vencer!
Graça Silva Moreira..127

EFT *coaching* para controle emocional
Ivo Correia..135

Ser perfeito é impossível? Ser excepcional, NÃO!
Iza Santos..143

Como a prática do *coaching* pode contribuir para o desenvolvimento de líderes e suas equipes
Josy Júdice..151

Coaching empresarial para sócios: um novo olhar
Kelly Marques..159

A sintaxe do sucesso
Kethlin Melo..167

A árvore da felicidade, os benefícios e a essência do *coaching*
Lara Campos & Roque Cezar de Campos..175

Self-coaching
Larissa Ferraro..183

Coaching de equipes para alto desempenho
Luiz Cláudio Riantash..189

Coaching - O processo de transformação e resultados nas Pequenas e Médias Empresas
Luciano Loiola..197

Os desafios do *coaching*
Luiza Elena L. Ribeiro do Valle..205

O poder da ação
Marceli Amaral..213

O gerente *coach*
Márcia Sessegolo..221

Aplicação da teoria U e do *presencing* no *coaching* e *mentoring*
Marcos Wunderlich..229

Coaching e resiliência: comportamento de alta performance
Marinaldo M. Guedes...237

Coaching: transformando a gestão organizacional
Nara Müller..245

O que você procura?
Nelson Vieira..253

Coaching como ferramenta para capacitação das equipes de vendas
Nilson Redis Caldeira...261

O poder da liderança servidora
Oswaldo Neto...269

Coaching aplicado a educação de nível superior no Brasil
Renato Brasil..277

Coaching de produtividade corporativa e relações interpessoais
Renata Burgo & Renato Rodrigues...283

Coaching - A solução para seu planejamento de ação e metas
Rodney Melo..291

Transformar é preciso
Sheyla Lages..299

Coaching para a indústria da hospitalidade
Svenja Kalteich..307

Coaching presente nas várias fases da vida
Talita Martins..315

O que você quer?
Thiago Geordano...321

O caminho do guerreiro
Walber Fujita...329

Apresentação

Com certeza você já assistiu filmes americanos que têm esportes competitivos como tema.

Lembra da figura do *coach* (o técnico)? Ele é sempre apresentado como o "responsável" pela reviravolta em uma partida, quando seu time está perdendo, ou de garantir a vitória.

O *coach* orienta e ajuda a transformar um jogador fraco, mas que tem potencial, no herói do time. Esses filmes mostram em um determinado momento, dezenas de milhares de pessoas num estádio, gritando o nome do jogador.

Ele mostra ao time um plano estratégico, e faz o acompanhamento tático, para que o sonho da vitória seja realizado. Os jogadores, com a autoestima elevada, acreditam que podem chegar lá e excedem no rendimento, usando ao máximo suas competências e habilidades.

Será que isso tudo só se aplica ao esporte? Aplica-se a todos os mortais, e para todas as atividades que exijam competências específicas, para que bons resultados sejam alcançados.

Na vida profissional, o processo de *coaching* é muito mais amplo do que nos esportes, já que vai muito além dos treinamentos. O *coaching* desenvolve as pessoas, opera mudanças, e praticamente garante a realização dos objetivos e metas de cada um.

É disso tudo que este livro trata.

Você, meu caro leitor, lerá textos condensados, escritos pelos melhores *coaches* do Brasil. Perceberá que muitos dos temas abordados serão do seu interesse.

Os livros da Coleção Ser + têm mais uma característica criativa e inovadora. Eles não terminam na última página. Através do site www.editorasermais.com.br você se manterá atualizado, uma vez que todos os livros têm um blog e você poderá interagir com os escritores, ampliar suas análises e discussões, e tirar suas dúvidas.

Agradeço ao André Percia, que é uma referência no *coaching* brasileiro, pela dedicação em analisar e classificar todos os textos. Sua coordenação editorial garante a qualidade do nosso conteúdo.

Faço um elogio especial a todos os escritores, coautores deste livro. Vocês estão dando uma grande contribuição para a literatura do *coaching* e para a divulgação de seus princípios e ferramentas.

Boa leitura!
Mauricio Sita
Coordenador da Coleção Ser+
Presidente da Editora Ser Mais.

1

Ter muito dinheiro ou ser rico ?

Desde pequeno, quando brincava no quintal de minha casa, sabia que precisava fazer algo para poder ter aqueles "carrões", casas e tantas outras coisas que vinham nos sonhos, enquanto meus carrinhos percorriam as estradas feitas na terra do quintal da casa dos meus pais. Muita coisa se passou desde então. Muitos sonhos ainda não puderam ser realizados, mas uma coisa eu tenho certeza: graças a eles pude viver muitas experiências pelos caminhos que fui me guiando pela vida

Adilson Bonvino

Adilson Bonvino

Formado na área de Tecnologia da Informação, atuando há mais de 28 anos em desenvolvimentos de projetos e consultoria empresarial nas áreas de soluções para implantação de gestão integrada dos processos internos, pessoas e estratégia empresarial. Formado em 1996 em Política e Estratégia pela ADESG (Associação dos Diplomados da Escola Superior de Guerra). Sócio-proprietário da empresa PuroAcaso Educacional, onde mantém o blog "PuroAcaso | Ampliando o Horizonte dos resultados!", onde criou o programa "Clínica do Enriquecer" (www.clinicadoenriquecer.com.br), além de ministrar cursos e palestras sobre investimentos, finanças pessoais e resultados. *Coach* pessoal, profissional, de carreira, financeiro e de investimentos.

Contatos:
www.puroacaso.com.br
adilson.bonvino@puroacaso.com.br
http//twitter.com/adilsonbonvino
(15) 3033.2500

Os sonhos podiam estar relacionados com uma quantia enorme de dinheiro, carros na garagem, mas sempre estavam ligados a uma coisa: eu saía de casa (aquelas feitas de areia e cercadas por pedaços de madeira e tijolos) com o meu carro, dizendo que estaria indo para o meu trabalho.

Voltava com dinheiro (jornal picado), mas tinha saído para trabalhar, saído para "fazer" este dinheiro.

Acredito que aí tenha nascido a intenção de fazer algo diferente na minha vida e a certeza que, se eu quisesse algo, teria que "trabalhar" para isso.

Com o passar dos anos e com os caminhos escolhidos, muitas coisas aconteceram em minha vida. Não me arrependo do que fiz, apenas fico pensando naquelas que deixei de fazer.

Aprendi que lamentações não me levam a lugar nenhum e venho aprendendo, desde então, dia após dia, conceitos sobre ser o responsável pelo meu equilíbrio entre o "TER" e o "SER".

O que me pergunto sempre: o que posso aprender com os resultados obtidos a partir de uma escolha?

Então, no que diz respeito a buscar a independência financeira, com equilíbrio entre resultados e qualidade de vida, montei um roteiro que desafiará sua intenção de enriquecer sua vida, tanto financeiramente como em experiências.
Sucesso!

Dinheiro

Pense o que significa Dinheiro para você. Qual o pensamento que você associa com dinheiro?

Agora imagine qual o sentimento que o dinheiro lhe traz?

Como você imagina uma pessoa que não tem nenhum dinheiro? O que significa isso para você? Qual o sentimento que lhe vem na cabeça ao imaginar isso?

E quem tem muito dinheiro, qual o significado? Qual o seu sentimento em relação a isso?

Perceba que a mesma palavra nos traz aspectos diferentes tanto no lado racional como nos nossos sentimentos.

E vale lembrar que nossos sentimentos são responsáveis por muitas de nossas atitudes.

Agora com as reflexões acima feitas, pense qual é o seu relacionamento com o dinheiro? Como você se sente pensando nele, falando nele, entregando parte de seu tempo e da sua vida para estudá-lo?

Sua relação é de medo? De algo que não se deve pensar? De algo negativo? De algo sujo?

Afinal, vivemos em um mundo onde nossa expressão se dá de forma material. Todos precisamos comer, beber, dormir, vestir, estudar, locomover, enfim, muitas outras atividades de nosso dia a dia e o dinheiro está envolvido nestas atividades. Portanto não podemos ignorar sua existência e nem pensar que seja algo negativo.

Existem diferentes formas de se relacionar com o dinheiro, mas acredito que as pessoas podem e devem viver seus dias com uma relação natural com o dinheiro, na qual ele passa a fazer parte daquilo que pretendemos para nossa vida, afinal poderá nos ajudar a conquistar nosso sonhos e objetivos, e não sendo o único fim de nossa existência, nem nosso inimigo.

Temos que ter em mente que sonhos e objetivos são traçados não somente para longo prazo, também temos as necessidades diárias, viagens anuais, passeios mensais, reuniões com familiares e amigos, livros, cursos e tantas outras coisas que nos cercam e que nos permitem viver nossa vida, então ficar escravo do dinheiro não é uma alternativa saudável.

A forma como pensamos e sentimos em relação ao dinheiro pode determinar como o conquistamos, como o administramos, como o multiplicamos, enfim como o aceitamos.

Então pense novamente: Qual é o meu sentimento em relação ao dinheiro? Como percebo o dinheiro no meu dia a dia? O que eu posso fazer de diferente em relação a minha forma de relacionamento com o dinheiro?

Remuneração

Qual é a correta remuneração que você acredita merecer? O quanto você está satisfeito com a remuneração atual? Qual o seu sentimento pelas pessoas que conhece que são melhores remuneradas que você? Qual o seu sentimento quando você recebe sua remuneração? Como se sente recebendo sua remuneração?

Afinal o que significa remuneração para você?

Quem recebe uma remuneração, recebe porque prestou um serviço ou um trabalho para outra pessoa (pode ser uma pessoa comum ou uma empresa), portanto a remuneração é algo que é percebida por duas partes ao mesmo tempo.

Qual o motivo de estar assim no dicionário: "pleitear justa remuneração"? Poderia ser por existirem duas partes envolvidas?

Cada uma das partes concorda, em um determinado momento com a remuneração, que é o momento em que se fecha o acordo entre elas para o trabalho propriamente dito.

Se existiu um aceite entre as partes, porque muitas pessoas reclamam de suas remunerações?

A remuneração foi acertada em um determinado momento, e foi onde combinaram as regras desta remuneração. Como foi combinada a revisão desta remuneração?

E pense em algo mais: se existiu uma regra, qual era a sua parcela para possibilitar estar revisão? Como você pode revisar a sua remuneração?

Algumas coisas não precisam estar detalhadas neste processo de revisão. O que você tem feito para merecer melhor remuneração? Existe alguma outra forma de receber melhor remuneração, onde trabalha hoje ou fora de lá? Tem algo que pode fazer fora de seu ambiente e horário de trabalho que melhore sua remuneração? Quais habilidades você acredita serem necessárias para que sua remuneração melhore? O que tem feito para obtê-las?

Qual a relação entre sua atual remuneração e o que tem feito para merecê-la? O que você pode fazer para ser melhor remunerado? Quando combinar uma remuneração, o que pode fazer para saber como a remuneração pode ser revista e quais as regras?

Sendo uma parte ativa de sua remuneração, o que você pode fazer, a partir de agora, para montar seu plano de melhora de sua remuneração?

Dívida

O que dívida significa para você? O que é ter uma dívida? Qual o sentimento que dívida lhe traz?

Falamos em dinheiro e remuneração até o momento. Agora tocamos no assunto dívida.

Incrível como algumas pessoas tem um pensamento negativo sobre dinheiro, reclamam de sua remuneração, porém acham normal ficar endividado.

Vamos voltar a reflexão sobre dívida.

Como todo sentimento, o sentimento que dívida lhe traz pode determinar como você tratará o assunto, bem como as administrará.

Vamos pensar agora em duas situações, a primeira onde uma pessoa adquire um táxi através de um financiamento e passa a dever R$ 800,00 por mês, porém consegue uma retirada de R$ 2.100,00 mensais com seu trabalho. Agora vamos ver a segunda situação, uma pessoa que já possui uma televisão em casa e tem uma dívida de R$ 100 no cheque especial no banco em que possui conta e compra uma nova televisão com parcelas de R$ 89,00 por mês, para uso doméstico.

(Os valores acima são hipotéticos)

Dívidas podem ser feitas para diversas situações e, cada dívida, ao ser feita, pode significar algo para quem a fez.

Perceba o caso da televisão. Foi comprada "outra" televisão e para uso residencial. E quem a fez já devia para o banco. Dívidas feitas em sua conta bancária, utilizando o "cheque especial" (que deveria ser chamado "cheque cotidiano" por causa da forma com que as pessoas incorporam este valor em seu dia a dia) cresce de forma assustadora, mesmo sem que a dívida seja aumentada, ela aumenta graças ao acréscimo dos juros calculados diariamente.

Faça o máximo de esforço para sair deste tipo de dívida, ou seja, do "cheque especial" ou de cartão de crédito, enfim, de dívidas que crescem mensalmente mesmo que não se aumente a dívida, que crescem através de juros diários ou mensais.

Renegocie taxas, busque formas de conseguir capital para quitar estas dívidas, de preferência por um juros menor e que fiquem em parcelas fixas e conhecidas. Faça isso, porém antes monte seu orçamento pessoal ou familiar para que possa saber qual o valor mensal poderá comprometer para quitar estas dívidas e não mais entrar em outras.

Evite ficar no vermelho e que os juros a pagar passem a comer seus sonhos e objetivos.

Os dois casos, apresentados acima, mostram pessoas que ficaram endividadas.

O que percebe em cada um dos casos? Qual deve ser o sentimento de cada uma das pessoas?

Qual é o seu pensamento em relação a dívidas? Qual o seu comportamento perante uma dívida?

Lembre-se que a dívida está em sua vida porque você permitiu que estivesse. Pode ter sido por vários motivos e a razão você sabe muito bem. O que precisa saber agora é que você tem que montar um plano para sair desta dívida. E ficar parado não é uma alternativa muito sábia.

Você é o responsável pela mudança da situação. Então o que você pode fazer de diferente para sair desta situação? Qual a situação que deseja para os próximos meses? E para os próximos anos?

Resultados diferentes acontecem com atitudes diferentes.

Qual será a mudança que você fará em sua vida com relação as suas dívidas? Caso tenha dívidas, qual o plano montará para sair delas? Se não tem dívidas: qual será seu plano para ficar longe daquelas que podem prejudicá-lo com os juros embutidos?

Riqueza x Independência financeira

O que significa riqueza para você? O que é ser rico? Qual o sentimento de ser rico?

Muitas pessoas vivem o sonho (ou a ilusão) de ter Um milhão no banco. E vivem apenas para isso, guardando tudo o que podem, deixando muitos aspectos de vida de lado.

Desta forma mede-se riqueza pelo o que se tem sem se importar em como se conquistou ou que se viveu para conquistar.

Nada contra se ter um milhão ou mais, nem contra não se ter esta quantia. O que devemos nos perguntar é: o que estou fazendo para ter experiências que me enriqueçam como pessoa e que me permitam viver de forma equilibrada entre minhas necessidades (físicas, espirituais, sociais, financeiras, de saúde, familiares e etc) e meus sonhos ? O que tenho feito para conquistar e manter este equilíbrio?

Vamos pensar agora nisso: se você vê uma pessoa chegando com um carro caríssimo, pode afirmar que é uma pessoa rica?

E se essa pessoa comprou o carro em 60 parcelas e não pagou nenhuma, mora em uma casa que não é dele, pagando aluguel (muitas vezes devendo aluguel ou condomínio), e está com sua conta bancária negativa?

Muitas vezes a aparência determina nossos pensamentos a respeito de um "status".

Uma coisa é viver como se tivesse algo e outra é viver de acordo com o que se tem.

Muitas pessoas levam uma vida simples, trabalham, passeiam, estudam e fazem seus filhos estudarem e depois de um certo tempo param de trabalhar e conseguem viver muitos anos recebendo sua pensão e, vou até mais longe, recebendo remuneração de ativos que conseguiu acumular durante sua vida.

Outras pessoas que ostentavam mais que podiam, continuam trabalhando, mudando-se para ambientes menores, já que não conseguiram pagar o que tinham e não conseguem se adequar a sua nova situação, no momento em que não têm mais força para trabalhar ou trabalhar de acordo com o que o mercado oferece para elas no momento. Dependem de suas pensões e procuram trabalho para completar sua renda, apenas para sobreviver.

Percebeu a diferença entre "status" de riqueza e Independência financeira?

Se uma pessoa é remunerada mensalmente em $ 30.000,00 e é o arrimo da família, recebe com certeza uma quantia muito boa. Porém, se não se preparou financeiramente para dias difíceis e, se viver gastando quase tudo ou até mais do que ganha, se verá em uma situação muito ruim se algo acontecer com os seus rendimentos, como por exemplo uma perda do trabalho ou um período ruim para os seus negócios.

Se isso acontecer, a família se verá em uma situação muito ruim, pois a remuneração que possuía não mais estará vindo, ou pode estar menor que anteriormente, porém muitas dívidas ou compromissos assumidos continuarão caindo todos os meses nos mesmos patamares. Numa situação dessas, a família pode, em muitos casos, ter que se dispor de bens móveis ou imóveis por preços abaixo do que valem para poder se sustentar.

Quem é rico pode receber muito dinheiro, mas somente será independente financeiramente quando aquilo que construiu gerar renda para ele mesmo que não tenha que se esforçar mais para trabalhar. Não é o volume de dinheiro que a pessoa recebe que vai determinar o seu "status", mas sim como é que ela o recebe.

Isso é conquistado com a simples atitude de se gastar menos do que se recebe e investir com paciência, disciplina e conhecimento do que está se fazendo, por muitos anos.

Quanto mais coisas a pessoa tiver que "sustentar", maior terá que ser sua remuneração, que será gasta para manter , muitas vezes um "status", não pela necessidade ou pelo uso cotidiano.

Vamos ver um exemplo:

Vamos imaginar uma casa de veraneio ou um apartamento na praia.

Pense em quanto despenderá de seu dinheiro para adquirir e manter o imóvel. Pense também na oportunidade de ganhos que deixará de ter por estar com este capital investido neste imóvel.

Qual seria a soma destes valores colocados anualmente?

Agora imagine quantas vezes vai desfrutar deste seu imóvel? Quantos serão os finais de semana que irá viajar para poder passear e desfrutar?

O quanto seria gasto, anualmente, se fosse para alguma pousada ou hotel?

Então, pense ao adquirir algo se o que está adquirindo irá trazer despesas ou receitas para você. O quanto isso irá representar em 1 ano? E em 2 anos? E em 5? Quem sabe em 10 anos? O quanto isso poderia representar para a conquista de sua independência financeira?

Não estou propondo não se adquirir nada, muito menos virar uma pessoa sovina. Estou propondo que se pense no longo prazo e o que realmente está fazendo com o seu dinheiro e o que irá representar de gastos mensais e anuais e se existem alternativas que gerem o mesmo prazer, alegria e conforto, que possam ser avaliadas e que sejam mais bem utilizadas hoje e no futuro.

Não esqueça de refletir antes de suas futuras aquisições:

Isso irá me gerar despesas ou receitas? Ao adquirir isso, o que será privado neste momento e isso trará benefícios futuros? Quais são as oportunidades que estarei deixando se adquirir isso? Existe alguma alternativa que possa ser avaliada?

Deixo o desafio para que você crie o seu plano de enriquecer sua vida, em todos os sentidos e, vou mais além, que tenha coragem de levá--lo adiante!

Sucesso!

2

Coaching: uma ferramenta para aumento de performance

Atualmente, o mercado de trabalho busca indivíduos com alto nível de performance. De igual forma, esses indivíduos buscam também maximizar os resultados obtidos em sua vida pessoal. Nesse contexto, surge o *coaching*, que não é regularizado como profissão no Brasil, mas como uma ferramenta de busca de melhoria. Ao profissional que desenvolve este trabalho, dá-se o nome de *coach* e ao indivíduo que participa do processo como "cliente" dá-se o nome de *coachee*

Anderson Tonnera

Anderson Tonnera

Consultor, *coach*, palestrante e escritor, tendo iniciado a carreira há nove anos. Com formação inicial em Administração e Pós-Graduação em Gestão da Qualidade pela UFF, optou por utilizar o conhecimento até então adquirido prestando consultoria empresarial em empresas de diversos segmentos pelo Brasil. Entre os trabalhos que realizou estão: análise, desenho e redesenho de processos, implantação dos subsistemas de recursos humanos em diversas organizações, implantação de planejamento estratégico e desdobramento das ações estratégicas. Treinamento com foco em mudança organizacional, implantação do BSC, implantação e treinamento de auditoria interna e adequação de organizações para certificação, levantamento e análise de riscos operacionais, *valuation* (valoração econômica), aplicação de ferramentas da qualidade para obtenção de aumento da produtividade, incremento no lucro e redução de despesas.

Contatos:
www.andersontonnera.com.br
consultoria@andersontonnera.com.br
(21) 8181-1290

É importante ressaltar que o *coaching* não é terapia, gerenciamento de desempenho, motivação e torcida, sentimentalismo, função de perito, gerência, consultoria, treinamento e *mentoring*. Este possui ferramentas e objetivos bem diferentes das características citadas, tendo em vista que este processo trabalha basicamente com uma elevação do nível de consciência do participante.

Para aprender *coaching* é necessário se esvaziar de conhecimentos antigos e estar aberto a novas propostas e perspectivas, ou seja, questionar o mundo em que se vive e os paradigmas que são criados e desenvolvidos com o tempo, uma vez que o *coaching* é um processo com início, meio e fim claramente definidos.

Pode-se definir *coaching*, portanto, como um processo com sequência lógica na qual *coach* e *coachee* estabelecem uma relação de parceria, visando aumentar o nível de consciência da realidade vivida pelo cliente, para que o mesmo possa aumentar substancialmente sua performance.

O objetivo macro do *coaching* é enxergar de forma clara o objetivo do usuário. Esse "acesso" é feito através de perguntas, com o intuito de buscar uma comunicação empática.

Dá-se o nome de *rapport* ao processo pelo qual se produz simpatia, sintonia e conexão entre *coach* e *coachee*, de forma a entender o mundo subjetivo do indivíduo. Conforme foi citado na definição acima, a parceria entre estes dois elementos é de vital importância para o alcance dos resultados esperados.

O processo de *coaching* dura em média de três a seis meses. O número de sessões varia de seis a doze, de acordo com os objetivos definidos em um primeiro encontro. Estas podem ser semanais ou quinzenais, tendo duração média de 50 a 90 minutos.

Não existem locais predefinidos para os encontros. Ao contrário da psicologia e da terapia, em que o profissional dispõe de toda uma estrutura para receber o cliente, o *coaching* é bastante flexível, uma vez que os encontros podem ocorrem em restaurantes, cafés, escritórios e atendimento virtual, como o Skype, tendo em vista a escassez de tempo e a distância geográfica.

O início do processo consiste na identificação do estado atual, seja ele profissional ou pessoal, do *coachee*, ou seja, avaliação da motivação, satisfação e nível de consciência da realidade. Após tal levantamento, é estabelecida a meta almejada, para que sejam estupulados os caminhos para a devida satisfação.

As ferramentas, técnicas e modelos utilizados no *coaching* são originados de diversos âmbitos de pesquisa, conforme relacionado a seguir.

- **Ciências**
    - Sociologia

- Psicologia
- Administração
- Filosofia
- **Campos**
  - Estratégia Empresarial
  - Estratégia Militar
  - Autoajuda
  - Marketing
  - Esportes
- **Técnicas**
  - Programação Neurolinguística
  - Motivação
  - Liderança
  - Comportamentais
  - Comunicação

Figura: Modelo de atuação sistêmica do coaching

De maneira a explicitar os itens primordiais do *coaching*, citados anteriormente, segue:

1. **Foco:** visa promover disciplina e comprometimento acima da média, afinal, pessoas focadas produzem muito mais e com mais qualidade. O foco facilita na definição de prioridade e administração do tempo, pois não se atenta a fatores que não agregam valor aos objetivos definidos. Quanto maior a concentração no objetivo traçado, melhor a concretização da meta.

2. **Ação:** é vital para que se tenha um foco de resultado, tendo em vista que resultados efetivos são originados, essencialmente, através de atitudes que tenham fundamentos sólidos e contribuam para aquilo que foi proposto. A ação constante e direcionada tira o indivíduo da zona de conforto para que o mesmo busque novos desafios.
3. **Resultado:** é o fim deste processo de *coaching*. Entende-se como aquilo que deve ser o direcionamento final das ações. O resultado efetivo do *coaching* pode envolver uma grande diversidade de realizações, tais como:
   - Flexibilidade;
   - Mudança;
   - Quebra de Paradigmas;
   - Crescimento e Desenvolvimento.

O processo de *coaching* não é exclusivo para o âmbito corporativo, afinal, esta ferramenta vem sendo largamente explorada nos mais diversos ambientes e níveis de complexidade. Contudo, o *coaching* atua de maneira mais intensa nas seguintes condições:

1) **Vida**
   a. *Carreira:* como alavancar a carreira, de que forma definir e vivenciar um plano de carreira com diversos direcionamentos para o alcance final.
   b. *Saúde:* doenças existenciais, doenças adquiridas, disciplina na realização de exercícios físcos, entre outros.
   c. *Emagrecimento:* plano de realização diária e determinação para chegar ao peso ideal.
   d. *Relacionamentos:* como atingir a realização plena nos diversos tipos de relacionamentos.
   e. *Finanças pessoais:* definir plano de investimento, verificar nível de endividamento, criar orçamento pessoal, entre outros.
   f. *Concursos:* disciplina para estudar (elaborar plano de estudo e monitorar).
   g. *Espiritual:* definição religiosa e cumprimento das doutrinas definidas na mesma.
2) **Negócios**
   a. Profissionais autônomos.
   b. Profissionais liberais.
   c. Aumento de vendas;
   d. Empreendedorismo;

e. Gestão familiar;
   f. Equilíbrio vida e negócio.
3) **Executivo**
   a. Desenvolvimento de competências e liderança.
   b. Comunicação.
   c. Trabalho em equipe.
   d. Gestão de *stress*.
   e. Recolocação Profissional.

A relação *coaching* e *coachee* deve ser baseada em alta confiabilidade. O profissional (*coach*) deve proceder com o cliente sob algumas regras básicas, tais como:

- Incentivo constante ao *coachee* e apoio no processo de mudança.
- Efetuar perguntas que sejam relevantes para o desenvolvimento pessoal do *coachee*.
- Desafiar o *coachee*.
- Explorar pontos fortes, conhecimentos e habilidades.
- Não efetuar em momento algum o julgamento.
- Definir e alinhar metas e objetivos.
- Foco na solução e não no problema.

Para que o resultado desta parceria seja de grande valia, não existe uma "receita mágica", nem ferramentas moldadas para todos os perfis de indivíduos. Os procedimentos do *coaching* são diversos e específicos para cada momento do processo, e para cada pessoa em função das suas necessidades e objetivos traçados.

Para que os resultados almejados sejam alcançados, torna-se vital o entendimento das ferramentas que compõem esse processo. Importante também entender que existem uma quantidade bem diversificada de ferramentas, contudo, serão citadas algumas das mais relevantes.

a) **Crenças e valores**

É primordial a definição de crenças e valores pessoais adquiridos ao longo da vida, dada a criação de cada um. Crenças são os itens que acreditamos e percebemos a realidade. Valores são os critérios que norteiam a vida das pessoas. Tanto um como o outro são mutáveis ao longo do tempo e refletem a importância daquilo que tem representatividade na vida dos indivíduos.

Exemplos de crenças: "Todo político é ladrão"; "Operador de Telemarketing é chato"; "Dinheiro não traz felicidade".

Exemplos de valores: Honestidade, Humildade, Respeito, Amor, Liberdade, Status.

Toda mudança só é possível quando os valores são compreendidos e as crenças podem ser transformadas. Os dois constituem os pensamentos e determinam as ações.

b) **Missão e Visão**

É muito comum que empresas invistam tempo para definir sua missão e visão, o que difere dos indivíduos. Para o processo de *coaching*, esta definição é extremamente importante, uma vez que a missão diz respeito ao desejado pelo indivíduo e o que impacto que ele deseja causar em sua vida, sua comunidade e na vida daqueles que o cercam. A missão fala, basicamente, de três fatores: habilidades, atitudes e objetivos.

A visão está focada em demonstrar o objetivo da pessoa e está relacionada aos sonhos e desejos desta numa perspectiva de curto, médio e longo prazo. Esta sempre deve ser altamente inspiradora ao ser lida ou observada.

c) **Modelo GROW**

A eficácia do *coaching* depende muito do estabelecimento de metas claras e objetivas. Estas devem ser de conhecimento e discussão do *coach* com o *coachee* e não podem ser perdidas de vista durante todo o processo.

Um modelo sugerido para a definição de metas é o GROW, que consiste na identificação de possibilidades ou caminhos para sair da situação atual e chegar à meta idealizada.

Goal – Definir as metas é o passo inicial. Definir onde quer chegar ao final do processo, quais os alvos profissionais, as metas de curto, médio e longo prazo, as buscas pessoais, entre outros.

Reality – Definir o estado atual em relação ao ponto que se deseja alcançar, os principais impedimentos ou barreiras para almejar as metas e verificar os recursos necessário (não apenas financeiros) para obter os resultados estabelecidos.

Options – Levantar todas as possibilidades de se alcançar o objetivo desejado e estabelecer as vantagens e desvantagens de cada um. Verificar a opção que traria maior retorno e satisfação em relação às demais. Dividir as alternativas em complexas e simples e depois em definitivas e paliativas.

What, When, Whom e Will – Estabelecer claramente o que deve ser feito e o prazo de realização de cada atividade (devem ocorrer monitorações periódicas das metas). Verificar se existe a dependência de algo ou alguém para atingir as metas e levantar o nível de comprometimento para essa busca.

d) **Swot Pessoal**

Ferramenta de utilização corporativa que pode ser devidamente adaptada ao *coaching*.

Na análise interna serão observados pontos fortes (habilidades, conhecimentos, atitude, genética, reputação, entre outros) e os pontos a desenvolver (onde pode melhorar, quais as crenças limitantes, entre outros). Ao contrário do mundo corporativo, não usamos o termos pontos fracos e sim pontos a desenvolver, até como forma de gerar ao *coachee* uma perspectiva de crescimento e melhoria.

Na análise externa serão observadas as oportunidades (onde se pode tirar vantagem, mercado, ambiente, cenário, sazonalidade, clima, entre outros) e os desafios a superar (todos os obstáculos externos).

Baseado na análise conjunta do ambiente externo e interno serão definidas as forças facilitadoras e as forças dificultadoras. As forças facilitadoras serão o resultado da combinação entre pontos fortes e oportunidades e deverão ser potencializadas. As forças dificultadoras serão o resultado da combinação entre os pontos a desenvolver e os desafios a superar e seus efeitos devem ser minimizados.

e) **Rota de Ação**

Trata-se do agrupamento de ações rumo ao objetivo estabelecido para o processo. Nesta ferramenta são desenvolvidos "marcos de realização" temporais onde funcionam como "metas parciais" que direcionam e norteiam o indivíduo para não perder o foco e o direcionamento do caminho crítico a ser seguido.

É importante ressaltar que as ferramentas citadas não constituem algo inflexível e um caminho a ser seguido. A sequência de aplicação também não deve obedecer ao especificado neste artigo e sim devem estar de acordo com as necessidades levantadas e apresentadas durante o processo de *coaching*. No entanto, o uso correto dessas ferramentas por um profissional qualificado traz resultados extremamente significativos na busca pelo aumento da performance.

3

O pequeno ciclo de coaching "Stanley Krippner"

Este ciclo de treinamento foi criado em honra do meu colega e amigo Stanley Krippner, e foi inspirado na forma como sinto sua influência no meu trabalho, bem como na minha vida como um todo. Cada letra do seu nome será uma referência de algo que experimentei em alguma das muitas vezes que estive com Stanley e, ao mesmo tempo, é um "passo" no processo de auxiliar as pessoas a trabalharem para o próprio desenvolvimento pessoal

André Percia

André Percia

Psicólogo clínico e hipnoterapeuta com formação internacional em *Coaching*. *Practitioner*, *Master Coach Trainer* em PNL e MBA em Gestão Pela Qualidade na UFF. Ministra cursos e palestras no Brasil e no exterior.

Contatos:
www.youtube.com/Andrepercia
apercia@terra.com.br

Tendo em mente que nossa meta é a de desenvolver uma percepção mais acurada do nosso estado atual, há alguns passos a serem dados. Cada questão é precedida por uma breve descrição de como um determinado passo se relaciona a alguma parte do contínuo processo de aprendizagem que acontecia cada vez que Stanley[1] e eu interagíamos. É fundamental que as perguntas de uma questão sejam respondidas antes de se passar para a questão seguinte.

Os passos do processo

1. Sensing your life (Sentindo sua vida)

Stan sempre tem metas para sua vida, tanto pessoais como profissionais, e isso permite que ele se organize e esteja à frente dos acontecimentos.
- Onde você se situa hoje, com relação aos seus objetivos mais desejados?
- O que está acontecendo?
- Quais são as pessoas, as coisas e as situações externas que se relacionam com o seu desafio?
- Como você está reagindo internamente a tais fatores externos?
- O que mais há em seus processos interiores e como eles se relacionam com os processos exteriores?
- Qual a melhor forma de SEGURAR o que está acontecendo?

2. Toward your goal consistently (Em direção à sua meta de forma consistente)

Uma coisa que sempre me impressionou em Stan é a sua consistência. Ele vive o que defende, de tal forma que suas metas se materializem, fazendo tudo o que pode para ajudar no processo.
- O que você quer fazer sobre isso?
- O que depende de você?
- Quando você quer que as mudanças sejam efetivas?
- Há harmonia entre o que você quer e o resto dos seus processos interiores, bem como entre suas conexões externas (família, trabalho, crença religiosa etc.?).
- Há alguém ou alguma coisa que possa ajudá-lo?
- Especificamente, como você pode tornar essa jornada agradável, apreciando cada parte dela, agora?

3. Aligning resources (Alinhando recursos)

Stan reúne seus recursos, tanto os internos quanto os externos, para conseguir chegar aos seus resultados. Tenho centenas de lembranças de Stan reenquadrando eventos de uma forma mais construtiva e positiva.

---

[1] O autor estabelece a cada letra do nome de Stanley Krippner uma referência de ação ao desenvolvimento pessoal; assim, optamos por manter os passos do processo em inglês, língua original de apresentação desse artigo.

Notei que Stan se envolve com as motivações das outras pessoas para atingir seus desafios.
- Quais são os recursos disponíveis que irão capacitá-lo a conseguir os resultados que deseja?
- Para chegar a resultados similares em sua vida? Traga de volta à memória (imagens, sons, diálogos interiores, sentimentos) os momentos em que usou tais recursos e escreva os que poderiam ajudá-lo na situação atual.

4. Nice and positive reframing (Reenquadramento agradável e positivo)
Stan parece escolher significados positivos para suas experiências, os quais o ajudam a seguir em direção às suas metas.
- Quando você reconsiderar aquilo que costumava ser um desafio, ao invés de usar uma abordagem pessimista e negativa, o que mais ele pode significar?
- Se de fato você decidir a usar a aprendizagem oriunda do desafio de mudar agora, o que mudou nessa nova perspectiva?

5. Love & compassion (Amor & compaixão)
Tenho visto Stan manifestar compaixão pelas outras pessoas colocando-se no lugar delas, e sempre levando em consideração o direito que elas têm de ser seja lá o que for que elas queiram ser.
- O que é importante para você?
- Mudar esse desafio agora envolve quais valores de sua vida?
- Quais são os pontos de vista e os valores das outras pessoas? Você compreende o quanto isso é importante para elas?
- Como você pode encontrar maneiras positivas, saudáveis e interessantes para contemplar o que é importante para você e para os outros?
- Você pode sentir compaixão pelas outras pessoas envolvidas nesse desafio?

6. Kinesthetic syntaxes (Sintaxes cinestésicas)
As ações, as expressões e a comunicação corporal de Stan são sempre coerentes com suas metas, propósitos e mensagens, tornando-o poderosamente congruente.
- O que, em seu corpo, pode ajudar você a se comprometer com o processo de construir resultados?
- O que você pode fazer ou praticar que estimule e até mesmo prepare seu corpo para acompanhar seu compromisso mental?

7. Relief from meaningless pain (Alívio da dor sem sentido)
Eu sempre me inspirei na habilidade de Stan em substituir o foco em processos dolorosos desnecessários por metas realistas, positivas, construtivas e significativas, bem como nos passos necessários para alcançá-las.

- Se você está ansioso ou sente dores emocionais com a situação atual, o que pode aprender com ela?
- Se você usar a metáfora do "eu" interior querendo mostrar alguma coisa significativa através da dor, ou talvez com a intenção de mostrar alguma coisa mais importante do que a dor, o que seria?

8. Ideas for a long lasting healthy future
   (Ideias para um futuro saudável e duradouro)

As ideias precisam de um corpo e de uma mente saudáveis para fazer com que as coisas aconteçam. Stan é um superempreendedor e consegue isso porque se mantém saudável de todas as formas possíveis.

- Quanta satisfação e quanto prazer você obterá quando atingir seus resultados?
- Por que isso é importante para você?
- Como, especificamente, você pode atingir seus resultados sendo saudável e se divertindo?

9. Passion for your Life's Mission and Vision
   (Paixão pela missão da sua vida e visão)

Ouso declarar que sob um grande psicólogo e pesquisador há uma pessoa em contato com padrões e valores elevados, e fortemente comprometida em fazer da vida algo especial e grandioso. Sua Visão e Missão são holísticas, já que ele mantém juntas muitas pessoas diferentes, sempre criando grandes oportunidades para todas elas.

- O que é importante para você, como pessoa, ao atingir suas metas?
- Como atingir suas metas influencia seu projeto de vida de forma positiva?
- Uma vez que você atinja suas metas, como isso pode ser bom para as pessoas ao seu redor?

10. Power from unconscious processes
   (O poder dos processos inconscientes)

A maioria dos livros, pesquisas e *workshops* envolve o que algumas pessoas chamariam de "trabalhar com os processos inconscientes", tais como hipnose, imaginação criativa e ativa.

- Que técnicas e processos inconscientes podem ajudá-lo?
- À noite, antes de ir dormir, o que você pode visualizar sobre construir seus resultados desejados?

11. Now What? (Agora Que...?)

Em minhas interações com Stan, vi que ele constantemente verificava os resultados do que estava fazendo, como que reavaliando o caminho e checando se ainda estava na trilha certa – ou se havia outras trilhas disponíveis.

- Como você pode checar se está indo em direção às suas metas em bases regulares?

- Como pode se manter no caminho do sucesso e apreciar o processo?

12. Embracing your future (Abraçando seu futuro)

Frequentemente tive a impressão de que o futuro desejado por Stan fica sempre piscando diante dos olhos de sua mente, conectando-o com o seu presente, e com os caminhos que ele está seguindo na vida, em muitas trilhas consistentes e congruentes.

- Como você pode estabelecer um "GPS mental" para guiá-lo nas trilhas que correspondem às suas muitas escolhas e conseguir que pelo menos 20% delas sejam consistentes com o seu futuro desejado?

13. Reinforcing & celebrating (Reforçando & celebrando)

Tenho visto Stanley consolidando bons padrões, trabalho, amizades e relacionamentos profissionais em um processo contínuo, não apenas se divertindo, mas também celebrando os resultados obtidos, e da vida em geral. Não importa quão ocupado esteja, sempre há espaço para apreciar e celebrar a vida.

- Como você pode consolidar esse processo?
- O que você já aprendeu?
- O que precisa ser continuado ou desenvolvido?
- O quanto são importantes os resultados que você já obteve e os que ainda acontecerão?
- Como você pode celebrá-los e à vida, como um todo, regularmente, em sua rotina?

4

Modernidade e coaching - Decisão e criação de um novo ambiente!

Este artigo tem o objetivo de demonstrar que a modernidade, que trouxe a instabilidade como uma variável constante, deve repensar a liderança, seus métodos e seus resultados dentro da organização. A decisão pela criação de um novo ambiente passará pelo *coach*, que é o elemento facilitador com habilidades para potencializar, no outro, condições internas transformadoras

Aparecida Montijo

Aparecida Montijo

Sócia-diretora da Interativa, Assessoria de Projetos e Consultoria Empresarial, e profissional com sólidos conhecimentos da área educacional, com mais de 20 anos de atuação. É Consultora Organizacional. Especialista em Gestão de Processos e Pessoas (RH), Dinâmicas Organizacionais e Jogos Empresariais. Especialista em Elaboração de Projetos Educacionais na Empresa para DH (Desenvolvimento Humano), Métodos e Técnicas de Ensino e Treinamentos, Gestão Estratégica de Pessoas e Competências. Especialista em Psicologia Organizacional, Consultoria Interna e Relações de Trabalho. Atua em projetos internacionais na preparação de profissionais, no suporte estrutural, científico e técnico das organizações; apoia empresários de PMEs, ONGs e Cooperações Internacionais. É palestrante e articulista. Pós-graduada em Língua e Literatura Espanhola, Psicopedagogia e Pedagogia Empresarial.

Contatos:
www.inter-ativa.com
cida@inter-ativa.com

Introdução

A contemporaneidade ou esse tempo chamado modernidade traz um novo viés ao cotidiano do homem cuja instabilidade se "estabelece" como uma condição dentro das organizações, suficiente para levá-lo a vivenciar uma sequência de desafios inéditos. Em decorrência desse tempo caótico, de estados emocionais flutuantes e da rapidez com que se desfazem alguns padrões de comportamentos aceitáveis, é que a busca de outra forma de liderança apresenta-se como uma nova metodologia capaz de levar o indivíduo a encontrar-se e assim novos caminhos e novos resultados, através do *coaching*. Decidir-se por ser um *coach* é deliberar-se por transformações originais suficientes para metamorfosear a si, e o seu entorno, é vislumbrar soluções que estão internalizadas - é criar um novo espaço com propostas inovadoras capazes de suprir as demandas de um tempo que exige muito mais de cada indivíduo.

Modernidade

A Modernidade imprime um novo cenário no mundo, na vida das pessoas e consequentemente dentro das organizações, suficientes para alterar comportamentos, estruturas, escolhas individuais, coletivas, fazendo com isto gerar novas possibilidades de mudanças capazes de acolher um mundo novo e globalizado. Segundo as palavras de Zygmunt Bauman, em entrevista ao jornal O Globo:

"Vivemos uma terceira e relativamente nova organização do tempo, que ganha terreno no que eu chamo de modernidade líquida: uma forma de vivenciar a passagem do tempo que não é nem cíclica e nem linear, um tempo sem seta, sem direção, dissipado numa infinidade de momentos, cada um deles episódico, fechado e curto, apenas frouxamente conectado com o momento anterior ou o seguinte, numa sucessão caótica. As oportunidades são imprevisíveis e incontroláveis."
(http://extra.globo.com/noticias/saude-e-ciencia)

Com Bauman, podemos dizer que decidir-se a favor de uma mudança ou de algum outro estado requer uma resolução interna e subjetiva, pois nesse contexto gerador de grandes instabilidades nas relações, surge, através do *coaching*, uma nova forma de pensar a liderança e, assim, outras maneiras de se obter os resultados desejados, dentro de um panorama pessoal e corporativo. É a modernidade formatando uma nova metodologia de orientação e busca de resultados mais efetivos e duradouros.

Coaching: o que é e o que não é!

Segundo a ICF (International Coaching Federation – www.icfbrasil.org), "*Coaching* é uma parceria com clientes num processo criativo, provocador de pensamentos e de autoconsciência, que inspira os clientes a maximizarem o seu potencial pessoal e profissional."

Orientados por esta definição, podemos dizer que o *coaching* é uma ferramenta de desenvolvimento de pessoas que se realiza através de um acompanhamento pessoal e profissional para que a organização, através do indivíduo, possa alcançar os resultados esperados.

O *coaching* não é um serviço de consultoria no qual se faz uma anamnese e posteriormente se recomenda um conjunto de ações de melhoria, assim como também não é uma formação convencional. O *coach* pode ser um gestor, um líder, um psicólogo que adquire conhecimentos teóricos sobre o assunto e se vê com determinadas competências para sua realização. O *coach* conduz o *coachee* a encontrar respostas internas, através de perguntas cabíveis às situações apresentadas – ele faz com que o sujeito possa encontrar dentro de si respostas, e assim colocá-las em prática através de ações planejadas.

Também não é uma terapia. A terapia é feita por psicólogos, psiquiatras e especialistas e tem como objetivo um tratamento para alguma perturbação interna. O *coach* não lida com doenças; ao contrário, quando tem essa percepção, pode sugerir ou fazer o encaminhamento devido.

Coaching, da mesma forma, não é psicanálise, cujo foco é trabalhar pela via do inconsciente na qual a remissão dos sintomas se dá pelo acesso à palavra.

Coaching se isenta de aconselhar, por que quem aconselha participa do ato praticado, ou seja, tenta convencer o sujeito ou mesmo, persuadi-lo. O *coaching* trata de que o sujeito encontre suas próprias respostas – vejamos: "Cada pessoa é a melhor especialista sobre sua própria vida profissional e pessoal, porque só ela sabe quem ela quer e pode ser." (Premissa publicada no website da ICF até sua última reforma.)

A importância do coaching

Num mundo em que a rapidez das informações e a busca por resultados são inquestionáveis, executivos, grande parte do tempo, têm a sensação de terem sua capacidade intelectual e emocional ultrapassadas pelos desafios que lhes são impostos diariamente.

Esse novo tempo que se encontra cada vez mais reduzido, faz com que a necessidade de se criar outra estratégia de trabalho que minimize todos os desgastes diários, torna-se premente. Esse encurtamento pode gerar no indivíduo uma forte sensação de se ter perdido alguma coisa, de estar sempre em falta com outras tantas e que é impossível estar em dia com o que aparentemente se necessita.

O *coaching*, dentro das organizações, atualmente, é de fundamental importância, pois serve como uma complementação de treinamentos, desenvolve amplamente a comunicação entre as pessoas fazendo crescer a sinergia e a confiança entre elas, bem como prosperam os relacionamentos interpessoais e modificam comportamentos para melhores resultados. A organização se transforma e através dessa metodologia, nasce uma equipe de alta performance.

Para o *coach*, o *coachee* é um exercício de autossuperação, de rompimento com alguns limites antes desconhecidos; uma vez trabalhados, são capazes de transformar sua vida, capacitando-o a criar um novo ambiente.

Líder e coach - Diferenças e complementações

Segundo James C. Hunter, autor do livro "O Monge e o Executivo" (2004 – pág 25), *"Liderança é a habilidade de influenciar pessoas, para trabalharem entusiasticamente visando atingir aos objetivos identificados como sendo para o bem comum."* Tomando uma das palavras-chave da definição do autor, "influenciar" que tem como significado literal 'o poder ou ação que alguém exerce sobre outrem' percebemos que este termo vem contrapor com a ideia mais importante do processo de *coaching* que não busca influenciar o *coachee*, mas sim fazê-lo encontrar dentro de si, respostas e caminhos para suas próprias questões.

Vejamos o quadro abaixo:

Líder	Coach
Elemento facilitador, com habilidades para influenciar a equipe a trabalhar entusiasticamente.	Elemento facilitador, com habilidades para fazer descobrir ao colaborador o seu melhor caminho.
Acompanha a equipe ou mesmo individualmente e aponta sempre a melhor rota.	Fomenta e ajuda o conhecimento de si próprio.
Ratifica que novas habilidades são processos contínuos e propicia-lhes treinamentos e capacitações.	Promove automotivação para melhoria continuada, crescente.
Impulsiona a equipe.	Incentiva a descobrir e a potencializar áreas ainda pouco conhecidas.
Tem o controle do grupo.	Trabalha toda a parte da Inteligência Emocional para que opte, e analise suas próprias escolhas.
Gerencia projetos, apresenta soluções.	Ajuda a encontrar informações necessárias (internas) que lhe permitem decidir-se eficazmente.
Movimenta a equipe para realizações de alto impacto, com metas desafiadoras.	Coloca-se à serviço do *coachee*.
Consegue criar equipes de alta performance.	Modifica comportamentos para melhores resultados.
Autoridade formal.	Não é autoridade – torna-se um companheiro de jornada, ajudando-o a definir metas e a manter o foco.
Leva ao objetivo a ser alcançado.	Objetivo a ser alcançado é levado pelo *coachee*.
Transforma visão em realidade.	Prepara-o para o sucesso.

A complementaridade se dá quando o líder proporciona o desenvolvimento do *coachee* antes de cobrar a performance. É putativo dizer que o líder-*coach* é o melhor gestor que uma organização pode desejar, pois a junção de ambas as competências são benéficas à corporação e os resultados são visíveis em todos os níveis. Dessa forma, a prática do *coaching* melhora o relacionamento de trabalho entre pares e colaboradores, amplia o grau de satisfação das equipes, gera maior comprometimento com a empresa, aumenta a produtividade e assim alarga a lucratividade da organização.

Por onde começar?

É de dentro para fora que incoam as mudanças. Trata-se de uma janela que só se abre quando usada a chave própria. Começo efetivamente por mim, por conhecer-me: sou sujeito do conhecimento e objeto dele próprio. Sujeito e objeto são um só. Procurando compreender minhas próprias emoções, como e por que se originam, minhas competências e, sobretudo, limitações. Procuro entender que meus esquemas mentais podem bloquear minhas habilidades e nublar a minha forma de me enxergar, na essência, tal como sou. Esses esquemas mentais são difíceis de serem percebidos pelo sujeito por que têm a 'vantagem' de parecer-lhe natural. Todas as ações do indivíduo são percebidas por ele como 'normais', por que tudo nele lhe é familiar. Esta forma de se autover dificulta enxergar para dentro, ou seja, o indivíduo não consegue ver-se, não identifica suas dificuldades e nem consegue perceber como é visto pelo outro. Não sabe se é bem reputado pelo grupo e tem uma avaliação de si que poderá não ser reconhecida da mesma maneira. Fela Moscovici, em seu livro "Desenvolvimento Interpessoal" (2003), descreve esse processo de percepção de um indivíduo em relação a si mesmo e aos outros. Evidencia as quatro áreas da personalidade através das chamadas 'Janelas de Johari': *Eu aberto*, *Eu cego*, *Eu secreto* e *Eu desconhecido*. Especificamente a segunda janela, denominada de "*Eu Cego*" – a qual queremos enfatizar aqui como sendo aquela que representa nossa característica de comportamento que é identificada facilmente pelo outro, porém não ciente pelo próprio indivíduo; comportamentos que são óbvios para os outros e que permanecem desconhecidos pelo sujeito da ação é o grande elemento de entrave para que possa surgir um líder-*coach* conforme exige a contemporaneidade.

Por que líderes têm dificuldade na sua prática?

Coaching é uma liderança mais polida, requintada que exige certos conhecimentos que muitas vezes passam despercebidos por lideranças convencionais. Algumas vezes, gerentes se confundem nos papéis que viveram no passado com a geração da época, acreditando que aplicando as mesmas ferramentas decorridas dela obterão os mesmos resultados com as gerações atuais. Alguns creem que um gerente não pode se aproximar mais intimamente de um colaborador por que a gestão pode parecer paternalista ou protecionista, sendo assim contraproducente diante da equipe, para si mesmo e para a organização, pois essa aproximação criaria certa familiaridade que poderia ser prejudicial a todos. Outra objeção é na relação psicoemocional de poder que é atribuído ao cargo, mesclando-se com as questões pessoais do outro. Porém um dos fatores mais difíceis das lideranças passa pela insegurança e medo de perderem posições dentro da organização e, assim, assumem uma ação defensiva. Quando se sentem internamente perseguidos por essa sombra de perturbação, dificilmente um gerente terá interesse em dedicar-se ao crescimento do outro. Segundo Bauman (2007), o medo quando se estabelece satura as rotinas cotidianas, fornece motivação e energia para se autorreproduzir, ganhando com isso capacidade para se autofortalecer. Esses fatores são preponderantes para que ele não busque ainda esse encetado caminho para transformar-se em um líder-*coach*.

Nascendo o coach

> *"Sem as utopias de outras épocas, os homens ainda viveriam em cavernas, miseráveis e nus. Foram os utopistas que traçaram as linhas da primeira cidade... Sonhos generosos geram realidades benéficas. A utopia é o princípio de todo progresso, e o ensaio de um futuro melhor."*
> **(Anatole France - Extraído do livro Tempos Líquidos/Zygmunt Bauman; tradução Carlos Alberto Medeiros – RJ: Jorge Zahar Ed., 2007, pág 102)**

Dentro de nossos universos, pessoal e profissional, muitas vezes, o que nos diferencia do lugar comum são nossos sonhos. Quando sonhamos temos impulsos que nos levam a buscar uma condição diferente daquela que estamos acostumados ou familiarizados, pois só dessa forma conseguimos criar uma estampa distinta daquilo que somos ou conhecemos. E para que os sonhos se concretizem, devem ser sustentados pela confiança no ser humano, nas suas possibilidades e forças que advêm dele, como máximas geradoras de grandes transformações internas, para que as externas possam acontecer como decorrência natural desse comportamento.

O *coach* é o indivíduo que possibilita a concretização de sonhos e desejos de outros, atuando como encorajador, motivador e criador de planos de ação concretos para crescimento do *coachee*. Para isso, o sonho deve servir como mola propulsora e de sustentação para que essa transformação possa ser viabilizada.

Assim, são considerados arrimos de apoio do *coach* três condições essenciais, que trataremos por "Os três 'C's do *coach*":

- **Confiança** – é a crença em nós, seres humanos, de que tudo pode ser realizável, desde que usadas ferramentas necessárias e capazes de enxertar uma nova visão, uma nova vontade e um novo entendimento, de um ambiente, de uma nova pessoa, origi-

nal, distinta e eficaz; confiança é a segurança interna de que tudo pode proceder. É a crença inabalável na capacidade humana.
- **Conhecimento** – conhecer qual o melhor caminho é encontrar a mais adequada metodologia para cada situação/pessoa a ser trabalhada. O conhecimento é que dá o direcionamento para aplicação de processos, roteiros para estudos ou questionários estruturados, pensados para obtenção de resultados efetivos. A faculdade de conhecer, somada às experiências e à sensibilidade do *coach* é que asseguram um ganho maior pessoal e profissional.
- **Competência** – competência é aptidão; é a faculdade para se apreciar ou resolver diferentes questões de forma a encontrar soluções e resultados benéficos para questões diversas. O *coach* deve possuir competências técnicas, práticas de métodos e os pormenores fundamentais para execução de sua profissão, bem como liderar pessoas e assim conduzi-las ao melhor resultado. Deve ter habilidade com o ser humano, elemento fundamental de sua abordagem como *coach*; ser imparcial para não fazer julgamentos emocionais, prestar atenção ao presente, mas levando seu olhar ao futuro e fundamentalmente ser ético, ou seja, ter valores morais e princípios ideais da conduta humana.

Assim como o jardineiro cria o sonho da construção do seu mais magnífico jardim, preocupando-se com as escolhas das flores que melhor poderão adaptar-se ao terreno e às intempéries, o *coach* não poderia deixar de ser um jardineiro de pessoas, que cuida de sonhos, que busca o melhor caminho e que cria condições para mudanças de comportamentos de forma a preparar o *coachee* para o sucesso pessoal e profissional. Jardineiros e *coaches* são hábeis profissionais, escolhedores conscientes dos melhores destinos para que sonhos possam desenvolver-se.

Referências

BAUMAN, Zygmunt, 1925 – Tempos Líquidos/Zygmunt Bauman; tradução Carlos Alberto Medeiros – RJ: Jorge Zahar Ed., 2007.

DUTRA, E. G. *Coaching: o que você precisa saber*. Rio de Janeiro: Mauad X, 2010.

HUNTER, James C. *O Monge e o Executivo*. Sextante, 2004.

http://extra.globo.com/noticias/saude-e-ciencia/zigmunt-bauman-estamos-constantemente-correndo-atras-que-ninguem-sabe-correndo-atras-de-que-273321.html

MOSCOVICI, Fela. *Desenvolvimento Interpessoal: treinamento em grupo*. 13.ed. Rio de Janeiro: José Olímpio, 2003.

5

Você controla a sua empresa ou a sua empresa controla você?

Um dos maiores desafios que enfrento no dia a dia com empreendedores e altos executivos é fazer com que saibam que a origem dos problemas da empresa pode não estar em estratégias, funcionários ou sócios. Em parte dos casos, o ponto chave é a própria dinâmica mental desses líderes. A maioria deles, em vez de ter um negócio, adquire um trabalho

Camila Berni

Camila Berni

Personal e *Executive Coach* pela Sociedade Brasileira de *Coaching*. Palestrante e *trainer* de temas como: O Líder *Coach*, *Coaching* e o Executivo, *Coaching* de Carreira, Administração do Tempo para Equipes, Plano de Negócios para Empreendedores Individuais, Desenvolvimento de Líderes e Gestores, Reuniões Produtivas. Pioneira no País em Planejamento Estratégico de Carreira em Grupo. Atua em Florianópolis/SC.

Contatos:
www.camilaberni.com.br
camila@camilaberni.com.br

Os padrões mentais influenciam o desempenho e, por consequência, os resultados, sejam eles positivos ou não. A percepção dos próprios modelos mentais que conduziram o executivo à situação presente é de fundamental importância para a mudança da lente, do seu modo de ler as situações e de responder aos desafios.

Quem de nós conhece alguém que parece sempre repetir as mesmas condutas, seja nas finanças pessoais, nos relacionamentos, na carreira?

Trago dois exemplos reais das consequências dos modelos mentais nos resultados das pessoas e dos negócios.

Caso 1

Um próspero empresário do ramo mobiliário. Seus negócios andavam muito bem até que ele resolveu crescer significativamente. Para tanto, promoveu poderosas ações de marketing que atraíram milhares de clientes à sua fábrica. Para atender à demanda, contratou muitos profissionais. Naquela época, seu faturamento cresceu exponencialmente. As dívidas também, na mesma proporção. Pouco tempo depois, o negócio ruiu deixando centenas de credores, dentre eles funcionários, clientes, fornecedores, bancos, tributos. Virou notícia nos jornais locais. Anos mais tarde, esse mesmo empresário abriu outra próspera fábrica de móveis em uma cidade vizinha. Visando ao crescimento do negócio, promoveu poderosas ações de marketing que atraíram milhares de clientes. Para atender à demanda, contratou muitos profissionais. Seu faturamento cresceu exponencialmente. As dívidas também, na mesma proporção. Pouco tempo depois, o negócio ruiu deixando centenas de credores, dentre eles funcionários, clientes, fornecedores, bancos, tributos. Virou notícia nos jornais locais.

Caso 2

Um jovem advogado, inteligente e promissor, trabalhava em um pequeno escritório de advocacia onde era remunerado, em média, em R$ 1.500,00 mensais. Ambicioso, passou a trabalhar em outro escritório, maior e de renome na cidade, com a promessa de maiores ganhos. Obtinha picos de remuneração, mas, na média, continuava recebendo os famigerados R$ 1.500,00 mensais. Resolveu, então, trabalhar sozinho. Abriu seu próprio escritório de advocacia. Meses depois, a fim de avaliar se a decisão tinha valido a pena financeiramente, verificou que, apesar dos altos e baixos, quando calculou a média dos seus ganhos naquele ano como empreendedor, qual foi a sua surpresa? Os tão repudiados R$ 1.500,00 mensais.

Você pode se perguntar: "mas o que tem a ver o destino desses profissionais com o seu modelo mental?". A única pergunta que você deve fazer a si mesmo é: *Como estou fazendo, funciona? Está levando aos resultados que você quer?*

Muitas vezes somos levados a acreditar que os eventos externos, as circunstâncias controlam a nossa vida. Na verdade, o que nos molda **são** o significado e as convicções que geramos sobre esses eventos e as suas consequências futuras.

Modelo mental, resumidamente, **são as leis que regem nossas decisões. Somos todos diferentes por nossas experiências passadas e com o significado que atribuímos a elas.**

E exatamente por serem crenças construídas através de uma experiência vivida, grande parte das pessoas pode não estar disposta a identificar e abrir mão dos seus modelos mentais com facilidade, uma vez que acreditam que a sua forma de ver as coisas é a melhor. Assim, projetam o futuro com base nas experiências do passado.

Não há um modelo certo ou errado. Há o que funciona e o que não funciona para o fim a que se destina.

Para a realização de um sonho, para a concretização ou crescimento de um negócio, para sucesso financeiro os modelos mentais constituem-se de facilitadores ou de "amarras".

Pare e reflita: talvez você tenha tomado decisões insatisfatórias em alguma área da sua vida ou não tenha obtido o êxito desejado e, com base nisso, desenvolveu uma convicção, uma crença, de que é incapaz ou incompetente. Passar a acreditar nisso pode se tornar numa profecia que se autorrealiza.

Os padrões mentais têm o poder de criar e o poder de destruir. **Ou a pessoa controla a própria mente ou, inexoravelmente, será controlada por ela.**

E aqui está o ponto nevrálgico de muitos profissionais, pois desenvolvem com frequência padrões mentais limitadores sobre quem são e do que são capazes. E isso reflete imediatamente em seus resultados e nos das organizações onde trabalham. No caso de empresários é ainda mais evidente a influência dos padrões limitadores, já que são a diretriz, a mente pensante do negócio.

Superar as autolimitações é o maior obstáculo entre o executivo e o alcance de seu objetivo profissional.

Se você se transforma naquilo que pensa a maior parte do tempo, deve estar se perguntando: posso rever os meus padrões mentais?

Primeiro responda: "*O que você quer?*". Para muitos, não é assim tão fácil de responder. Pelo menos não de imediato. Talvez o requisito mais importante aqui seja a capacidade de perceber a realidade, de perceber a si e ao mundo como ele realmente é, e não como gostaríamos que ele fosse. Então, comecemos: "*Qual é a realidade?*", "*Onde você está hoje?*", "*Quais são os seus resultados?*". Responda com sinceridade e honestidade para consigo.

Após isso, seja específico: *O quê, quando e por quê? O que faz sentido para você? O que você faria se tivesse certeza que daria certo? Por que ainda não fez?*

Depois de estabelecer esses parâmetros, quatro são as condições para a mudança no modelo mental:
1. **Nutra um vínculo emocional com a meta**
   Tenha um propósito!
   Maior que metas e mais amplo do que estratégia, propósito é expressão de seus valores e paixões mais profundos. É isso que o leva adiante.
   Muitos empresários e gestores acreditam que suas empresas existem simplesmente para gerar lucro. Acreditar cegamente nisso é o caminho mais rápido para o fim. Assim como as pessoas, as empresas precisam de um algo maior que a meta, maior que a estratégia para sobreviverem prósperas e com saúde.
   Alguns questionamentos podem ajudar a elucidar esse propósito, pessoal ou empresarial, tais como: "*O que as aspirações da organização oferecem para o mundo em que atua e qual a sua influência sobre ele?*" ou "*Qual é o legado que você quer deixar?*". Tenha em mente que o propósito cria o destino.
   E aqui entram as **emoções**! Na vida e nos negócios. Existe uma razão muito simples pela qual as emoções são particularmente importantes e necessárias para nossa sobrevivência: elas têm o dom de nos mobilizar. Positiva ou negativamente, a escolha é nossa!
   Por essa razão, temos de vincular à existência da empresa e à nossa própria existência uma emoção conectada a um propósito que faça o nosso barco flutuar, que nos ilumine.
   Infelizmente, a maioria dos empresários e executivos não empreende nessa jornada. A realidade nua, crua e quase sempre embaraçosa é que se sentem ocupados demais para ir em busca de um propósito. E seguem em seus modelos mentais improdutivos e desgastantes.
   Encare esse tempo como um investimento de longo prazo. Um investimento com retorno líquido e certo. Mensurável.
   Um empreendedor que desconhece seu propósito, no momento de crescimento da empresa e da tomada de decisões impactantes, pode se sentir à mercê dos acontecimentos e vítima do mercado.
   Depois disso, cabe identificar no seu dia a dia de trabalho que parte é afetada diretamente pelo seu velho modelo mental. Qual o impacto dele nos seus resultados hoje, o que você está perdendo, ou deixando de ganhar, por mantê-lo em sua vida.
2. **Crie sistemas de métricas e reconhecimentos**
   É importante definir uma unidade de medida que possa ser utilizada para avaliar os progressos.
   Lembre-se: "*Se não pode mensurar, não pode gerir*".
   Sua capacidade de medir, mensurar, identificar as evidências de que está no caminho certo em direção ao objetivo macro, manter um registro criterioso a esse respeito e checar periodicamente seu de-

sempenho permitirá que você alcance o que deseja exatamente no prazo que havia previsto, ou mesmo antes.

As evidências são os marcos do caminho, são as placas na estrada, elas mostram que você está realmente indo em direção àquilo que se propôs.

Além disso, adote rituais de comemoração em sua vida. Se tiver motivos para celebrar, não se envergonhe nem se prive de fazê-lo, celebre! Assuma com você mesmo o compromisso de celebrar cada avanço da sua caminhada. Ao fazê-lo tenha firme a intenção de gratidão para consigo. Cada celebração o manterá motivado a permanecer no seu caminho. Essa é a verdadeira automotivação, um sistema de merecimento e reconhecimento baseado em evidências reais que se autossustenta e se retroalimenta.

No íntimo de nós mesmos, todos sabemos que a conquista de algo é uma simples metáfora. Por mais fascinante que seja o que se deseja conseguir, nada será tão desafiante e grandioso quanto a vitória obtida sobre os limites e as imperfeições de nós mesmos.

3. **Defina habilidades a desenvolver - comportamentos a aprender**
O *coaching* atua como instrumento para o efetivo aprendizado. Extrai-se aprendizado, além dos sucessos, também dos "*fracassos*" ou "*erros*". Aqui chamaremos esses últimos de "*oportunidades de aprendizado*".

Para tanto, algumas ponderações são necessárias diante de uma *oportunidade de aprendizado,* que giram em torno das respostas às seguintes perguntas:

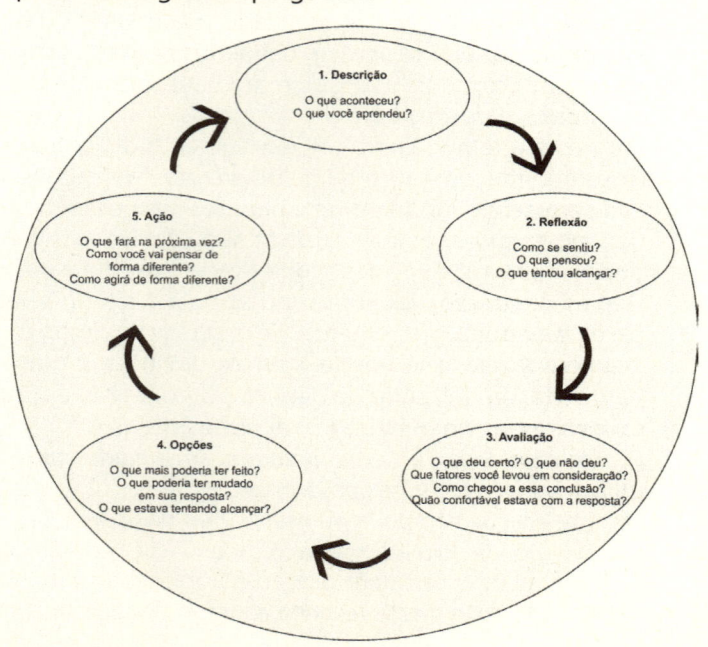

1. **Descrição**
O que aconteceu?
O que você aprendeu?

2. **Reflexão**
Como se sentiu?
O que pensou?
O que tentou alcançar?

3. **Avaliação**
O que deu certo? O que não deu?
Que fatores você levou em consideração?
Como chegou a essa conclusão?
Quão confortável estava com a resposta?

4. **Opções**
O que mais poderia ter feito?
O que poderia ter mudado em sua resposta?
O que estava tentando alcançar?

5. **Ação**
O que fará na próxima vez?
Como você vai pensar de forma diferente?
Como agirá de forma diferente?

Partindo dessas respostas, tem-se que o aprendizado de fato só ocorre quando a ação é realizada. Daí a importância da parceria entre *coach* e *coachee,* uma vez que o plano de desenvolvimento é pré-combinado entre ambos, com a análise e a medição dos resultados esperados e os conquistados de fato. Após essa análise, emerge a execução de ações apropriadas para o desenvolvimento das competências almejadas pelo indivíduo, sempre com foco no objetivo específico determinado no início do processo.

4. **Tenha modelos e/ou mentores consistentes de referência**
É essencial cercar-nos de pessoas que sejam positivas, nos apoiem ativamente em nossas metas, como mentores e pessoas que também lutam para conquistarmos metas e sermos pessoas melhores, executivos melhores, empresários melhores.
Essa dica é ainda mais valiosa quando atravessamos momentos de grande transição. Com certeza o ajudará a cumprir sua jornada com menos ansiedade e mais segurança técnica e emocional. O mentor é alguém com experiência disposto a trocar ideias com você em base regular, o que o ajuda muito em momentos de indecisões ou aparentes "becos sem saída".
Se procurar em sua vida passada verá que já os tem, só não os vê dessa forma hoje. Ainda. Perceba a importância de não abrir mão dessas pessoas notáveis quando aparecerem de forma providencial. Já os modelos servem como fonte de inspiração. São pessoas ou organizações que já fizeram aquilo que você quer fazer, que já atingiram o patamar que quer alcançar.
É possível modelar qualquer comportamento. Inicialmente, a modelagem é feita de forma inconsciente. A criança tem a tendência de repetir as ações dos pais, sem ter plena consciência do processo. Desse modo, se já fazemos isso de forma inconsciente, por que não fazê-lo com uma razão, propositadamente?
Pense e reflita: você não precisa reinventar a roda toda. Algumas partes dela já foram inventadas, testadas e dão certo. Por que não aproveitar isso e focar suas energias naquelas partes em que deseja dar o seu toque de Midas?
Conheço empresários que despendem tempo, emoção e dinheiro inventando processos de qualidade, rotinas internas, controles. Acreditam que criando do zero sairão mais exitosos. Ora, muitas dessas práticas já foram inventadas e estão aí no mercado, na empresa vizinha, rodando perfeitamente e dando certo. Por que não trocar experiências com essas pessoas? Libere espaço na mente para coisas que realmente tragam os resultados que você quer.
Modelos são para você se inspirar e não para copiar. Cópias não se sustentam por muito tempo, são vulneráveis, são frágeis.

Tenha sua própria visão do seu negócio, mas tenha em mente modelos de referência em quem pode se inspirar.

Feito isso, após você identificar e aceitar sua realidade, definir com precisão o que quer, por quê quer e quais modelos mentais precisam ser revistos e, para isso ter seguidos os quatro passos elencados, você está pronto para, junto com seu *coach* mudar seus resultados.

Esta é apenas uma das facetas do *coaching*. Os benefícios são visíveis e palpáveis já nas primeiras sessões. E o mais gratificante, seu progresso é mensurável. Você consegue medir o quanto evoluiu na área de alavanca que escolher trabalhar.

Coaching é transformação sustentável!

Para encerrar, pergunte-se:
- O que eu quero ser que ainda não sou?
- O que eu quero fazer que ainda não faço?
- O que eu quero ter que ainda não tenho?

Fica aqui o convite: identifique e aprenda a desafiar o seu padrão mental. Permita que o extraordinário aconteça! Libere suas amarras!

6

Por que coaching? Porque coaching é a solução!!!

"Profundamente Simples e Simplesmente Profundo"
Arline Davis

Cristiane Farias

Cristiane Farias

Empresária, Sócia da Empresa Multiplik Neurolinguagem e *Coaching*. Com formação em *Executive* e *Leader Coach* pela Sociedade Brasileira de Coaching. *Personal & Professional Coaching*; *Career Coaching* pela Sociedade Brasileira de Coaching. *Trainer* em Programação Neurolinguística; *Master* em Terapia da Linha do Tempo; MBA em Liderança Sustentável e *Executive Coaching*; MBA em Gestão de Negócios; Pós-graduação em Administração e Gerenciamento Escolar pela Fundação Universidade Federal de Rondônia – UNIR. Pós-graduação em Psicopedagogia – UNIR. Pós-graduação em Gestão – UNIR. Pedagogia com especialização em Supervisão Escolar - UNIR, Porto Velho – RO. Docente dos cursos de Gestão de Pessoas, Psicopedagogia e Pedagogia Empresarial. Coautora dos livros Leader Coach e Coaching na Prática, ambos da Editora França.

Contatos:
www.multiplik-ro.com.br
crisfarias@multiplik-ro.com.br
(69) 8447-0202

Cristiane Farias

Pensando em obter bons resultados, em melhorar sua performance, ou quem sabe planejar o seu desenvolvimento pessoal ou profissional, sugiro-lhe o *coaching* por estar diretamente vinculado para a orientação de resultados. Importante, claro, que você saiba que o processo depende muito do quanto você realmente deseja a mudança em sua vida. Mas, se está pensando em mudar, em melhorar, em investir, empreender, repensar seus relacionamentos, buscar autoconhecimento, enfim, transformar sua vida de maneira extraordinária, então asseguro-lhe que *coaching* é a solução!

Antes de falar mais sobre o processo poderoso de mudança, vamos esclarecer quem são estes personagens, ok?

Temos o *coach*, o especialista preparado para conduzir e orientar todo o processo, e o *coachee*, nosso cliente, a pessoa que deseja autoconhecimento, autodesenvolvimento ou auxílio para o alcance de resultados propostos para sua vida, seja pessoal ou profissional. Ressalta-se que o *coachee* é o personagem principal deste extraordinário processo.

Este caminhar tem início com um encontro agendado com *coach* e *coachee*, com o objetivo de esclarecer a postura e responsabilidades e (co)responsabilidades de cada um durante o processo. Este momento, chamamos de *coaching education*. É o momento em que o *coachee* tira todas as dúvidas e obtém todas as explicações sobre a metodologia e o desenvolvimento da mesma. Neste contexto o *rapport* é imprescindível, pois é um momento ímpar e significativo para o esclarecimento e estabelecimento das posturas e condutas envolvidas nas escolhas de decisões futuras. Após esta etapa, ambos já estão prontos para a assinatura do contrato e início das atividades.

Realizamos o *assessment*, um levantamento de como o *coachee* se sente ou se percebe e o que, de fato, deseja alcançar ou potencializar em sua vida. E um dos indicadores de estar realmente vivo é o desejo que temos de transformar em realidade nossos objetivos. Diante disto, realizamos uma verificação em suas crenças, observando sabotadores e/ou ganhos secundários. Finalizamos o encontro com a sensibilização para a consciência da responsabilidade por seus objetivos e por sua vida. É importante que se apodere de sua vida e de suas escolhas.

Algumas pessoas procuram o *coach* para um processo de mudança que ainda não está tão claro, pois o *coachee* ainda não sabe exatamente o que pode ser mudado, apenas deseja uma mudança importante em sua vida. E nestes casos, após o *assessment*, utilizamos uma ferramenta chamada Roda da Vida para que o mesmo, verifique seus Níveis de Satisfação em relação a vida e, a partir desta autoavaliação, decida que área da vida pode causar maior impacto ou lhe proporcionar uma sensação melhor.

Adiante, a ferramenta que utilizamos para verificar seu **Nível de Satisfação** diante dos cenários, das áreas de nossas vidas, ou como outras pessoas preferem pensar sobre os diversos papéis que assumimos diante da vida adulta.

É surpreendente verificar o *coachee* se autoavaliando, verificando como tem agido diante de suas escolhas, diante do não escolher, diante de si mesmo e enxergar com seus próprios olhos que resultados tem obtido.... diante da sua vida...

Realizamos uma viagem pela **Roda da Vida**, para que o *coachee* observe como tem se posicionado, se seus valores estão sendo respeitados e quais crenças estão presentes no seu cotidiano. Neste momento, questiona-se ao *coachee* quando ele deseja essa mudança, se há algo que o impeça de alcançar o proposto e quando desenvolverá suas primeiras ações em sua direção.

Aproveite você também para utilizar a ferramenta e verificar os resultados de pertinho: pontue de 0 a 10 como se sente em relação a cada área, refletindo sempre como se sente ou se percebe com os resultados, até então obtidos ao longo da vida. Depois ligue os pontos, e ao final verifique como está a sua Roda da Vida.

Lembre-se que a mesma deve estar equilibrada ou esférica, assim terá mais facilidade para se deslocar entre os cenários que esta linda viagem pela vida lhe proporciona. Não obtendo os resultados desejados, pense em como poderia modificar este estado.

Há um **Estado Atual** e você deve focar para chegar ao **Estado Desejado**.

E A   E D

Não basta apenas conhecer este dado, agora é importante agir em direção ao desejado, planejando este caminhar de maneira leve e interessante. Lembre-se, estamos nos referindo a sua vida... aos seus Projetos de Vida!

Na dúvida, ou percebendo a necessidade de acompanhamento ao traçar suas metas e alinhar aos seus valores, busque um *coach*, pois esse profissional saberá, exatamente, como ajudá-lo, guiando-o com segurança e respeito, adicionando recurso sempre que estiver diante de seus limites.

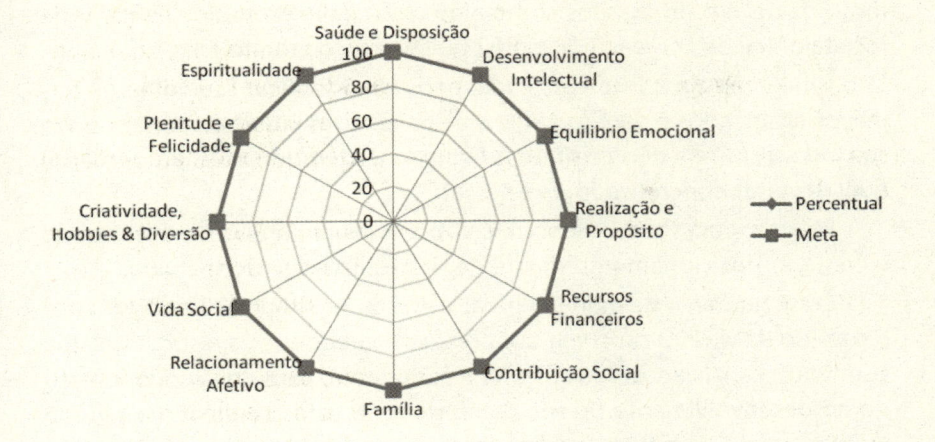

Algumas pessoas se questionam a respeito de ter ou não uma visão, sobre a necessidade de observar ou não uma das áreas da vida, porém é importante buscar os *insights* esclarecedores sobre o caminho que nossa vida deve tomar.

Quando criança temos perguntas sobre o mundo e a vida que estão sempre nos rodeando e num momento futuro, quando adultos, temos outras questões bem mais complexas nos rodeando, em busca de respostas e/ou indicadores para decisões sobre o caminhar. Existem questões fundamentais que nos instigam em busca de novas respostas e que se você não der a devida atenção, uma hora perceberá que as mesmas questões têm tomado muita energia. Importante saber que estas questões emocionais são fundamentais e nos ajudam a identificar nossa identidade, bem como nossas crenças e valores.

Há pessoas que nos procuram sem um objetivo específico, mas têm aquela sensação de que algo poderia ser melhor, que os resultados poderiam proporcionar-lhes mais prosperidade e elas não conseguem imaginar ou supor o que esteja acontecendo. Assim como a sensação de que o mundo poderia ser diferente, você também não sabe externar exatamente como? Enfim, qualquer necessidade de links significativos ou de respostas ou significados aos questionamentos internos, vale um lindo processo de *coaching*.

Se diante do exposto ainda houver dúvidas sobre seus reais objetivos ou por qual área da vida começar, realizamos o exercício sugerido por Brian Tracy. Numa folha de papel enumere 10 objetivos. Porém, os mesmos devem ser escritos como algo alcançado, exemplo: "Tenho uma receita anual de (X) reais"; "Peso 62 quilos e estou muito feliz."

Uma vez com a lista concluída, pedimos ao cliente que olhe os objetivos alcançados e verifique quais deles têm um impacto magnífico em sua vida. Pedimos que observe adequada e atentamente... e... verbalize qual deve ser concretizado de imediato.

Essa proposta tem contribuído sobremaneira com as novas escolhas e com seu posicionamento diante de si mesmo e da própria vida.

O ser humano, de maneira geral, está sempre impulsionado a buscar o sentido da vida. O *coaching* possibilita perceber que as respostas estão com você, canalizando seus esforços para dentro de si mesmo, orientando no desenvolvimento do seu plano de ação com um olhar mais límpido, desnudo e com lentes cristalinas para um mundo de possibilidades.

E, uma vez definidos a Área da Vida e o objetivo, agora é manter o foco nesta direção e proporcionar todo o apoio necessário ao *coachee* para entrar em ação. Um dos momentos interessantíssimos é justamente quando o *coach* atua junto ao *coachee*, auxiliando-o com a utilização de uma Linguagem de Possibilidades. Possibilidades na remoção do que é considerado pelo mesmo como dificuldade ou barreira ao alcance de seus propósitos.

Com as soluções ainda por vir, antes mesmo que o processo termine, o *coachee* já demonstra uma vitalidade, uma energia canalizada para os seus objetivos, com lentes focadas em tudo que possa lhe proporcionar aproximação com o que pretende. Sua vida fica mais encantada e a cada novo resultado recursos como autoconfiança, disciplina, foco, persistência, motivação... dentre outros, passam a compor seu dia a dia e elucidam, dessa forma, novos indicadores de desempenho.

Ao final de cada encontro, há uma tarefa a ser realizada pelo *coachee* e isso o estimula a continuar em ação, além de aguçar-lhe a percepção de ser autor de sua própria vida, descobrindo os aprendizados que ganha a cada passo, a cada tarefa realizada.

Realizamos os registros destes resultados e os temos como indicadores do processo de evolução ao alcance da meta.

Quer alcançar excelentes resultados em sua vida, compreender a si mesmo, adicionar novos recursos, saber exatamente o que lhe faz bem, passando pelos processos de aprendizado, compreensão e aceitação? Busque um *coach*!!! Por quê? Porque *coaching* é a solução!!

7

Coaching em saúde e bem-estar

Muitas são as complexidades e dificuldades encontradas quando se quer modificar um hábito. Especialmente nas grandes cidades onde o tempo é sempre escasso e o acesso a espaços e momentos de bem-estar e saúde não são disponíveis facilmente, a busca por escolhas saudáveis torna-se um grande desafio. O *coaching* em saúde e bem-estar é uma ferramenta importante para auxiliar pessoas que estão em busca de mais qualidade de vida. É um processo no qual é possível identificar quais são os sonhos e desejos de bem-estar e saúde e traçar um plano de ação que leve em consideração valores essenciais e estratégias de superação de barreiras e adversidades

Daniele Kallas

Daniele Kallas

Daniele Kallas é atualmente *coach* em Saúde e Bem-Estar certificada pelo ACSM, formada pela Wellcoaches School of Coaches (USA). É consultora em Promoção de Saúde e Qualidade de Vida nas organizações. Professora assistente associada da Universidade Presbiteriana Mackenzie e professora convidada nas seguintes instituições: FIA-USP, Pontifícia Universidade Católica (PUC SP) e SENAC SP. Possui graduação em Licenciatura Plena em Educação Física pela Universidade de São Paulo, Especialização em Reabilitação Cardíaca (InCor - FMUSP), Especialização em Fisiologia do Exercício e Mestrado em Reabilitação pela EPM - UNIFESP. É diretora da ECOS – Educação Corporal e Saúde há oito anos, período no qual desenvolveu soluções em atividade física, promoção de saúde e qualidade de vida em diversas organizações. É coordenadora e autora do livro Guia Brasileiro de Práticas Corporais nas Organizações.

Contatos:
www.coachdesaude.com.br
daniele@coachdesaude.com.br
(11) 2649-1062

No Brasil, apenas nos últimos três a quatro anos tornou-se mais comum a ideia de *coaching* em saúde e bem-estar. Neste texto iremos discutir a introdução do *coaching* de saúde e bem-estar nas abordagens médicas e como ferramenta de mudança de estilo de vida. Apresentaremos de maneira geral seu funcionamento e algumas evidências científicas que subsidiam e reforçam sua necessidade crescente tanto nos atendimentos individuais quanto em programas corporativos de promoção de saúde.

O *coaching* é uma abordagem utilizada em muitas áreas (vida, carreira, executiva, *fitness* etc.) e inicialmente muito reconhecida no mundo executivo para auxílio em desenvolvimento de carreira e de competências profissionais.

É um processo de relacionamento entre o *coach* (profissional certificado) e o *coachee* (cliente) focado no desenho e alcance de metas desejadas pelo *coachee*. Estas metas pressupõem a visão de um futuro desejado.

Na área de saúde e bem-estar, é o processo que auxilia os clientes no alcance do "seu melhor eu", da sua melhor e mais convincente visão de bem-estar. Em saúde, o *coach* auxilia seus clientes nas mudanças necessárias em estilo de vida para impactar positivamente os indicadores de saúde.

O *coach* utiliza um repertório de técnicas e abordagens teóricas no sentido de colaborar com o cliente para que este alcance um estado melhor de bem-estar e saúde.

O *coaching* diferencia-se de outras abordagens comportamentais e não significa aconselhamento (muito utilizado na enfermagem e com alguns referenciais teóricos em comum) ou terapia (psicoterapia), muito menos consulta especializada. É importante ressaltar que o *coach* não dá conselhos, pois entende que a tomada de decisão deve ser feita a partir do cliente, para que as mudanças sejam sustentáveis. O *coach* também não faz tratamentos em relação à saúde mental e, portanto, quando detectada esta necessidade, o *coach* deve encaminhar seu cliente para atendimento especializado.

No caso do *coaching* em saúde e bem-estar, a metodologia utilizada tem uma base conceitual muito apoiada na psicologia cognitiva comportamental e em diversas outras abordagens teóricas de mudança comportamental, destacando-se:

- Modelo Transteórico (James O. Prochaska)

- Inquérito Apreciativo (David Cooperrider)
- Entrevista Motivacional (Miller & Rollnick)
- Teoria Social Cognitiva (autoeficácia) (Albert Bandura)
- Psicologia Positiva (Martin Seligman)
- Inteligência Emocional (Daniel Goleman)
- Comunicação não violenta (Marshall Rosenberg)

O referencial teórico das abordagens permite identificar a melhor maneira de abordar o cliente para auxiliá-lo a solucionar ambivalência em relação à mudança, identificar suas forças, desenhar uma visão de bem-estar convincente, estabelecer metas atingíveis, melhorar autoeficácia, identificar barreiras e recursos que possa utilizar nos processos de mudança, entre outras.

Como funciona

A partir do interesse inicial do cliente, sugestão médica ou de outros profissionais de promoção de saúde, é realizada uma avaliação, fundamental em um programa de *coaching*. Cada metodologia pode utilizar a que for mais coerente para sua prática.

Em geral, avaliamos seis dimensões do bem-estar – saúde física, saúde emocional, espiritualidade & crenças, relacionamentos, atividade física e nutrição, bem como a prontidão para mudança e o grau de importância e confiança que o cliente tem em cada uma.

Neste momento, o cliente amplia sua visão sobre bem-estar que usualmente está associada apenas a alimentação e exercício, reflete sobre suas respostas e pode ter *insights* sobre suas necessidades e desejos de mudança.

Mesmo entendendo que a divisão das dimensões do bem-estar é didática, o fato de a pessoa poder iniciar seu processo de mudança por uma área que lhe seja mais confortável facilita a aderência ao processo. Ao iniciar um processo de mudança o indivíduo obeso, sedentário, por exemplo, pode não estar disposto a iniciar imediatamente uma dieta nutricional ou sequer um programa regular de exercícios. Contudo, poderá se disponibilizar para aprimorar técnicas de gerenciamento de estresse e ansiedade que, por consequência, facilitarão o início do entendimento sobre os caminhos para mudanças em sua alimentação e nível de atividade física.

Inicia-se, então, um processo de relacionamento que acontece por meio de sessões semanais ou quinzenais de 30 minutos nas quais *coach* e cliente trabalham em conjunto para desenhar uma visão de bem-estar e saúde (qual é o estado desejado do cliente), identificar pontos fortes, valores e motivações; e iniciar um planejamento de mudanças com metas trimestrais e semanais.

Vandelanotte et al. (2007) apresentam uma revisão de literatura sobre intervenções de combate ao sedentarismo e encontraram quinze estudos com metodologia adequada. Destes, oito reportaram melhora no nível de atividade física. Melhores resultados foram identificados quando as intervenções tiveram mais de cinco contatos com os participantes e quando o tempo de *follow up* era mais curto (≤ 3 meses; 60% de resultados positivos), comparados com tempo médio (3 – 6 meses, 50%) e tempo mais longo (> 6 meses, 40%).

Em saúde, outros modelos têm sido utilizados no sentido de aumentar a aderência aos tratamentos médicos, ao gerenciamento de crônicos e a mudanças de comportamento sustentáveis, como o atendimento em grupo, periodicidade quinzenal, consulta com *coaching* pós *check-up* médico anual, aconselhamento.

Evidências

O *coaching* não é uma profissão regulamentada. Por isso, inúmeras abordagens e metodologias são aplicadas simultaneamente em vários lugares no mundo, o que provoca uma grande complexidade na produção e sistematização de resultados baseados em evidências e na elaboração de estudos científicos com qualidade reconhecida.

O esforço de sistematização e de credibilidade do *coaching* como intervenção na saúde aparece no aumento de estudos científicos e, mais especificamente, de estudos randomizados.

De acordo com Margaret Moore (2011) há evidências na literatura médica de que o *coaching* é capaz de melhorar resultados de saúde em condições crônicas, como doença cardiovascular, diabetes, asma, dor em câncer, sobreviventes de câncer, perda de peso, transtorno do déficit de atenção/hiperatividade (TDA), comorbidades físicas e mentais. A autora ressalta a importância da utilização de mensurações de resultados em *coaching* e classifica quatro categorias: performance, habilidades, comportamentos e recursos psicológicos.

1. **Performance:** medidas quantitativas em relação ao estado de saúde. Exemplos: métricas como pressão arterial, exames clínicos etc.
2. **Habilidades:** desenvolvimento e aprendizagem de novas habilidades. Exemplos: como se exercitar, como cozinhar, como se alimentar com atenção plena, como gerenciar o estresse, como lidar com adversidades, habilidades de liderança, habilidades de foco e atenção.
3. **Comportamentos:** estabelecimento de novos comportamentos e hábitos. Exemplos: relacionamento interpessoal, saúde e bem-estar.
4. **Recursos Psicológicos:** atenção plena, automotivação, regulação emocional, confiança, esperança, otimismo, autoconsciência e conscientização.

Um dos recentes estudos randomizados foi realizado por Wolever (2011) com aderência ao tratamento em diabetes tipo 2. A amostra foi composta por 55 pacientes que foram expostos a catorze sessões de *coaching* com 93% do grupo comparecendo a todas as sessões. A intervenção foi desenvolvida por dois *coaches* treinados e experientes que auxiliaram os pacientes a desenharem suas visões de saúde individualizadas e metas alinhadas com seus valores.

No início do estudo, 51% dos pacientes afirmaram ter deixado de tomar alguma dose de medicamento na semana anterior. No final, a taxa caiu para 7,2% (dois participantes) no grupo da intervenção enquanto o grupo controle não modificou seu comportamento em relação ao uso inadequado de medicamentos.

Além disso, dezesseis participantes do estudo reduziram significativamente a glicemia. O grupo de intervenção teve resultados significativos na frequência de exercícios, no engajamento para o autogerenciamento, na diminuição de barreiras para adesão a medicamentos, no gerenciamento de estresse, e no suporte social percebido.

Em relação ao sedentarismo, Holland et al. (2005) fizeram um estudo randomizado com idosos (N=504) cujos critérios de elegibilidade foram: uma ou mais doenças crônicas, idade superior a 65 anos e portador de plano de saúde. Fatores de risco em saúde foram mensurados através de questionários e incluíram estado de saúde, dor, exercício, depressão e atividade social. Após doze meses, o grupo de intervenção estava significativamente mais engajado em programas de exercícios aeróbios e de força do que o grupo controle e os sintomas de depressão diminuíram entre os que tinham risco médio e alto.

Considerações finais

Todos nós já fizemos alguma promessa de ano novo, certo? Quantas vezes tentamos começar algo e interrompemos o processo por falta de tempo, recursos, ou outros fatores. O consenso em mudança de comportamento é que: a mudança requer tempo; conhecimento não é suficiente; o ritmo da mudança varia de pessoa para pessoa e depende do comportamento que se quer modificar; e a recaída é impreterivelmente uma das fases do processo!

Atualmente, a complexidade do cotidiano muitas vezes dificulta mudanças de hábitos e faz com que viver com qualidade e manter um estilo de vida saudável seja um enorme desafio. Neste sentido, passar por processos de desenvolvimento acompanhados por *coaches* capacitados e com competência para auxiliar as descobertas pessoais que geram movimento e energia de mudança é fundamental e na maior parte das vezes é a chave do sucesso da mudança desejada.

O *coaching* em saúde e bem-estar é uma ferramenta excelente para transpormos as barreiras e dificuldades e efetivamente alcançarmos um melhor estilo de vida e um maior bem-estar.

Referências

FRATES, P E; MOORE, M; LOPEZ, C; McMAHON, G. Coaching for Behavior Change in Physiatry. American Journal of Physical Medicine & Rehabilitation. 90(12):1074-1082, December, 2011.

GALANTINO et al. Longitudinal Benefits of Wellness Coaching Interventions in Cancer Survivors. International Journal of Interdisciplinary, Social Sciences; Vol 4, 2009.

HOLLAND et al. -J Community-Based Health Coaching, Exercise, and Health Service Utilization. Aging Health. Vol. 17 no. 6 697-716 December, 2005.

TSCHANNEN-MORAN, B.; MOORE, M., (2010). Coaching Psychology Manual. Philadelphia: Lippincott Williams & Wilkins.

MOORE, M. Introduction to Health and Coaching for Physicians (disponível em: http://www.wellcoach.com/workshops/Intro3Mds/player.html, acessado em novembro de 2011).

PROCHASKA, J.O., NORCROSS, J., and DICLEMENTE, C. (1994) Changing for Good; William Morrow Publishing.

WOLEVER et al. Integrative Health Coaching for Patients With Type 2 Diabetes: A Randomized Clinical Trial. Diabetes Educator, Volume 36, No. 4, July/August, 2010.

8

Por uma vida significativa e solucionadora

As crenças na vida dependem muito da visão de mundo que você vai elaborando com as experiências; estas crenças podem ser limitantes ou expansivas, e a forma de lidar com as limitantes é torná-las temporárias, seguir em frente sem olhar para trás vai levá-lo à ação

Danielle Maciel Brandão & Veronica Gurgel

Danielle Maciel Brandão & Veronica Gurgel

Danielle Maciel Brandão, Sócia Fundadora DESCOBRIR – Desenvolvimento do Potencial Humano, Diretora do Instituto Holos, consultora em Gestão de Pessoas. Presidente da ABRH de Alagoas (Gestão 2013-2015). Ministra cursos, treinamentos e palestras em coaching e liderança. Coordenadora de Programas de *Coaching*. Comitê técnico do Fórum de *Coaching* de Alagoas. Possui Mestrado em Geociências, tem a Formação em *Coaching* e *Master Coach* pelo Instituto Holos, Formação em *Coaching* pela Sociedade Brasileira de Coaching, participou do Módulo Práticas e Fundamentos The Inner Game Scholl.

Contatos:
www.descobrirdph.com
danielle@descobrirdph.com
(82) 9670 7507 / (82) 88789282
twitter.com/danimacielcoach | facebook.com/danielle.maciel

Veronica Gurgel, Sócia Fundadora DESCOBRIR – Desenvolvimento do Potencial Humano, Formação e Certificação Internacional em *Coaching* e *Master Coach* pelo Instituto Holos, Formação em *Coaching* pela Sociedade Brasileira de Coaching. Consultoria & Treinamentos Empresarias Ltda. Credenciada Sebrae/AL nas áreas de empreendedorismo e gestão de negócios. Facilitadora credenciada pelo Sebrae Nacional/Unctad(ONU) para ministrar e selecionar o *Workshop* Palestrante nas áreas de empreendedorismo e desenvolvimento humano, 8.000 h/aula e 15 anos de experiência como empresária.

Contatos:
www.descobrirdph.com
veronica@descobrirdph.com
(82) 8802-8730 / (82) 9642-5115
facebook.com/veronica.gurgelfragoso

Danielle Maciel Brandão & Veronica Gurgel

No íntimo, existe a possibilidade do autoquestionamento:
- O que acredita, move ou paralisa você?
- Você se compromete com que é importante para você?
- Você diz uma coisa quando gostaria de dizer outra?
- A sua vida é vazia de significado ou tem uma proposta clara?
- Você tem realizado os seus sonhos?
- A maneira com que você planeja a sua hora, o seu dia, o seu mês e o seu ano está alinhada com os seus valores?

Trabalham-se estas questões com os *coachees*, com o objetivo de estabelecer foco, ação, resultado e melhoria contínua.

As crenças na vida dependem muito da visão de mundo que você vai elaborando com as experiências; estas crenças podem ser limitantes ou expansivas, e a forma de lidar com as limitantes é torná-las temporárias, seguir em frente sem olhar para trás vai levá-lo à ação.

Ter clareza de intenção e valores torna as pessoas mais poderosas, mais firmes; e se existe um norte a seguir, uma pessoa comprometida cria todas as condições necessárias para encontrar a felicidade genuína.

A coerência é uma prática que deve ser cultivada dia após dia, pois pensar, falar e fazer dentro de uma mesma estrutura de pensamento traz à pessoa a certeza de trilhar um caminho focado e possivelmente longe de conflitos.

Dar significado à vida é eleger dentro dos seus valores, de suas crenças e de sua visão o que realmente traduzirá sua essência, ter algo muito maior a deixar como legado e não somente tarefas diárias desconectadas de algo sem valor.

De acordo com Dulce Magalhães,... "Por meio do sonho podemos fazer a descoberta de nós mesmos. Sonhar é abrir o portal para a mudança"...O sonho tem uma realidade física dentro de nosso cérebro. Sendo assim, a única questão que precisamos compreender é que o sonho convoca nossa inteligência, na medida em que organiza todo nosso sistema para agir naquela direção. Sonhar portanto já é mudar.

Ao ter uma postura condutora, ao planejar sua trajetória, você só terá mais chances de realizar os seus sonhos, suas metas e seus objetivos; se você não tem um plano para sua vida, outra pessoa terá.

Quantas vezes as pessoas agem como se fossem foguetes sem direção, causando um estrago aonde quer que passem, pois elas estão com muita energia, e quanto mais energia sem foco, maior poder de destruição. O que se ganha sendo altamente destrutivo? Inimizades, solidão, raiva, inveja, ansiedade, doenças, travas, bloqueios e perdas ainda mais significativas, as vezes até um trabalho ou uma promoção. E quem quer isso para a sua vida?

No fundo, meta e objetivos são desejados porque no entendimento grosseiro isso é felicidade, mas ao atingir entende-se que não há sustentabilidade, pois a felicidade temporária se dissolve no primeiro descontentamento. Então se há compreensão que tudo que eu desejo na minha vida é a felicidade, por que ainda assim há tantas pessoas infelizes?

Aí consiste a natureza do *coaching*, pois permite a construção de um comportamento diferenciado, há um desabrochamento de sua sabedoria interna, pois foram criados meios hábeis para se DESCOBRIR.

O processo de *coaching* permite que haja esse DESCOBRIR, e não há descobertas se não houver coragem.

Uma das coisas mais fascinantes em se trabalhar com desenvolvimento de pessoas, em especial o *coaching*, é perceber que a vida passa a ter sentido e o que é melhor, isso passa a ser o seu diferencial inovador como profissional, pois se houver o entendimento profundo é possível que de tanto praticar passe a ser algo internalizado e que você pode trazer benefícios infinitos à vida das pessoas em qualquer coisa que faça.

Para isso, é importante que se tenha responsabilidade; a palavra de ordem é engajamento, movimento, saída total da zona de conforto e encontro anunciado com a zona de turbulência. O *coaching* é antes de tudo, o cultivo da coragem.

A coragem é a habilidade de ir ao encontro do medo. Uma pessoa corajosa é uma pessoa que, mesmo com medo, não recua, segue em frente... Aliás também necessário para expandir as crenças limitantes, como dito antes.

O autoconhecimento pode ser alcançado a partir do trabalho de pelo menos alguns recursos básicos da prática de *coaching*, como o entendimento da missão, valores, visão, crenças e sonhos. A partir disso, reconhecer suas forças internas e potenciá-las é natural.

Assim como seus desafios e quais pontos a serem melhorados, levando em conta que se vive ciclos a todo o momento, abre-se e se fecha, então contemplar a transitoriedade das experiências trará menos apego aos papéis, às coisas e as pessoas e mais chances de se elevar a sua performance na vida.

Quando se estabelece um movimento engajado e corajoso para ser uma pessoa melhor, o que se ganha é aprendizado e o que se perde passa a ser considerado aprendizado, pois também se ganha quando se perde.

Todos nós temos afeições dentro de determinados grupos que depois se desfazem e não importa o que é certo ou errado e sim o que se manifesta.

Você já passou por situações que no momento amargou a dor da perda de algo, de alguém ou mesmo de um trabalho, e conforme o tempo foi passando e a dor também, você foi tendo a sensação de o quanto mudou, cresceu, amadureceu e até sentiu que foi o melhor, chama-se isso de densificação. Passou por uma experiência e isso foi vivido, internalizado e transformado.

Segundo Marcos Wunderlich, o processo de *coaching* e *mentoring* só acontece quando se é *prestadio* e você só será um bom *coachee* se amar as pessoas.

Quando se olha para um *coachee* é preciso reconhecê-lo como um ser rico em recursos internos e integridade; então mesmo que em alguns momentos ele só tenha andado em círculos, só tenha criado confusões, só tenha apresentado problemas, o *coaching* lhe mostrará outras perspectivas de olhar, e com isso vai garantir uma atitude mais solucionadora diante dos problemas, pois eles não deixarão de existir, mas não o tomará mais como vítima.

O exercício de *coaching* é construtivo, há uma compreensão do quanto se tem que despertar e o melhor momento é o presente, há uma ressignificação da vida, de alinhamento do que se acredita da vida e do que se espera, da sua responsabilidade diante de suas escolhas e que pouco importa aonde quer chegar, porque a riqueza não está no atingimento de uma meta ou de objetivo e sim na busca da felicidade genuína. Quando você passa a ter uma vida baseada na felicidade genuína, onde os valores, missão, sonhos e visão são estabelecidos, elaborados e executados, cria-se uma vida sustentável.

Uma vida sustentável é uma vida coerente, uma vida inspiradora, uma vida significativa para você e para qualquer pessoa que cruze o seu caminho, porque o que existe é um desejo sincero que a vida brilhe para o próximo.

Referências

GOLEMAN, Daniel. *Inteligência Emocional:* a teoria que redefine o que é ser inteligente. Rio de Janeiro: Objetiva, 2012.

MAGALHÃES, Dulce. *O foco define a sorte:* a forma como enxergamos o mundo faz o mundo que enxergamos. São Paulo: Integrare, 2011.

STÉFANO, R. D. *O Líder-Coach: líderes criando líderes*. Rio de Janeiro: Qualitymark, 2005.

WUNDERLICH, M. *Coaching, Mentoring e Holomentoring - Sistema ISOR*. Manual Completo de Coaching. São Paulo: Ser Mais, 2011.

66

9

O Sucesso começa com a sua atitude!

O que vai determinar o que você é está diretamente ligado a sua atitude. A conquista é afetada pelo modo que gere estas atitudes. A Roda da Abundância é uma importante ferramenta para alavancar Resultados e transformar a vida em ideal. Nem tudo é simples, a realidade é muito complexa e depende de você para determinar e construir a vida que deseja, existem perdas e ganhos e neste jogo o importante é não desistir

Darcimeire Soares

Darcimeire Soares

Master Coach / Treinadora Comportamental / Administradora. *Master Coach* da UTC Coaching. Executiva de Soluções do IBC. Certificada internacionalmente por renomadas instituições: European Coaching Association (ECA), International Association of Coaching Institutes (IAC), Global Coaching Community (GCC), Behavioral Coaching Institute (BCI), International Coaching Council (ICC). *Master Coach / Executive Coach / Professional Coach*, Administradora de Empresas com MBA em Gestão de Pessoas, Tecnólogo em Gestão Estratégica das Organizações com foco em Finanças. Treinadora Comportamental com formação pelo Instituto de Formação de Treinadores (IFT). Experiência profissional em empresa de grande porte na área administrativa por mais de treze anos.

Contatos:
www.utccoaching.com.br
darcimeire@utccoaching.com.br
facebook.com/UTCCoaching

Darcimeire Soares

Quando fui convidada para escrever este artigo, fiquei pensando o que poderia abordar, visto que o *coaching* em si traz resultados extraordinários sempre que aplicado. Então pensei em compartilhar algo simples, mas não menos importante, que realmente possa tocar você leitor, que fará a diferença, que vai mexer realmente com a sua vida e iniciar um processo de mudança, de conhecimento do seu eu, de sabedoria e amadurecimento do entendimento da vida. O primeiro passo para este processo de mudança e transformação é você estar disposto e aberto para receber essa maravilhosa metodologia que é o *coaching*. Então neste momento se permita. Ouse sentir, ouvir, interiorizar cada palavra que fizer sentido e ficar com a intenção positiva para criar uma expansão do seu próprio EU.

Coaching é **resultados**. Falarei então de alguns caminhos e passos para chegar a esse resultado. Os benefícios do *coaching* estão cada vez mais presentes em nossa realidade; hoje obtemos essas informações mais facilmente, o *coaching* está se expandindo a passos gigantes e para o bem comum, as empresas e as pessoas estão sentindo o que ele pode proporcionar. Meu objetivo aqui é mostrar um pouco do que é o *coaching* de dentro para fora. Sentir o *coaching* e incorporá-lo como parte de si, vivendo o *coaching* a cada minuto da vida. Eu sonho com o dia que todos poderão usar o *coaching* de forma inconsciente, respeitando e honrando a si e aos outros, dando o melhor a cada instante. A vida é cheia de surpresas, de altos e baixos, muitas vezes mais baixos do que altos. É o que vemos. O que não compreendemos é que o mais importante é o ponto de vista que observamos as coisas, e como a vemos, como a sentimos e como ouvimos aquilo que nos é oferecido. Quando se vive o *coaching* consegue-se perceber o melhor da vida e passa-se a enxergar o positivo, até mesmo nos momentos não muito bons; com isso cria-se uma expansão, um aprendizado e aperfeiçoamento do EU. *Coaching* para mim é uma filosofia de vida, é buscar a cada dia um aperfeiçoamento, uma expansão do meu próprio eu, uma sabedoria interior que busca entender melhor primeiro a mim mesma e depois aos outros, uma evolução contínua. É importante preparar o terreno primeiro para depois semear e posteriormente fazer a colheita. Para isso, deve-se conhecer melhor. Paciência e comprometimento são muito importantes neste processo. Não vamos atropelar o que a vida tem a nos ofertar e a nos mostrar a cada dia, vamos com calma, um passo de cada vez, firmes e fortes, sem desistir e sem parar, pois lá na frente estará a recompensa, a felicidade está no processo dessa caminhada e no final encontramos apenas e não menos importante a satisfação de saber que eu posso, eu consigo, eu sou o que desejo ser! E, você é, desde que queira ser!

Buscamos muitas coisas na vida, algumas delas são boas e ecológicas e outras nem tanto. É importante neste momento fazer a reflexão e pensar: a que custo quero isso? Será que é realmente importante? Será que não estarei apenas massageando o meu ego e fazendo com que as perdas na caminhada sejam dolorosas demais? O *coaching* pode auxiliá-lo a desenvolver-se melhor como pessoa, como profissional e a gerar exemplos para um mundo melhor. No processo de *coaching* o mais importante parte do princípio de que para realizar o processo de *coaching* você deve estar pronto, preparado, como o solo para o plantio, deve estar aberto a receber e a compreender coisas novas, para gerar atitudes diferentes, a percorrer novos caminhos e a encontrar novos resultados, aqueles que realmente vão lhe conduzir a uma fase de vida diferente da que vinha vivendo e a compreender que tudo é possível e só depende de você, da energia, do comprometimento e da força que vai colocar para realizar tudo o que deseja realizar.

Um solo bem preparado é o melhor caminho para obter uma germinação perfeita. Para preparar esse solo o *coaching* oferece várias ferramentas; a Roda da Abundância, que é uma delas, vai auxiliar na evolução contínua, fazendo com que a vida flua mais positivamente e passe a colher bons frutos.

Roda da Abundância

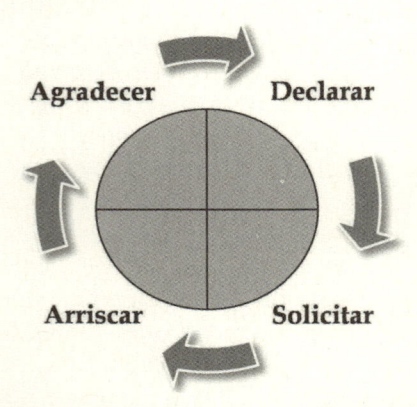

Alguns conhecem e usam a Roda da Abundância e colhem os frutos que a utilização dessa roda fornece para a vida. Para aqueles que não conhecem e não utilizam vou descrever como essa Roda funciona. E para aqueles que a usam, que possa fazer um sentido ainda maior a partir de agora.

A Roda da Abundância deve ser usada a todo instante, ela vai alavancar sua vida rumo ao seu objetivo, rumo a suas metas. O processo da Roda da Abundância permite que sua vida contribua de forma natural e mágica com o alavancamento de suas metas e de seus objetivos. Esta roda é formada por quatro etapas que são elas: Declarar, Solicitar, Arriscar e Agradecer.

Lembre-se sempre que ao DECLARAR o que deseja fica mais fácil de receber aquilo que deseja.

Ao declarar para você mesmo e para as pessoas a sua volta qual o seu objetivo, o que deseja realizar no dia de hoje, no dia de amanhã, o que se espera da vida, se torna claro, firma um compromisso. Ao declarar, fica mais fácil das pessoas e de você mesmo saber o que deseja, conhecer a sua busca. Ao declarar, o que não estava muito claro, fica nítido e pode ter certeza que o universo vai conspirar, as respostas, as oportunidades que deseja vão aparecer. Ao declarar, passa-se a ter uma compreensão maior de si mesmo, toma a autoridade, toma as rédeas do seu destino. Cria uma obrigação de ser realizado. Pode virar uma meta ou um objetivo.

Mas não basta só declarar, é importante SOLICITAR. Solicite a você, aos outros o que realmente deseja; nem sempre o que queremos vem de presente para nós, o solicitar gera ação, solicitar gera poder e para ter resultados na vida temos que agir, temos que ir em busca do que queremos alcançar, temos que ter poder para realizar; esperar apenas não leva rapidamente onde deseja, pode levar tempo e tempo é algo muito precioso nesta vida, que não devemos desperdiçar. Aproveite a vida e solicite para você mesmo a atitude de ir em busca daquilo que deseja, solicite a você para não medir esforços e enfrentar as dificuldades que possam aparecer. Solicite aos outros que possam lhe ajudar, solicite ao mundo o que precisar, solicite o poder de realizar o que quiser.

É importante ARRISCAR, já diz o ditado "quem não arrisca, não petisca", está bem claro. Quando você faz as coisas sempre da mesma forma, dificilmente irá chegar em um caminho diferente desta sua jornada da vida. As coisas tendem a acontecer da mesma forma por não haver inovação, e você tenderá a ser o espelho das vidas anteriores de sua família, a repetir a história a cada geração e a demonstrar que não é possível acontecer algo novo, que a vida seguirá um ciclo e que não tem muito o que fazer. Está enganado completamente, sinto em lhe dizer. Escute bem agora, ouça e leia com o coração: "Você pode realizar tudo o que quiser; basta que tenha foco e atitude para ir em busca daquilo que deseja". Isto mesmo, com foco e atitude você pode realizar tudo o que quiser, este é um dos princípios do *coaching* e um dos motivos do porque ele funciona. O *coaching* traz solução e resultado porque ele parte de você, daquilo que você deseja e pela energia que deposita para realizar esse seu objetivo. O quanto deseja realizar das suas metas? Qual o objetivo que quer alcançar? O que tem feito para realizar o que deseja? O quanto tem contribuído para obter sucesso em suas metas? Quanta energia tem colocado em busca do que deseja realizar? Quantos sonhos tem transformado em metas? As suas metas possuem data de realização e prazo definidos? Quando encontra uma dificuldade você busca resolvê-la? O quanto você tem arriscado para alcançar o seu sucesso? Tem tido atitudes inovadoras e utilizado a sua criatividade? Quando algo dá errado se automotiva e aprende com seus erros? Se responder sim para a maioria das perguntas considere que está arriscando, caso contrário comece a repensar as suas atitudes e busque arriscar para obter resultados diferentes e alavancar a sua vida e transformá-la em um rumo muito melhor do que se espera. Confie em si mesmo que a vitória tenderá a aparecer mais facilmente. Temos muitos exemplos no mundo de hoje que podem traduzir o que estou dizendo e materializar para a realidade o que estou passando para você, pessoas comuns inovam e transformam o mundo a cada instante e você tem todo o potencial para se tornar uma delas. Steven Jobs, cocriador da Apple, Alexander Graham Bell, inventor do aparelho telefônico, Henry Ford, que criou o carro popular movido a gasolina, Larry Page e Sergey Brin, fundadores da Google, Tim Gallwey, o precursor do *coaching* e criador do Inner Game ou Jogo Interior, e muitos outros atuais ou antigos, criando coisas simples ou complexas. Usando a intuição e a criatividade, arriscando para construir algo novo. Essas pessoas e muitas outras importantes para a nossa história não contaram apenas com a sorte, elas resolveram criar a sua própria história e se tornar a melhor pessoa que poderiam ser. Vejam como isto é forte: tornar-se a melhor pessoa que poderiam ser. Você pode ser a melhor pessoa que o momento permite que você seja, e esta atitude vai resultar, tenho certeza, em se tornar uma pessoa melhor, um exemplo de vida tanto para você como para muitas outras pessoas. Não é necessário tentar realizar atos enormes e grandiosos, descobertas fenomenais; tudo começa como um grão de areia e é nessa pequena mudança que ficará claro amanhã o resultado e o caminho diferente que a sua vida acabou proporcionando. Quando estamos no aqui e agora acabamos não observando o que esta atitude vai proporcionar no futuro. É por isso que, ao praticar o viver aqui e agora, o momento será mais feliz, proporcionará momentos mágicos de pura satisfação, verá o valor que cada momento tem. Incrivelmente, poder-se-á observar que não existe momentos ruins, que tudo se determina pelo seu ponto de vista, e que tudo na vida leva a um aprendizado, a algo maior e esta energia produzida neste exato momento o transformará para um novo amanhã, uma vida nova, um rumo novo, um livro que não estará sendo reescrito e sim um livro que você estará escrevendo agora com páginas em branco a sua frente, cada momento um momento diferente, cada dia uma transformação em uma vida diferente, uma caminhada em busca ao seu sucesso.

A rosa é uma rosa desde o momento em que é uma semente até o momento em que morre. No seu interior, em todos os momentos, ela contém todo o seu potencial. Ela está em constante processo de

> *mudança, e cada estado, em seu devido momento, é perfeitamente correto.*
> **Tim Gallwey**

> *A alegria está na luta, na tentativa, no sofrimento envolvido e não na vitória propriamente dita.*
> **Mahatma Gandhi**

AGRADECER tudo de bom e todo o aprendizado que temos é fundamental para que esta roda possa girar e para que o novo ciclo possa se iniciar. Agradeça a você mesmo por tudo o que conquistou e por cada passo do caminho que realizou, agradeça também a todas as pessoas que fizeram parte deste processo, tanto fisicamente ou não. Honre e respeite a atitude de cada um e compreenda que cada pessoa dá o seu melhor, o melhor que pode dar naquele momento. Aceite o momento de cada um, de estar preparado para absorver toda a carga e oportunidade que a vida proporciona. Um novo ciclo se inicia a cada instante e é importante estar sempre no aqui e agora para realizar o seu objetivo, para ir em busca do seu sucesso que estará bem claro e declarado para você.

Quer fazer algo diferente no mundo, seja diferente!

> *Quando uma porta se fecha, outra se abre; frequentemente, porém, permanecemos com nossos olhos postos na porta que se fechou, a ponto de nos impedir de ver a que está aberta diante de nós.*

> *Não encontre um defeito, encontre uma solução.*
> **Henry Ford.**

Não basta conhecer o *coaching* deve-se "respirar *coaching*". Prepare o seu terreno, deixe o seu solo adubado e forte, assim a colheita trará frutos de alta qualidade. Sei que não é uma tarefa fácil até para os maiores *coachees*, basta lembrar que somos seres humanos e como tais estamos em um processo contínuo de evolução. O importante é lembrar que a cada vez que pratica o *coaching* a sua vida se transforma e o quanto mais você insere o *coaching* na sua vida, melhor será a sua vida em si. Esses benefícios estarão visíveis tanto para você e principalmente para as pessoas importantes que convivem com você e passam pela sua vida. Quando o *coaching* o toca, torna-se possível um milagre, o milagre de ser a melhor pessoa que você pode ser, a compreender que cada ser é único e precisa ser ouvido, amado e compreendido. Que todos nós queremos apenas ser felizes e nos esquecemos que a felicidade está a cada instante e não no futuro, a felicidade está aqui e agora, a felicidade mora no presente e não no futuro. Busque ser feliz e compreender que o momento agora é tão importante quanto o amanhã, e que só existirá o amanhã se realmente o hoje existir.

Ser *coach* é poder contribuir com a humanidade e apresentar um pouco desta magia de solucionar as dificuldades da vida. De simplificar e descomplicar o que realmente já é simples e descomplicado é que nós, no nosso entendimento, acabamos por decidir ver as coisas sempre pelo lado mais difícil, ao invés de olharmos de frente e podermos enxergar tão claro e tão simples como é a vida.

Pensar... Perguntar... Encontrar as respostas que estão dentro de nós e disponíveis para serem alcançadas.

Sucesso para todos, paz e luz.

Referências:

CATALÃO, João Alberto. PENIM, Ana Teresa. Ferramentas de Coaching. 2ª Edição. Porto: Líder, 2010.

GALLWEY, W. Timothy. O jogo interior de tênis. Tradução de Mario R. Krausz. São Paulo: Textonovo, 1996.

Vídeo Lair Ribeiro visto no site: <http://www.lairribeiro.com.br/portfolios/videos/page/2/>

10

Coaching Executivo!
Arte para poucos

Ao longo da minha jornada como *Master Coach*, tenho experimentado grandes desafios em relação à problemática do *coaching* para desenvolvimento de executivos e de negócios. Os desafios não estão associados ao desenvolvimento do processo de *coaching*, mas à falta de uma visão clara por parte do cliente em relação ao referido processo, aos benefícios do *coaching* e da forma de contratar profissionais de *coaching*. Essa situação tem se agravado em face do baixo índice de resultados apresentados por *coaches* que, por diversas razões, acabam por aplicar processos não indicados ao ambiente corporativo. Este artigo tem como objetivo apresentar conceitos que permitem aprimorar o processo de *coaching* executivo

Edvaldo Almeida

Edvaldo Almeida

É CEO da Alpha Leader Desenvolvimento Humano, Alto Desempenho e Finanças, empresa de Treinamento, *Coaching, Mentoring* e Educação Financeira. *Master Coach* pelo CAC – Center for Advanced Coaching dos EUA e Personal, *Executive & Business Coach* formado pela Sociedade Brasileira de Coach. Certificação *Alpha Assessment* e *Alpha Coach, coaching* para executivos de alto desempenho pela Worth Ethic dos EUA. Formado em *Mentoring* pela Universidade Corporativa GE. Atuou como Executivo em empresas tais como General Electric, Siemens, Grupo Mangels, Johnson Controls, Rockwell, entre outras. Engenheiro Elétrico pela Faculdade de Engenharia Industrial. MBA em Gestão Empresarial pela FGV – Fundação Getulio Vargas. Docente da FGV em Marketing, Liderança e Formação de Equipes, Negociação e Mentoria, para os cursos de MBA e Pós-Graduação. Possui especialização em Negociação por HARVARD Law School e por KARRAS Negotiation Programs dos EUA. Educador Financeiro pela DSOP Educação Financeira.

Contatos:
www.alphaleader.com.br
edvaldo.almeida@alphaleader.com.br
(11) 3254-6330
(11) 7818-4700
(12) 8214-0777

Edvaldo Almeida

O Executivo - Um admirável mundo novo

Um dos pontos críticos no processo de *coaching* executivo reside exatamente no próprio executivo que vive em um mundo extremamente dinâmico, de alta pressão e, por que não dizer, caótico. Dessa forma, quando o executivo busca um processo de *coaching*, normalmente ele se vê numa situação bastante desafiante onde seu nível de performance se encontra comprometido em face a uma infinidade de razões.

Segundo John Whitmore, o nível de desempenho médio de um executivo em relação às suas atividades diárias é da ordem de 40%, ou seja, bastante baixo. Como podemos explicar um nível tão baixo de desempenho em executivos que realizam tantas atividades e conduzem empresas a números cada vez mais altos em termos de lucratividade, vendas etc.?

Trata-se de uma questão bastante interessante, e no Brasil notamos que o nível de performance pode ser ainda mais baixo. Em nossas análises, notamos que o desempenho dos executivos nas mais variadas áreas gira em torno de 25%, denotando forte pressão e estresse.

A verdade é que quando analisamos esta situação percebemos que o executivo acaba por compensar seu baixo índice de desempenho com horas e horas de trabalho (muitos chegam a trabalhar mais de dezesseis horas por dia), forte pressão junto à equipe, tomadas de decisão sem devido embasamento e aversão a risco.

Deriva desta situação um nível de estresse corporativo altíssimo, baixo nível de comprometimento e engajamento das equipes, desconexão em relação à missão da empresa, problemas de saúde, divórcios e outros problemas graves que acabam por drenar a saúde das empresas e dos seus colaboradores.

Esse cenário é encontrado numa grande quantidade das empresas que passam a investir na capacitação dos seus executivos, contratação de consultorias, investimentos os mais variados e, por que não dizer, processos de *coaching*.

O interessante é que muitas empresas acabam por procurar processos de *coaching* quando o nível de comprometimento emocional e até de saúde física dos seus executivos atinge patamares bastante complicados.

Num ambiente complexo como este, como deve agir o *coach*? Como deve ser conduzido o processo de *coaching* e quais ferramentas o *coach* deve fazer uso no sentido de, rapidamente, retirar o *coachee* (cliente) dessa situação tão complicada?

Aqui começa a grande aventura chamada *Coaching* Executivo!

Lidando com o caos

Muitos institutos de formação de *coaches* afirmam que o *coach* não precisa necessariamente ter experiência com o mundo corporativo e eu acredito até que esta afirmativa é correta. Entretanto, o fato de eu ter passado mais de vinte anos trabalhando como executivo de empresas me confere uma experiência extremamente fortalecedora em relação a lidar com os desafios únicos que este ambiente apresenta. Evidentemente, o fato de o *coach* não possuir esta experiência, não o desqualifica a trabalhar neste mercado. A única questão é que ele deverá se preparar muito mais intensamente para enfrentar tais desafios.

Um ponto muito interessante que pode estar rondando a mente do leitor é:

Como pode um profissional altamente qualificado possuir um nível de desempenho tão baixo? Por que este profissional não aplica toda a bagagem de conhecimento que possui no sentido de atingir níveis de performance mais altos? Será que precisamos ainda desenvolver competências neste tipo de executivo?

Eu me fiz estas perguntas durante muitos anos não somente em relação aos meus clientes, mas em relação a mim mesmo. Muitas vezes, eu sentia que meu desempenho se arrastava e precisava trabalhar longas jornadas para compensar tal descompasso.

O grande problema é que as empresas, muitas vezes, acabam por tentar compensar tal descompasso com cursos, *workshops*, treinamentos etc., para desenvolvimento de competências. E o resultado continua o mesmo!

No caso do *coaching*, muitos profissionais entram para trabalhar com o cliente e passam a aplicar técnicas que não são apropriadas para lidar com este momento de caos e acabam por gerar mais insatisfação, aumentando ainda mais o conflito interno do executivo.

De fato, o objetivo do *coaching* é elevar o desempenho do *coachee*, gerar melhores resultados e contribuir para uma melhor qualidade de vida para o executivo e seus liderados, gerando um ambiente de evolução constante.

O grande desafio é que a ordem do trabalho muitas vezes é invertida e o *coach* inicia seu trabalho tentando gerar um ambiente de qualidade de vida. Mas como gerar qualidade de vida em um cenário de baixa performance? Como falar em qualidade de vida para um profissional que trabalha perto de dezesseis horas por dia?

O que acaba acontecendo é que o executivo passa a responsabilizar a corporação pela sua baixa performance e pelo baixo nível de qualidade de vida, gerando um ambiente de ruptura total. Quando isso acontece, o trabalho do *coach*, que aparentemente era interessante para o cliente que o contratou, se torna completamente ineficaz.

Mas como desenvolver um processo de *coaching* que eleve o nível de desempenho do cliente e, ao mesmo tempo, crie uma oportunidade para geração de qualidade de vida nas empresas?

David Allen, em seu livro "A Arte de Fazer Acontecer", utiliza uma metáfora muito interessante que permite uma melhor análise do cenário encontrado no dia a dia do executivo.

Ele compara a nossa vida profissional a altitudes, ou seja, com um avião que deseja chegar a 50 mil pés para atingir altitude de cruzeiro, isto é, em nossa vida profissional como executivos (e também em nossa vida pessoal).

Altitudes

- 50 Mil Pés ou mais: Vida;
- 40 Mil Pés: Visão para três a cinco anos;
- 30 Mil Pés: Metas para um a dois anos;
- 20 Mil Pés: Áreas de responsabilidades;
- 10 Mil Pés: Projetos atuais;
- Decolagem: Ações atuais.

E o que essa metáfora tem de relação com o coaching? Basicamente, tudo!

Fazendo uma relação direta com o mundo do executivo, ele deverá passar por cada uma dessas etapas. O grande problema é que, muitas vezes, os executivos ficam presos na decolagem e acabam por não conseguir atingir voos mais altos. Isso gera frustração e infelicidade.

Decolagem: Trata-se das "n" pendências que assolam a vida do executivo. Muitas vezes, em face de diversas dificuldades, o executivo não consegue delegar de forma efetiva, acumula funções que absolutamente não agregam valor à sua função e impedem o mesmo de colocar em prática todo o seu arsenal de conhecimento.

10 Mil Pés – Projetos Atuais: São as ações e projetos de curto prazo. Alcançar metas, lançar um novo produto, abrir novos clientes etc. São as ações imediatas que demandam grande energia e coordenação.

20 Mil Pés – Áreas de Responsabilidades: Tais projetos existem em função das responsabilidades inerentes à posição ocupada pelo executivo. São áreas chaves de resultado e tem íntima relação com a atividade executiva. Trata-se de atividades tais como planejamento estratégico, desenvolvimento da equipe, formação de novos líderes, entre outras.

30 Mil Pés – Metas para um a dois anos: Neste momento, iniciamos um mergulho já focando a construção de ambiente e qualidade de vida. Aqui, começamos a focalizar a empresa como gostaríamos que ela fosse e passamos a dar uma nova dimensão à função do executivo como líder e elemento de mudança e geração de valor.

40 Mil Pés – Metas para três a cinco anos: Aqui estamos focalizando as estratégias da organização, momentos de transição profissional (e de vida) etc.

> *50 Mil Pés – Vida: Aqui começamos a definir ou redefinir a razão de existir da empresa e do executivo. Este sim é o momento de se pensar em Missão, tanto da empresa como do executivo. Muitos executivos, quando chegam neste momento, buscam alinhar sua vida profissional com sua missão de vida. Este é o momento que todo ser humano almeja atingir.*
>
> *A arte de fazer acontecer.*
> **David Allen + pag. 44 e 45**

Esta analogia é bastante pertinente do ponto de vista do *coaching* e denota um ponto nevrálgico onde ocorrem os maiores erros em relação ao processo de *coaching*.

Muitos *coaches* iniciam sua abordagem focalizando a Roda da Vida e seguem até atingir o ponto de Missão do executivo. Então, a pergunta que surge é a seguinte:

Como podemos levar o executivo a discutir sua vida, num momento em que ele não consegue sequer limpar suas pendências?

Em outras palavras, o que estamos tentando fazer é conduzir o avião a 50 mil pés sem passar pela decolagem! Ou seja, impossível.

Analisando a situação dos executivos, notamos que a maioria possui um baixo nível de performance exatamente porque possui uma infindável quantidade de pendências que o impede de alçar voo.

Dessa forma, quando tentamos conduzi-lo diretamente aos 50 mil pés, estamos na verdade gerando insegurança, desespero e praticamos o maior dos pecados no *coaching* que é a transferência da responsabilidade do executivo para qualquer outra coisa, empresa, família, funcionários etc. Ele passa a transferir a responsabilidade pelos seus dissabores e de não conseguir focar na sua vida e missão, para fora. Neste momento, perdemos o controle.

Como então, devemos conduzir um processo de *coaching* num ambiente tão desafiador?

Decolagem para um voo seguro

O processo de *coaching* num ambiente tão crítico que beira o caos tem que levar em conta alguns fatores:
- O executivo tem muitas competências e recursos internos.
- Ele sabe exatamente o que tem que fazer.
- Ele simplesmente não faz.
- Não faz em função das inúmeras atividades improdutivas que tem às suas mãos.

Tais fatores são observados na grande maioria de executivos e quando produzimos uma análise mais detalhada pelo próprio executivo, é impressionante como o processo é totalmente inconsciente.

Como, então, conseguir retirar o executivo da decolagem e conduzi-lo a um voo seguro?

O processo de *coaching* na decolagem gera muito retorno tanto quantificável como em relação à qualidade de vida do executivo. Por isso, temos este processo como fundamental na geração de valor para a empresa que nos está contratando. Basicamente, o processo gira em torno dos seguintes passos:

1. **Definição dos objetivos:** devemos lembrar que a grande alavanca que faz com que o executivo entre em ação é o objetivo, ou seja, o ponto B. É a partir da definição do ponto B que conseguimos partir para uma análise detalhado do ponto A, ou seja, dos fatores que estão limitando o executivo.
2. **Análise do estado atual:** é fundamental que o *coach* tenha instrumentos para analisar a situação em que o *coachee* se encontra e ter elementos para mensurar o estado atual e futuro. Devemos lembrar que nosso cliente é a empresa que nos contratou e que devemos mostrar os resultados alcançados de forma objetiva e quantificada.
4. **Definição de uma curva ABC:** em relação às atividades que o executivo está desenvolvendo e estabelecer um percentual de desempenho para cada uma delas. Devemos ter em mente ainda que a curva ABC define o impacto da atividade desempenhada em relação aos objetivos da função do executivo, da seguinte forma:
    a. Alto impacto: em relação à atividade principal do executivo.
    b. Baixo impacto: em relação à atividade principal do executivo.
    c. Cuidado: deve-se ter em mente que a atividade não tem um grau alto, nem baixo, mas demanda algum cuidado.
    d. Delegar: a tarefa em função de não agregar muito valor à função do executivo.
    e. Eliminar: completamente a tarefa.
5. **Construir o estado desejado**: ou seja, estabelecer as tarefas que levem à construção de um ambiente de crescimento do executivo e sua equipe.
6. **Barreiras a serem vencidas:** determinar os entraves que possam estar impedindo o executivo de atingir suas metas. Aqui se avalia a capacidade de delegação, comportamentos centralizadores, entre outros.
7. **Melhoria contínua:** construir um ambiente positivo que gere desenvolvimento tanto do executivo como da equipe. Neste

momento estamos saindo da decolagem e prontos para alçar voos mais altos.

É muito importante entender que o ambiente vivido pelos executivos é por demais desafiante e que muitas vezes, apesar de todo o recurso disponível, os mesmos se encontram fragilizados por tanta pressão. Dessa forma, aplicando-se a estratégia apresentada neste artigo, estamos construindo um ambiente desafiador e, ao mesmo tempo, seguro.

Estamos contribuindo ainda para a construção de um processo de *coaching* mais seguro tanto para o cliente que contrata o serviço de *coaching* como para o *coach* e *coachee*.

Referências

ALLEN, David. A arte de fazer acontecer. São Paulo: Elsevier, 2005. p. 44-45.

WHITMORE, John. *Coaching para Performance*. São Paulo: Qualitymark.

11

Liderança Situacional - Fábrica de líderes

Este artigo tem como objetivo o esclarecimento da teoria da liderança situacional nos processos de *coaching* e em nossos desafios como líderes em nossas vidas e profissões. A evolução de nossos liderados, pessoas e *coachees*, cumprindo todas as etapas e seguindo um eficaz modelo de níveis de maturidade, faz com que esses resultados sejam reflexos de nossos estilos de liderança atribuídos em determinadas situações

Elder de Campos

Elder de Campos

Administrador, pós-graduado em gerenciamento de projetos na Fundação Getulio Vargas. *Professional, personal* e *executive coach*, certificado pela Behavioral Coaching Institute (BCI-USA), membro da Academia Brasileira de Coaching, onde atua com *Coaching* Executivo de Alta Performance, de Carreira, Negócios e Desenvolvimento Pessoal. *Practictioner* em Programação Neurolinguística fazem parte da experiência deste profissional. Em suas experiências atuou como gestor de projetos e equipes multidisciplinares, auxiliando-as no processo de transformação de alta performance com metodologias e técnicas inovadoras de gestão de projetos e pessoas. É consultor especialista em gestão estratégica, de projetos e desenvolvimento de equipes de tecnologia da informação.

Contato:
elder.campos@abracoaching.com.br

Há algum tempo, em minhas experiências no campo profissional ou em processos de *coaching*, me deparo com equipes e pessoas desmotivadas e, em dadas situações, desiludidas com o meio que atuam.

Isto nos remete a uma forte tendência em perdermos excelentes talentos que poderiam, com base em uma boa orientação através de seus líderes e *coaches*, buscar objetivos e metas desafiadoras, duradouras e sólidas, permitindo assim uma evolução constante em suas carreiras.

Ser reconhecido como um bom líder e um excelente *coach* faz com que tenhamos estratégias inovadoras e eficazes para termos sucesso. Afinal, é comum escutarmos pessoas afirmando que efetuar a gestão de pessoas tem o mesmo gosto de um limão, amargo e azedo.

Para fazermos uma boa limonada, uma das técnicas ao qual pude perceber uma grande evolução em minha carreira como líder ao mesmo passo de que meus liderados e clientes avançavam fortemente rumo aos seus objetivos, foi a teoria denominada Liderança Situacional.

No conceito tradicional de liderança, os líderes são pessoas que já possuem habilidades e competências vindas "de berço", onde tais habilidades supostamente não poderiam ser aprendidas ou não poderiam ser evoluídas pessoalmente. Neste contexto, Hersey e Blanchard (2012) afirmavam que qualquer pessoa poderia aprender as competências especificas para se tornar um líder eficaz e, principalmente, gerando resultados para clientes, organizações e nos atuais processos de *coaching*. Com isto, deu-se início a era da liderança por situações, denominada de Liderança Situacional (Hersey e Blanchard).

Tendo em vista que os resultados da liderança provêm da equipe e das pessoas que a integram, são apresentadas duas dimensões na liderança situacional. A primeira, com foco nas tarefas de sua equipe, na execução das atividades, organização e controle deste trabalho, com sua divisão, alocação das pessoas, desempenhando uma coordenação técnica eficiente, já a segunda, é referenciada ao foco no relacionamento com as pessoas que executam as tarefas, oferecendo *feedbacks*, comunicando adequadamente, apoiando-as, gerindo conflitos, inimizades etc.

A liderança situacional tem como palavra-chave a situação. Hersey e Blanchard, ao criarem o conceito de Liderança Situacional em meados da década de 1980, perceberam que não existe um único modo de influenciar as pessoas. O estilo de liderança que uma pessoa deve adotar com os indivíduos ou grupos depende do "não de maturidade" das pessoas que o líder deseja influenciar, ou seja, diferentemente do conceito definido na liderança clássica onde o liderado deve se adaptar ao líder, na situacional é o líder que precisa se adaptar aos seus liderados, adotando o melhor comportamento possível, fazendo com que a equipe renda e evolua satisfatoriamente obtendo assim desempenho maior frente aos times tradicionais.

Arrisco afirmar que a liderança situacional ao definir que o líder se adeque ao seu liderado, assemelha-se fortemente ao processo de *rapport*, o qual utilizamos diariamente em nossos relacionamentos.

Para termos uma eficaz utilização da liderança situacional devemos ter as três grandes dimensões definidas e bem estruturadas em nossas mentes. Foco na tarefa e foco no relacionamento (gestão de pessoas), como já descrevi anteriormente, e a terceira ao qual busca esclarecer o grau de maturidade do liderado ou *coachee*, onde esta pessoa pode ter uma maturidade em função da capacidade, conhecimento técnico para executar a tarefa e a disponibilidade e motivação sobre o "querer fazer", relacionada ao ânimo, segurança ou motivação da pessoa em desempenhar suas execuções e desafios.

Estas variações sobre o grau de maturidade de nossos liderados e/ou *coachees* nos geram quatro níveis de graus de maturidade. Vamos a elas:

- **Maturidade 1 - Baixo conhecimento, baixa disponibilidade:** quando o liderado tem pouco conhecimento, pouca capacidade e pouca disposição podemos afirmar que o liderado é M1, onde o líder deverá passar mais tempo junto a este liderado, ensinando-o a executar a atividade, fornecendo instruções específicas e supervisioná-lo estritamente ao cumprimento da tarefa. Este estilo de liderança é apropriado a **dirigir** sua equipe, onde o líder deve dirigir e determinar a seu liderado para se chegar ao objetivo final.
- **Maturidade 2 - Médio conhecimento, ocasional disponibilidade:** o líder precisa explicar suas decisões e oferecer oportunidades para a troca de ideias e esclarecimentos. O liderado nesse estágio de maturidade, apesar de estar disposto e mais seguro em comparação ao estágio anterior, não sabe ainda totalmente o que deve ser feito. Neste estilo de liderança, definido como de **persuasão** ou treinamento, o líder ainda deve tomar as decisões, porém com diálogos e até mesmos explicações das tarefas e decisões.
- **Maturidade 3 - Bastante conhecimento e frequente disposição:** devido aos trabalhos anteriores do liderado, apoio dos seus líderes e suas realizações, ele adquiriu um não de conhecimento técnico bastante alto em relação às tarefas e ao seu trabalho, porém ainda possui uma leve desmotivação ou ainda algum fator externo pode dispersá-lo emocionalmente, talvez uma expectativa não atingida. Para este liderado o gestor não deve cobrar tecnicamente, visto que o colaborador já a domina, entretanto, neste não de maturidade, é normal o líder desempenhar uma atividade de gestão mais forte, apoiando, conversando e identificando suas desmotivações para que o comportamento seja ajustado. Costuma-se afirmar que este estágio é determinante para a construção de um novo líder. A palavra chave para os liderados M3 é compartilhar.

- **Maturidade 4 - Muito conhecimento técnico e bastante disponibilidade:** o liderado que se situa neste estágio possui um excelente conhecimento técnico e está absolutamente disposto e motivado para a realização do trabalho ou até mesmo a novos desafios. O líder deve ter a clareza de que esse estágio exige uma total delegação das tarefas, transferindo ao liderado a responsabilidade das decisões e de suas execuções. O estilo e palavra-chave em M4 é delegar.

Como líderes e *coaches*, com o intuito de promovermos o crescimento das pessoas ao nosso redor ao nível de maturidade 4 (M4) devemos, além de definir o estágio de maturidade em que nossos liderados encontram-se, conduzi-los ao processo de amadurecimento, que deve ser sempre gradual no sentido M1, M2, M3 e M4.

Conforme a definição, é necessário deixar claro que o estilo de liderança a ser adotado para os quatros níveis de maturidade, isto é, maturidade baixa (M1), entre baixa e moderada (M2), entre moderada e alta (M3) e maturidade alta (M4), correspondem aos estilos Determinar (E1), Persuadir (E2), Compartilhar (E3) e Delegar (E4). Desta forma, a distribuição das maturidades versus estilos de liderança fica estipulada a seguir:
- Maturidade Baixa requer estilo E1 - Determinar.
- Maturidade entre baixa e moderada requer estilo E2 - Persuadir.
- Maturidade moderada e baixa requer estilo E3 - Compartilhar.
- Maturidade Alta requer E4 - Delegar.

A figura busca representar a relação entre maturidade e os estilos de liderança a serem adotados, à medida que os liderados evoluem seus graus de maturidades:

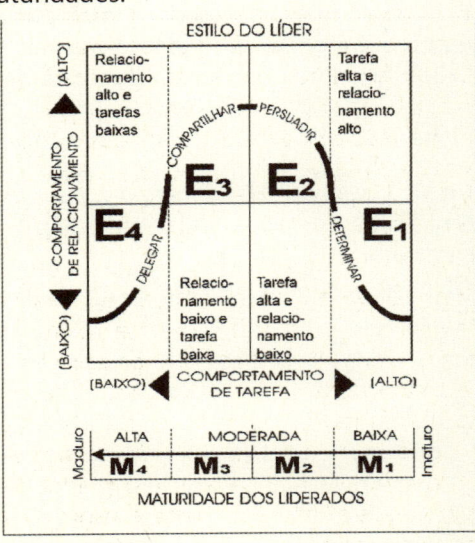

Figura: *Maturidade x Estilos de liderança*
(quanto maior a maturidade, adequa-se o estilo de liderança).

Em um exemplo prático para decidirmos o estilo adequado de liderança a ser adotado, será necessário selecionar a situação que deve ser trabalhada: quais as áreas das atividades de um indivíduo que se deseja influenciar e buscar tal evolução. Em um ambiente profissional, uma pessoa da área de vendas, por exemplo, pode optar por avanços profissionais em situações de vendas ou na parte administrativa e burocrática ou até mesmo na assistência a seus clientes.

Tomada a decisão, o próximo passo é classificá-lo quanto a maturidade, seus conhecimentos e suas motivações, por fim, o terceiro e último passo é, dentro dos estilos de liderança, selecionar o mais apropriado ao seu nível.

Para termos a certeza do momento em que devemos mudar nosso estilo de liderança, sugere-se que um indicador básico de apuração seja definido; neste caso, podemos trabalhar com o desempenho ou o resultado do liderado junto a tarefa ou meta anteriormente definidas.

Fica implícito, em todo o decorrer da metodologia e suas avaliações, que a posição e responsabilidade do líder é a de auxiliar os liderados e seus clientes a amadurecerem a ponto de que sejam capazes e estejam dispostos e motivados para a execução plena de suas tarefas.

A liderança situacional baseia-se na premissa de que para as pessoas com pouca capacidade e disposição (M1) é preciso mais controle e estruturação das tarefas. À medida que a pessoa vai se tornando capaz (M2), o controle deve ir diminuindo e o apoio socioemocional deve ir aumentando. Uma vez que a capacidade e a disposição tornam-se ainda maiores (M3), o líder deve diminuir ainda mais seu controle e também seu comportamento de relacionamento. Finalmente para pessoas com alta maturidade (M4), já não é mais necessário o apoio socioemocional. Estas pessoas preferem a autonomia, sentindo-se satisfeitas quando as tarefas e as decisões são deixadas sob sua responsabilidade.

Referências

HERSEY, Paul; BLANCHARD, Kenneth H. *Psicologia para administradores:* a teoria e as técnicas da liderança situacional. São Paulo: Editora Pedagógica Universitária, 2012.

LAGES, Andrea; O'CONNOR, Joseph. *Coaching com PNL*. Rio de Janeiro: Qualitymark, 2010.

12

Coaching como processo de personal trainer da mente

"Somos o que pensamos. Tudo o que somos surge com nossos pensamentos. Com nossos pensamentos, fazemos o nosso mundo"
Buda

Esta frase traz consigo um grande ensinamento para a vida, pois de fato o resultado de nossas decisões e ações está diretamente ligado à intensidade e frequência de nossos pensamentos. O *coaching* é um processo que possibilita o direcionamento eficaz dos nossos pensamentos promovendo um alinhamento com nossos objetivos pessoais e profissionais. O *coach* atua como um *personal trainer* da mente pois auxilia o seu cliente a produzir pensamentos mais positivos e focados em seus objetivos

Emerson Franco

Emerson Franco

Coach Pessoal e Profissional, especialista em gestão de pessoas com ênfase em Educação, pós-graduado em Engenharia de Vendas atuando há 20 anos em grandes empresas multinacionais. Possui formação em *Personal & Professional Coaching, Executive* e *Leader Coach* pela SBC – Sociedade Brasileira de Coaching licenciada pelo ICC – International Coaching Council.

Contatos:
www.emersonfranco.com.br
emerson.franco.coach@gmail.com
(31) 9282-6169

A **capacidade** de pensar nos torna humanos, porém é a qualidade do que pensamos que promove o rumo que damos em nossas vidas. Isso acontece porque a intensidade e repetição de determinados pensamentos nos leva a decisões e ações no nosso dia a dia gerando comportamentos através do processo de *pensar-falar-agir*.

Essa força invisível é algo real e, por isso, podemos afirmar que somos aquilo que pensamos pois quando ocupamos a nossa mente com determinada ideia acabamos por moldar nossas atitudes e consequentemente os resultados em nossas vidas.

Por exemplo, se temos um pensamento focado no sucesso que desejamos para nossas vidas automaticamente ficamos mais atentos e criamos caminhos e forças internas que nos levam a ações que consequentemente nos aproximam dos nossos objetivos.

Porém essa regra é válida também para nos limitar e prejudicar as nossas vidas, pois quando pensamos em coisas negativas de maneira intensa e constante acabamos por direcionar o nosso filtro mental para essas coisas, o que nos leva a uma espiral negativa que em nada contribui para o nosso crescimento.

Por exemplo, existem pessoas que de tanto pensar que não podem, acabam dizendo isso constantemente e assim reforçam crenças e comportamentos que as impedem de ser melhores na vida.

Podemos dizer então que dependendo do que você pensar poderá partir de um cenário de reclamações e negatividade para uma vida cheia de entusiasmo e realizações.

Coaching como personal trainer da mente

O processo de *coaching* pode ajudar nessa transformação atuando como um programa de *personal trainer* da mente.

Assim como o cliente de um *personal trainer* de academia pode ter um resultado físico melhor se tiver dedicação e persistência, o cliente de *coaching* pode ter melhores resultados em sua vida pessoal e profissional se exercitar a sua capacidade mental.

Nesse cenário, o *coach* atua como um *personal trainer* que visa auxiliar o *coachee* (cliente) a ampliar a sua percepção, traçar e atingir os seus objetivos.

Esse *personal trainer* não dá respostas prontas, ao contrário, ele faz as perguntas certas para buscar as respostas que cada um já tem dentro de si.

E nesse processo de reflexão o *coachee* estará exercitando a sua mente para buscar soluções e vencer as suas barreiras internas.

Para facilitar o entendimento podemos fazer uma analogia do processo de *coaching* com um programa personalizado de academia onde destacamos as seguintes etapas básicas:

Coaching - A Solução

Etapas	Programa de academia	Processo de coaching
Ponto A	Identifica o estado atual através das medidas coletadas (peso, altura etc..)	Identifica o estado atual através de ferramentas, metodologias e perguntas adequadas.
Ponto B	O Cliente escolhe o objetivo desejado com os exercícios	O *coachee* auxiliado pelo *coach*, identifica o ponto onde quer chegar. Aqui deve-se intensificar o desejo que proporcionará a energia necessária para a mudança.
Planejamento	O Especialista Define uma ficha de exercícios a serem seguidos.	O *coach* auxilia o *coachee* a buscar em sua mente o melhor caminho para atingir o objetivo.
Ação	O Aluno começa a malhar com o acompanhamento dedicado do *Personal Trainer* na academia para orientá-lo e motivá-lo.	O *coachee* entra em ação na sua vida prática aplicando o planejamento acordado. O *coach* – *Personal Trainer* da Mente tem um papel fundamental nessa etapa pois funciona como um suporte para o *coachee* que irá compartilhar os seus avanços e desafios para juntos ajustarem o foco e evoluirem com o processo.
Resultado	Através da persistência, dedicação e acompanhamento personalizado o cliente vai gradativamente atingindo o seu objetivo desejado.	Através de pensamentos focados, estratégias e ação determinada, o *coachee* consegue caminhar ao encontro dos seus objetivos. É importante que cada avanço seja comemorado como uma vitória, pois assim dará a energia para se continuar o processo.

Podemos resumir dizendo que o *coaching* dá o suporte necessário para a pessoa sair do seu estado atual (PONTO A) e seguir em direção ao seu estado desejado (PONTO B).

Exercício para a mente

Podemos prosseguir a nossa analogia dizendo que tanto no exercício físico da academia como no exercício mental proporcionado pelas ferramentas de *coaching* temos que ter **FOCO, INTENSIDADE E REPETIÇÃO** para atingirmos os nossos resultados:

- **Foco:** consiste na escolha inteligente do pensamento onde será concentrada toda a sua energia para intensificar e acelerar os resultados.
- **Intensidade:** os pensamentos intensos são aqueles que são importantes para nós e que mexem de alguma maneira com nossas emoções.
- **Repetição:** a fixação e reprogramação mental ocorre através da ocupação da mente de maneira repetitiva com o pensamento desejado para que o nosso sistema o assimile de maneira efetiva.

Essas características devem estar presentes durante todo o processo de *coaching* pois cada ação desejada terá muito mais força e efetividade se exercitadas continuamente pela mente do *coachee*.

Enfrentando a mudança

Invariavelmente durante o processo de *coaching* iremos nos deparar com a mudança uma vez que o simples fato de querer mais da vida já pressupõe na necessidade de "fazer diferente".

E aqui começam os desafios para o *coachee* que na maioria das vezes precisa sair de sua zona de conforto e entrar em ação de maneira diferente da qual já está acostumado.

Neste sentido, deve-se buscar constantemente o desenvolvimento de duas habilidades para ajudar a superar os desafios da vida, que são a flexibilidade e a resiliência.

A FLEXIBILIDADE consiste em estar mais aberto para pensar diferente e fazer as mudanças necessárias em sua vida.

A RESILIÊNCIA é a capacidade de enfrentar as adversidades se mantendo firme no seu caminho apesar de eventuais dificuldades que possam surgir.

Lidando com as crenças limitantes

Depois de definir o ponto de chegada e escolher o caminho, o *coachee* irá entrar em ação e poderá eventualmente se deparar com suas crenças limitantes.

As crenças limitantes podem ser herdadas ou desenvolvidas durante as experiências da vida, onde acabamos por tomar como verdades que nos limitam no nosso dia a dia.

Durante o processo o *coach* deve buscar a identificação das crenças limitantes que se manifestam na vida do cliente normalmente na forma de algo que o paralisa ou dificulta o seu desenvolvimento.

A ideia aqui é buscar aquelas justificativas que normalmente utilizamos para explicar porque ainda não conseguimos atingir os nossos objetivos e é neste momento que o *coach* atuando como *personal trainer* da mente conduz o *coachee* no processo de identificação e substituição gradativa dessas crenças limitantes por outras crenças fortalecedoras. O caminho para se fazer isso é buscando o exercício mental dessas crenças positivas com FOCO, REPETIÇÃO E INTENSIDADE suficientes para promover novos comportamentos e atitudes.

Aplicações para o processo de personal trainer da mente

Percebemos então que o *coaching* como um processo de *personal trainer* da mente pode ser aplicado em diversas áreas e objetivos de sua vida.

Em uma esfera mais ampla, podemos aplicar esse processo para auxiliar as empresas a obterem mais resultados com seus funcionários, pois na maioria das vezes há uma incongruência entre o que a direção da empresa espera e o que realmente os funcionários assimilam e aplicam no seu dia a dia.

Como profissional atuante há mais de 20 anos em empresas multinacionais estou desenvolvendo pesquisas para identificar áreas onde o processo de *coaching* pode ajudar empresas a atingirem os seus resultados através dos resultados pessoais de seus colaboradores.

Um ponto em comum nas pesquisas está na dificuldade das empresas em transmitir informações e conhecimentos que efetivamente levem a mudanças de comportamento e atitude dos funcionários no seu dia a dia. Nesse caso a união do processo de *coaching* com o aprendizado pode se tornar uma ferramenta poderosa para obtenção dos resultados.

Para saber mais acesse o site www.emersonfranco.com.br e entenda como essa ferramenta pode fazer a diferença em sua vida e em sua empresa.

Essa diferença está ligada a um processo poderoso de expansão de ideias, transformação de pensamentos, aprendizado constante, ação determinada e comemoração de resultados.

13

Coaching como processo de improvement em gestão de projetos

Muitas empresas estão investindo no *coaching* em gestão de projetos para acelerar a maturidade de seus profissionais e do ambiente organizacional. Afinal, os projetos materializam a estratégia da empresa. Para facilitar a implantação do processo de *coaching* foi desenvolvido o *Pipeline* do *Coaching* em Projetos, que contribui com a organização, controle e avaliação de resultados

Evelyn Cordeiro

Evelyn Cordeiro

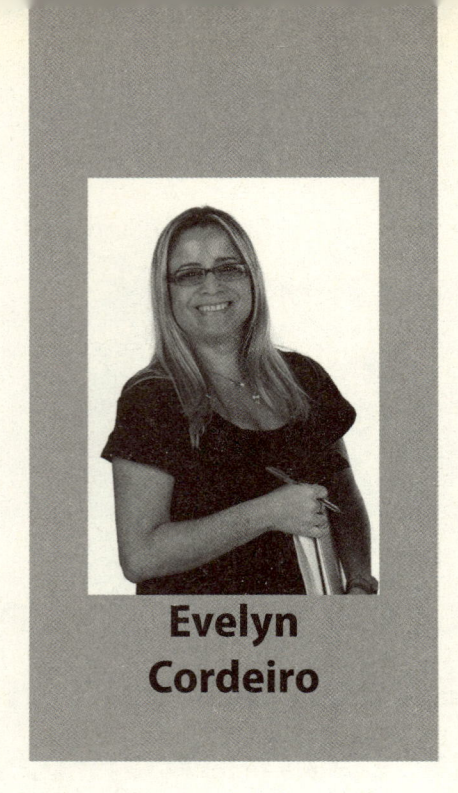

Com quatorze anos de experiência em gestão de marketing e projetos, cinco deles com atuação também em *Coaching* e *Mentoring*, graduada em Comunicação Social (Publicidade e Propaganda), com especialização em Marketing, MBA em Gerenciamento de Projetos, certificações PMP pelo Project Management Institute e Scrum Master (CSM) pela Scrum Alliance. Conduziu projetos complexos em diversos segmentos como editorial, esportivo, telecomunicações, engenharia, óleo e gás, concessão rodoviária, P&D e consultoria especializada. Atualmente é sócia da Expert Project, empresa de consultoria em gestão de negócios, que possui soluções integradas e inteligentes, atendendo toda cadeia de valor de seus clientes.

Contatos
www.expertproject.com.br
evelyn.cordeiro@expertproject.com.br
(21) 3005-3038
(11) 2626-3859

Evelyn Cordeiro

Como preparar um gestor para que potencialize os resultados de um projeto?

Primeiramente, é bom lembrar a importância que os projetos têm nas organizações. Projetos ligam as ideias aos resultados, materializam a estratégia da empresa. Toda empresa executa projetos, até mesmo sem considerá-los formalmente. Porém, se o número de projetos está em crescimento constante, por que a taxa de sucesso, em alguns momentos, não acompanha esse comportamento? Apesar de todo o conhecimento envolvido, metodologias, práticas e ferramentas, muitos projetos ainda fracassam. Por que? Existe uma infinidade de variáveis envolvidas nos fracassos dos projetos e uma delas é a capacidade de "timoneiro" do gestor. Seu papel, dependendo da estrutura organizacional da empresa em que atua, é de equilibrar as demandas que competem entre si, gerenciar as situações que ocorrem dentro das interfaces (pessoais, organizacionais e técnicas) do projeto, que são conflitantes por natureza.

O foco principal de sua atuação deve ser nas pessoas. Através de uma comunicação assertiva, agindo como um integrador e facilitador, provendo liderança e apoio, construindo um clima adequado, aproveitando ao máximo o talento de cada membro de sua equipe, motivando, conduzindo para que todos olhem na mesma direção (objetivo e metas do projeto). Mas para isso é necessário que esteja preparado para lidar com emoções, conflitos e desafios. Apenas profissionais bem preparados e amadurecidos têm condições de superar os problemas e situações naturais ocorridas durante o ciclo de vida de um projeto e proporcionar o seu sucesso.

É notável que, para se manterem competitivas, as empresas passem por mudanças constantes. Trata-se de uma questão de sobrevivência. Buscam, diariamente, resultados diferentes e melhores. E para se conquistar resultados diferentes são necessárias ações diferentes, o que corrobora com a necessidade de colocar em prática estratégias que visam a melhoria contínua.

O *coaching* faz parte dessa estratégia e culmina em uma relação ganha-ganha entre gestor e empresa, pois proporciona satisfação com os resultados. É essencial ao processo de improvement em gestão de projetos, pois contribui com a aceleração da curva de aprendizado, aumentando a maturidade do gestor e de sua equipe e fomentando o sucesso sustentável dos projetos atuais e futuros, já que atrelado a isso, há o processo de gestão do conhecimento, que é essencial como legado.

Quando se pensa em *coaching* em ambientes de projetos, é importante que o *coach* seja também um profissional experiente em projetos, para que possa alinhar sua expertise ao processo em si, conduzindo de forma mais aderente à realidade do *coachee*. O *coach* cria assim, melhores roteiros para o alcance dos objetivos e metas.

Ao trocar experiências com o *coach*, além da melhoria comportamental e gerencial, o gestor amplia suas opções disponíveis em seu "HD" de experiências, proporcionando melhores resultados.

É fundamental ter a consciência de que o *coaching* é uma iniciativa complementar ao trabalho de desenvolvimento de pessoas, sendo possível verificar a multiplicidade de aspectos que orbitam à volta da aplicação de seus processos no âmbito organizacional.

Durante a aplicação do *coaching*, é evidente ao gestor, a importância das seguintes situações dentro do ambiente de seus projetos:
- Construção de uma atmosfera social e agradável entre os membros da equipe, permitindo o compartilhamento de habilidades.
- Atenção ao desempenho individual dos membros para otimizar e alinhar a atuação de cada um.
- Realização periódica de sessões de aprendizagem com a finalidade de cada membro da equipe avaliar o desempenho geral.

O *coaching* está conquistando cada vez mais a classificação de processo estratégico dentro das empresas por ser determinante na conquista do alto desempenho das equipes. Cada sessão de *coaching* potencializa a atuação do *coachee* dentro dos projetos e da organização, melhorando ainda mais sua performance.

Então, como as empresas podem desenvolver o processo de coaching em projetos?

Por ser tratar de um processo complexo (*coaching* e projetos), é prudente adotar o modelo de *stage-gate* para o planejamento, que é uma técnica na qual um processo de desenvolvimento é dividido em estágios que são separados por *gates* (portões). Em cada *gate*, a continuidade do processo é avaliada. Cria-se assim, o *pipeline* do *coaching* em projetos, conforme Figura 1, o que contribui com a organização, controle e avaliação de resultados do processo em si. Também é importante eleger um ponto focal de nível estratégico, que possa acompanhar todo o processo, principalmente quando a alta direção não puder comparecer às reuniões de alinhamento e avanço.

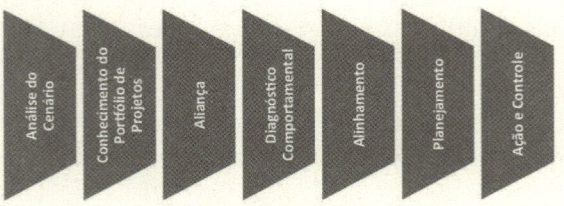

Figura 1 - Pipeline do Coaching em Gestão de Projetos

Evelyn Cordeiro

Por dentro do pipeline do coaching em projetos
Stage 1: Análise de cenário

- **Desenvolvimento:** o primeiro *stage-gate* do *pipeline* do *coaching* em projetos é a verificação da maturidade organizacional em gestão de projetos para entender o ambiente onde os *coachees* estão inseridos. Normalmente, as empresas realizam (ou deveriam realizar) esse tipo de estudo antes de implantar qualquer processo de gerenciamento de projetos.

  Depois que ocorre o *go live* de qualquer projeto (pós-implantação), as empresas seguem (ou deveriam seguir) um Plano de Maturidade em gestão de projetos, para que ao longo do tempo, todo o trabalho desenvolvido prospere e agregue valor à organização.

  Além disso, é crucial conhecer o Planejamento Estratégico da empresa ou parte dele. O foco nessa leitura é a análise dos ambientes interno (forças e fraquezas) e externo (oportunidades e ameaças), extraído da matriz SWOT e as metas corporativas.

- **Produto/Resultado:** relatório de entendimento do cenário.
- **Gate:** reunião de alinhamento e avanço.
- **Envolvidos:** ponto focal, alta direção e gestor do PMO - Project Management Office (se tiver).

Com as informações iniciais analisadas, avançamos no *pipeline*, entrando ainda mais na esfera estratégica da empresa, que é o seu portfólio de projetos.

Stage 2: Conhecimento do portfólio dos projetos

- **Desenvolvimento:** a gestão de portfólio de projetos proporciona a interligação dos objetivos estratégicos com os programas e projetos. Através dela, consegue-se selecionar os melhores projetos e controlá-los para que continuem satisfazendo os propósitos do negócio.

  Esse processo objetiva o apoio à tomada de decisão nas organizações. Seus métodos, técnicas e ferramentas contribuem para a minimização das incertezas e sistematização da decisão. Resumidamente, proporciona uma efetividade estratégica ao executar certo o projeto certo.

  O portfólio de projetos de uma empresa é tão importante na implementação do processo de *coaching*, que esse estágio é fundamental como aprofundamento do ambiente organizacional.

  Ao analisar o portfólio, o *coach* ficará ciente do desdobramento dos projetos, dos gestores envolvidos e seus resultados. Essas informações contribuirão com o seu *background* para mapear e explorar as competências técnicas/comportamentais e resultados que precisa desenvolver com os *coachees*.

- **Produto/Resultado:** mapeamento Holístico do Portfólio de Projetos.
- **Gate:** reunião de alinhamento e avanço.
- **Envolvidos:** ponto focal, alta direção e gestor do PMO - Project Management Office (se tiver).

Chega o momento de *approach* com os envolvidos para criar alianças que contribuam com o sucesso do processo de *coaching*.

Stage 3: Aliança

- **Desenvolvimento:** apresentação, em formato de *workshop*, dos objetivos do trabalho, benefícios esperados e importância do envolvimento de todos durante o processo.

  Nesse estágio, o *coach* estimula o *feedback* coletivo dos envolvidos para obter informações que agregarão ao desenvolvimento do processo, e demonstra que o *coaching* proporcionará ganhos expressivos em sua gestão. Busca-se nesse momento, um acordo de confiança, uma aliança entre o *coach* e *coachee*.
- **Produto/Resultado:** relatório de sensibilidade.
- **Gate:** reunião de *feedback* / Macro avaliação dos envolvidos.
- **Envolvidos:** gestores, ponto focal, alta direção e gestor do PMO - Project Management Office (se tiver).

Após o *Workshop* de Aliança, é necessário garantir o *buy-in* do processo. E isso dar-se-á no próximo *stage*.

Stage 4: Diagnóstico Comportamental

- **Desenvolvimento:** o diagnóstico enquanto parte de um processo é uma das etapas primordiais e deve ter uma abordagem sistêmica, pois sua análise deve abranger as interfaces pessoal e profissional. Nesse momento, o *coach* estuda e avalia o status quo do *coachee*, utilizando diversas técnicas e ferramentas que fazem parte de seu *tool kit*.

  O foco é definir onde o *coachee* está e para onde quer e precisa ir, de acordo com o seu papel como gestor, reforçar a aliança, desenvolver sua tipologia com base em seu modelo mental, solicitar uma reflexão sobre o desempenho dos projetos sob sua gestão, problemas e oportunidades de melhoria, e por fim, definir os objetivos do processo.
- **Produto/Resultado:** portfólio de gestores (com classificação tipológica).
- **Gate:** análise do portfólio de gestores e preparação para alinhamento.
- **Envolvidos:** gestores, ponto focal, alta direção e gestor do PMO - Project Management Office (se tiver).

Estando com todos os elementos em mãos, faz-se necessário prosseguir com o alinhamento.

Stage 5: Alinhamento

- **Desenvolvimento:** esse estágio nada mais é do que colocar em um mesmo eixo todos os pontos já analisados: maturidade, planejamento estratégico, portfólio de projetos e de gestores.

  O resultado dessa etapa proporcionará uma visão espacial sobre o que esperar do processo de *coaching*, com base na realidade da empresa. Identificando, inclusive, *gaps* que deverão ser considerados no planejamento.

  Os elementos desse alinhamento são:
  - Como está a nossa maturidade em gestão de projetos.
  - Quais são as nossas forças e fraquezas.
  - Quais as oportunidades e ameaças do mercado.
  - Onde queremos chegar.
  - Quais as iniciativas que traduzem nossa estratégia em ação.
  - Quem pode contribuir com o caminho até as metas.
  - Como potencializar a gestão.
  - Como mensurar.
- **Produto/Resultado:** relatório de alinhamento.
- **Gate:** análise de *gaps*.
- **Envolvidos:** alta direção e gestor do PMO - Project Management Office (se tiver).

Planejar é preciso. E esse é o momento.

Stage 6: Planejamento

- **Desenvolvimento:** planejar é ordenar as ações, é pensar sobre o que existe, sobre o que se quer alcançar e com que meios se pretende agir. O processo de planejamento conduz a um conjunto de metas e planos que são viáveis dentro de circunstâncias previstas. Assim, o planejamento deve ser sustentado com o Relatório de Alinhamento, produzido no *stage* anterior.

  É inexorável a importância do planejamento em um processo de *coaching*, pois nessa fase aprofundam-se os objetivos de cada *coachee*. É justamente definido o destino, o motivo e o meio para se chegar até lá.

  Fazem parte do contexto desse estágio:
  - Especificação da situação desejada
  - Identificação de fatores críticos de sucesso para o alcance da situação desejada
  - Objetivos e metas.

- Comprometimento com resultados.

O planejamento visa incentivar uma relação de parceria na qual a dupla *coach-coachee* se comprometeu integralmente com o cumprimento das metas estabelecidas.

- **Produto/Resultado:** plano de ação individual.
- **Gate:** reunião de alinhamento e avanço.
- **Envolvidos:** gestores.

Planejamento OK. Chegou a hora de iniciar, de buscar os resultados.

Stage 7: Ação (e Controle)

- **Desenvolvimento:** é importante lembrar que em momento algum do processo, o *coach* opina ou sugere qualquer coisa ao *coachee*. Ele apenas apresenta ferramentas e fomenta o desenvolvimento através de perguntas que impulsionam o *coachee* na descoberta de suas próprias respostas e alcance de metas.

O planejamento sozinho não alcança os objetivos da empresa. Planejamento sem execução e controle serve apenas para ilustrar paredes e ocupar gavetas.

Fazem parte desse *stage* e são muito importantes:
- Dinamismo e flexibilidade.
- Adaptação às mudanças.
- Reuniões periódicas.
- Monitoramento, avaliação e realinhamento.
- Indicadores de performance e desenvolvimento.
- *Feedback* entre *coach* e *coachee*.
- Reconhecimento do aprendizado adquirido no processo.

O acompanhamento do Plano de Ação Individual, identificando e facilitando a compreensão de fatores de oportunidade e possíveis dificuldades de realização, contribui de forma a potencializar o desenvolvimento do profissional.

- **Produto/Resultado:** relatório de acompanhamento.
- **Gate:** N/A.
- **Envolvidos:** gestores.

As definições citadas mostram aspectos de convergência como processo, aprendizagem, aferição de metas específicas e melhora do desempenho no trabalho.

Ao longo do tempo, concluiu-se que as empresas que investem no *coaching* em gestão de projetos podem contar com profissionais mais amadurecidos, capazes de proporcionar resultados mais efetivos. Enfim, o *coaching* contribui com o aumento do capital humano e intelectual da organização que o considera como parte da estratégia. O grande legado que fica é a capacidade de aprender e compartilhar conhecimento.

14

Planejamento estratégico como ferramenta para o autocoaching

Conheça e se predisponha a aplicar a metodologia PEP.C&P em seu cotidiano e prepare-se para vivenciar resultados extraordinários e sustentáveis nas mais diversas áreas da sua vida. Boa leitura!

Fabio Arruda

Fabio Arruda

Coach com certificação internacional pelo IBC (Instituto Brasileiro de Coach), licenciado pelo ECA (European Coaching Association), GCC (Global Coaching Community), BCI (Behavioral Coaching Institute) e pela IAC (International Association of Coaching), *Trainer* em PNL, Bacharel em Administração de Empresas pela Universidade Ceuma (UNICEUMA) e possui Especialização em Segurança do Trabalho pela Faculdade Integrada de Jacarepaguá (FIJ). Especialização em Engenharia da Produção pela Faculdade Pitágoras, Especialização em Gerenciamento de Projetos pela Universidade Gama Filho (UGF) e possui MBA Executivo em Gestão de Pessoas pela Universidade Cândido Mendes (UCAM). É Auditor Líder de SGI (Sistema de Gestão Integrada), certificado pelo British Standards Institution (BSI). Tem vasta experiência na área de Gestão de Pessoas, Liderança de Equipes, Saúde e Segurança Ocupacional, Análise de Risco, Análise de Falhas, Gestão de Mudanças, Operação Ferroviária e Gestão de Contratos. Já atuou em diversos cargos na área de gestão em empresas de grande porte, atualmente é Gerente de Saúde e Segurança Ocupacional no departamento de implantação de projetos de uma empresa multinacional que atua na área de mineração. Também atua como auditor de programas de certificações de empresas na área de SSMAQ (Saúde, Segurança, Meio Ambiente e Qualidade). Idealizador do Blog Arruda Consult, que media temas na área de gestão de empresarial, motivação, carreira e gestão de pessoas.

Contatos:
www.arrudaconsult.blogspot.com.br
fabio.arruda.mg@hotmail.com
facebook.com/fabio.arruda.mg
twitter.com/arrudamg

O processo de desenvolvimento humano está ligado à evolução das pessoas, ao aumento das suas potencialidades, aumento do seu conhecimento próprio, desenvolvimento de novas habilidades, aquisição de novos conhecimentos e assunção de novas atitudes.

Neste texto serão apresentadas ferramentas que possibilitam o desenvolvimento humano, o mapeamento das potencialidades e a definição de ações com base em análises e desejos conscientes de mudança, através do autoconhecimento.

Antes de falar especificamente da metodologia do *autocoaching*, será necessário alinhar a rota, apresentar os principais conceitos ligados ao tema para maior compreensão, associação e dissociação do que é *coach*, *coachee* e *coaching*.

- **Coach:** Profissional
- **Coachee:** Cliente
- **Coaching:** Metodologia/Processo. Esta metodologia está presente em grande parte do mundo, sendo uma atividade em rápida expansão, na qual profissionais habilitados auxiliam pessoas a atingirem seus objetivos de maneira eficaz por meio de reflexões e análise da sua realidade. É iniciado com um acordo entre o **coach** (profissional) e o **coachee** (cliente) para atingir objetivos e alcançar resultados predeterminados, partindo de uma situação atual para uma situação desejada (foco nas realizações de metas, objetivos e desenvolvimento de competências), ou seja, as diversas aspirações que somadas levam o *coach* ao encontro do seu desejo maior estabelecido dentro do processo de **coaching.**

Conhecendo autocoaching

O *autocoaching* é o processo que consiste na aplicação de metodologias do *coaching* em si mesmo. O humano, ao avaliar o próprio estado atual (em qualquer aspecto de sua vida), passa a analisar tudo o que espera da vida e assim busca desenvolver mudanças para alcançar felicidade e sucesso naquilo que propõe.

Este processo de tomada de ação, impulsionado pelo autoconhecimento, é muito válido e constantemente utilizado para consecução de metas de médio e longo prazo; contudo, pode ser também uma excelente ferramenta para tomada de decisões imediatas, visto que o desenvolvimento pessoal advém da tomada de consciência gradativa da realidade e de análises realizadas com base em fatos reais, à medida que a pessoa descobre como pode ser melhor em suas atividades, pessoais e profissionais, em passos planejados e com exercícios práticos.

O *autocoaching* pode ser aplicado de diversas formas, muitas pessoas se sentem tão bem quanto numa real sessão de *coaching*. Alguns utilizam o espelho por acreditarem que assim podem encontrar recursos ainda mais valiosos, explorando sensações, confrontando suas falas de maneira lúdica e introspectiva. Outros optam pela prática das anotações, descrevendo aspirações, perguntas e soluções, que se configuram em declarações de ações futuras. O ideal é encontrar o melhor treinamento, a melhor forma com a qual se sinta mais à vontade e dele obter as melhores ferramentas como meio para atingir o desenvolvimento potencializado. Contudo, em qualquer recurso de desenvolvimento de *autocoaching*, é mister compreender que somente perguntas certas conduzem às respostas mais acertadas, assim como perguntas sem propósitos trazem respostas vazias e sem sentido.

Metodologia PEP.C&P em sua vida

DESCUBRA SEUS VERDADEIROS TALENTOS E POTENCIAIS PARA ALCANÇAR TUDO O QUE DESEJA EM SUA VIDA

A estratégia faz parte do bojo da administração há muito anos. Sun Tzu apresentou esse conceito entre 400 e 320 a.C, na China, quando escreveu o livro "A arte da guerra", passando a ser considerado o "pai" da estratégia. Este livro ainda hoje é lido por executivos do mundo inteiro e seus ensinamentos são utilizados e aplicados em diversos estudos acadêmicos. Neste contexto "nasce" o Planejamento Estratégico Pessoal que é um processo gerencial no qual são estabelecidas premissas básicas para que a pessoa, sistematicamente, siga um fluxo de evolução coerente e sustentável.

Assim como o general chinês Sun Tzu utilizou a estratégia na guerra, o **PEP.C&P**[1] utiliza a estratégia para potencializar o ser humano nas dimensões da vida pessoal e carreira. Este método altamente efetivo utiliza ferramentas do planejamento estratégico com a autoavaliação nas sete competências críticas para o sucesso, com possibilidade de inclusão de plano de ação e definição de objetivos e metas de curto, médio e longo prazo.

Esta metodologia e sua devida inclusão ao processo de *autocoaching*, poderá ser aplicada pelo leitor, com grandes possibilidades de gerar benefícios nas áreas pessoal e profissional. Para alcançar os resultados desejados é imprescindível disciplina e comprometimento para apropriar-se de seus elementos teóricos e práticos, adotando ações e implementando mudanças necessárias em conformidade com a sua realidade.

A espinha dorsal da metodologia PEP.C&P consiste em fazer com que a pessoa usuária da metodologia possa desenvolver o hábito de elaborar seu planejamento pessoal de forma explícita, ou seja, é necessário efetuar uma pausa para reflexão, anotar e perseguir seus objetivos e metas pessoais traçadas no planejamento estratégico. De forma resumida, toda a metodologia está dividida em sete etapas elaboradas em uma única página, e que visam responder os três grupos de perguntas a seguir relacionadas:

---

1. *Planejamento Estratégico Pessoal aplicado a Carreira e à Vida Pessoal. Método desenvolvido por Fabio Arruda.*

1. Quem sou eu e o que realmente importa na minha vida?
2. Como estou? Qual meu estado atual? E qual meu grau de satisfação?
3. Quais são meus planos, objetivos e metas? E o que estou disposto a fazer para alcançá-los?

A seguir serão apresentadas detalhadamente a metodologia, todas as etapas, grau de importância e seus desdobramentos.

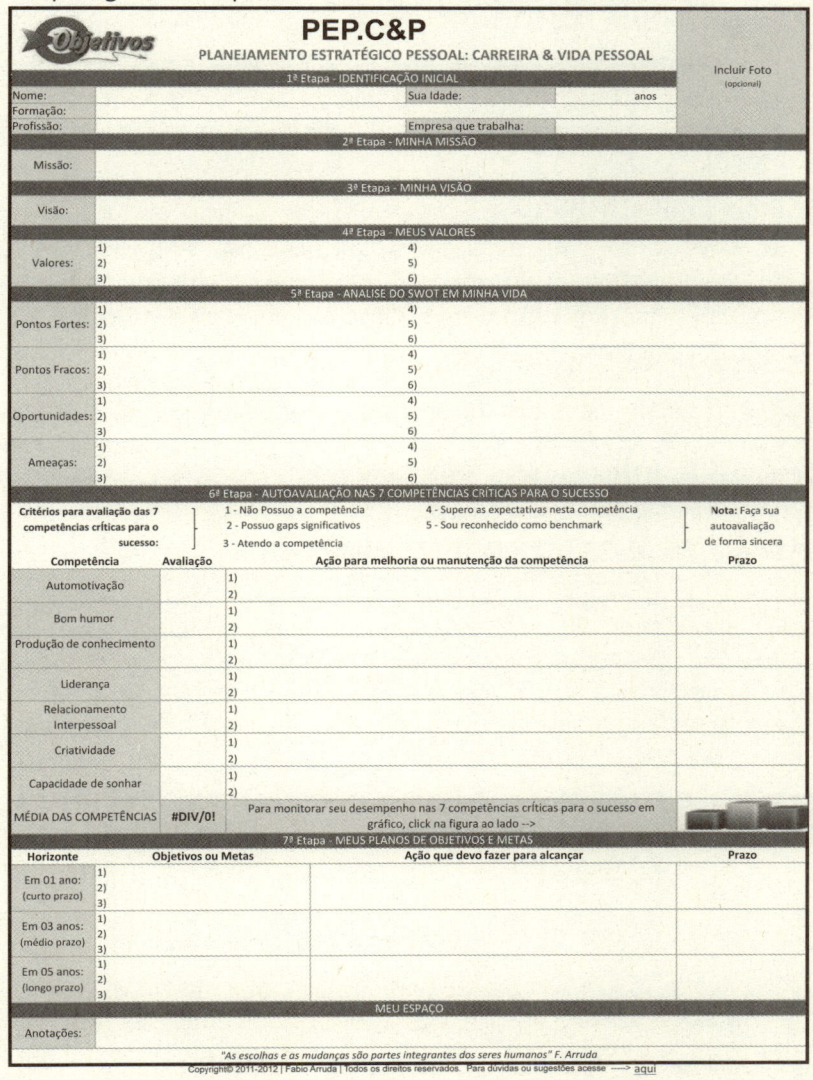

Figura 1: http://www.arrudaconsult.blogspot.com.br/

Etapas do PEP.C&P

1ª Etapa: IDENTIFICAÇÃO INICIAL

Nesta etapa devem ser descritos os dados do dono do planejamento estratégico, contém campos para o nome, formação, profissão e espaço para inclusão de foto.

2ª Etapa: MINHA MISSÃO

É a finalidade da existência, ou seja, aquilo que define o significado dessa existência. Liga-se diretamente aos seus objetivos principais, e aos motivos pelos quais você vive (sua razão de ser). A missão é algo perene e sustentável.

3ª Etapa: MINHA VISÃO

É aquilo que se espera ser ou alcançar (realizar objetivamente) em um determinado tempo e espaço, normalmente é um prazo longo (pelo menos cinco anos). A visão deve ser inspiradora, clara e concisa.

4ª Etapa: MEUS VALORES

Representam os princípios éticos que norteiam todas as suas ações. Normalmente, os valores são compostos de regras morais que são a base para seus atos e motivações. Os valores podem ser natos ou adquiridos, porém são inegociáveis.

5ª Etapa: ANÁLISE DO SWOT EM MINHA VIDA

Trata-se de uma ferramenta para tomada de decisão e formulação de estratégia. A Matriz do SWOT usa uma planilha para coletar informações de pontos fortes, pontos fracos, oportunidades e ameaças no ambiente interno e externo à pessoa. Saiba exatamente onde está no dia de hoje, qual o seu estado atual. As pessoas com maior capacidade de progressão são aquelas que sabem exatamente onde estão.

6ª Etapa: AUTOAVALIAÇÃO NAS SETE COMPETÊNCIAS CRÍTICAS PARA O SUCESSO

Em um mundo competitivo e em constante evolução, além da educação formal adquirida através dos cursos de aperfeiçoamento, técnicos e universitários, é requerido cada vez mais dos profissionais contemporâneos que tenham competência, que é o tão conhecido CHA (Conhecimento, Habilidades e Atitudes). Conhecimento é informação adquirida através de estudos ou pela experiência que uma pessoa utiliza, é o "Saber". Habilidade é a capacidade de realizar uma tarefa ou um conjunto de tarefas em conformidade com determinados padrões exigidos pela organização "Saber fazer". Atitude é o comportamento manifesto que envolve habilidade e traços de personalidade, diretamente relacionado com o querer e a ação "Querer fazer".

A seguir segue a descrição das sete competências críticas para o sucesso e uma descrição sumária do que se espera e significa cada uma delas:
1. **Automotivação:** capacidade de se motivar continuamente, independente das situações adversas ou contratempos que possam ocorrer em suas vidas. Hoje é mais importante para as empresas os profissionais que se motivam sozinhos, independente de qualquer bônus no salário, encorajamento dos superiores ou mesmo de palestras motivacionais. Deve ser avaliada a motivação em todos os aspectos da vida, não somente no aspecto empresarial.
2. **Bom humor:** arte de gerenciar o próprio estado de espírito, para enfrentar o trabalho do dia a dia e a vida pessoal, mantendo harmonia interior e alegria de viver. A alegria e o bom humor nas relações de trabalho abrem portas e geram oportunidades.
3. **Produção de conhecimento:** capacidade de crescer profissionalmente, adquirindo conhecimentos relativos à sua profissão, e que sejam relevantes para a organização em que trabalha, como também para sua carreira em particular.
4. **Liderança:** capacidade de influenciar, inspirar e motivar pessoas, tirar o melhor delas, levando-as a serem competentes, trabalharem em equipe e a alcançarem os melhores resultados.
5. **Relacionamento interpessoal:** capacidade de se comunicar com as pessoas em geral de forma eficaz, conviver bem, manter um bom clima no ambiente organizacional. O relacionamento interpessoal gera *networking* e consequentemente maior produtividade, pois o trabalho é cada vez mais realizado em grupos, e ter boas relações faz fluir os processos além de ser um importante alavancador de carreiras.
6. **Criatividade:** capacidade de criar e perceber coisas novas, gerar novas maneiras de fazer tarefas, reinventar métodos, ferramentas, sistemas, produtos, formas de trabalhar e melhorar os processos, com foco na melhoria contínua e excelência nos resultados.
7. **Capacidade de sonhar:** exercício de imaginar coisas impossíveis e criar condições para realizá-las. É manter um alvo desejado (sonho) e através de ações tangíveis (metas) fazer o desejo tornar-se realidade pelas ações, esforços, trabalho, imaginação, persistência e pela fé.

Agora que os conceitos das competências foram apresentados é muito importante definir os critérios para autoavaliação. A pontuação vai hierarquicamente de 1 a 5 e os critérios devem ser avaliados conforme grau de importância e escalonamento mostrado no quadro.

Coaching - A Solução

1	Não possuo a competência
2	Possuo *gaps* significativos
3	Atendo plenamente a competência
4	Supero as expectativas nesta competência
5	Sou reconhecido como benchmark
Nota: Faça sua autoavaliação de forma sincera	

Quadro: critérios para a auto-avaliação nas sete competências críticas para o sucesso

Lembre-se, a ideia é reconhecer os pontos positivos e oportunidades de melhoria para traçar um plano de ação consistente e sustentável. É necessário que seja realizada a autoavaliação seguindo os critérios citados e de forma sincera. Após a autoavaliação, defina ações de melhoria para as competências que apresentarem nota inferior a 3 e ações de manutenção para competências que apresentarem notas igual ou superior a 3. Evidentemente que existem outras competências necessárias ao desenvolvimento de uma carreira e que o profissional necessita estar atento, mas estas sete competências apresentadas certamente terão um peso fundamental para projetar sua carreira e vida pessoal para o sucesso.

7ª Etapa: MEUS OBJETIVOS E METAS

A meta é um posicionamento desejável no futuro, se esforçado para implementar as condições (ações). Meta não é a mesma coisa que objetivo e vice-versa; a meta é um objetivo traduzido em termos quantitativos (valor e prazo). Exemplo de objetivo: comprar a casa própria. Exemplo de meta: comprar uma casa de R$ 150.000,00 até jan. 2014.

Para elaboração de metas efetivas e relevantes é necessario observar alguns quesitos, pois o cérebro precisa de especificidade para poder se focar, e para conseguirmos atingir os nossos objetivos precisamos saber especificamente aquilo que queremos, quanto queremos, se o objetivo depende de nós, se acreditamos realmente no objetivo e o porquê de o querermos atingi-lo e quando é que pretendemos que o nosso objetivo seja atingido.

A adoção e prática da metodologia PEP.C&P deve ser um desafio para o leitor que deseja se desenvolver, mudar, superar, expandir e melhorar a qualidade vida. O planejamento estratégico como ferramenta para o *autocoaching* permite exercer integralmente essa mudança. O ser humano é formado pelo constructo das atitudes adotadas, sendo essencialmente fruto de suas escolhas. Aplique o PEP.C&P e responsabilize-se pelas suas escolhas. Você é o único dono do seu destino!

15

Você está em busca constante de se superar em algo?

Já ouvir falar no coaching de alta performance?
Pessoas e empresas estão sempre buscando resultados. Dedicação e esforços nem sempre levam a alcançar seus objetivos. Dentro dessas expectativas de mercado criamos o Sistema Inovador de Alta Performance, que utiliza metodologia diferenciada conectando técnicas de desenvolvimento e treinamento corporativo, métodos utilizados em esportes, alto impacto e *coaching*

**Felipe Gomes &
Anthony Águia**

Felipe Gomes & Anthony Águia

Atuação: Presidente do Grupo Penso Sempre Positivo, Diretor Responsável do Departamento de Psicometria da Escola de Auto-Hipnose Mateus Grou, Membro integrante da Sociedade Brasileira de Biometria Funcional – SBBF, *Personal Coach*, Hipnoterapeuta, Programador Neurolinguista, Professor e Palestrante. Formação: *Personal & Professional Coaching*, *Coaching* Intuitivo, *Practitioner* em PNL, *Master-Practitioner* em PNL, Hipnose Clínica, Hipnose Letárgica, Hipnose Rápida e Ultrarrápida, Hipnose para Traumas e Fobias, Hipnose para o Tabagismo, Memorização, Leitura Eficaz, Inteligência Emocional, Mapas Mentais, Oratória, Motivação, Liderança, Concentração, Técnicas de Estudos, Consultoria em Vendas e Marketing, Marketing Digital, Energização de Cristais, Reiki (Níveis I e II), Comunicação Eficaz e Linguagem Corporal, Cromoterapia, Massoterapia, Numerologia Pitagórica, Ascensão Cósmica, Astrologia Cármica, Biometria Funcional e Psicologia em Processo de Formação. Escritor dos livros *Coaching: Grandes Mestres, Manual de Múltiplas Inteligências* e *Ser+ em Comunicação* da Editora Ser Mais.

Contatos:
www.pensosemprepositivo.com.br / felipegomes@pensosemprepositivo.com.br
twitter.com/pensosppositivo
(11) 9641-PENSA / (11) 9641-73672

Empresário, Psicoterapeuta, dedica-se principalmente à criação e condução de Treinamentos Comportamentais e Estratégicos, Corporativos, nas áreas de motivação, autoestima, autopercepção, vendas, liderança, especialista em conhecimentos avançados, alta performance; tem se utilizado com sucesso da Programação Neurolinguística no Desenvolvimento do Potencial Humano e Profissional. Criador do Projeto Conexão Águias. Habilitado em Programação Neurolinguística pela Sociedade Brasileira de P.N.L. e American Society NLP - Richard Bandler (San Diego, CA) *(Master Practitioner / Master Trainer)*, *Life Coaching*, *Coaching* Alta Performance, com mais de 23 anos de experiência nos segmentos: marketing estratégico, gestão de conflitos pessoais e profissionais, técnicas de estudos, mapas mentais, memorização fotográfica, aprendizados acelerados, entre outros.

Contatos:
www.conexaoaguias.com.br/blog / anthonyaguia@conexaoaguias.com.br
Skype: anthonyaguia
(11) 99411-7538

Coaching de alta performance

O *Coaching* de Alta Performance tem como objetivo principal atingir resultados e surpreender na transição e no caminho do "estado atual" para o "estado desejado". Além disso, identificando e potencializando as competências individuais e de grupo para alcançar resultados de alta performance.

É um trabalho direcionado exclusivamente para pessoas e empresas que desejam transformar planos em realizações.

O trabalho reflete sobre início, meio e fim por meio da relação *coach* (treinador) e o *coachee* (cliente), onde o cliente quer alcançar uma meta/objetivo/direção que pode ser de curto, médio e longo prazo. O *coaching* é o caminho que leva o *coachee* a resultados desejados.

Por meio de recursos e técnicas, identifica e potencializa competências para apoiar na conquista dos objetivos. É realizado um plano de ação que vai contribuir para o alcance da meta, podendo abranger tanto questões individuais como de grupo.

O *coaching* de alta performance tem como premissa otimizar resultados, criando novas possibilidades ou ampliando aquelas existentes. É um trabalho exclusivo e realizador para pessoas, equipes e empresas que desejam transformar planos em realizações.

Percepção dos pontos cegos

Uma das principais características do *coaching* de alta performance é a de desenvolver a percepção sobre os pontos cegos, perceber principalmente comportamentos e posturas mentais voltados ao autodomínio. Aborda questões como:
- O que VOCÊ está pensando ou fazendo agora?
- Como?
- Para quê?
- Está utilizando seu cérebro com sabedoria?
- O que vem a ser sabedoria?
- Está utilizando para pensar ou para acumular pensamentos que não servem para mais nada?

Essas perguntas são fundamentais em todos os momentos de nossas vidas, são elas que estão definindo seu futuro agora.

Já parou para refletir?

A maioria vive diariamente como reféns de suas emoções e de outros.

Tudo que pensamos, falamos, sentimos e fazemos acaba sempre voltando para nós, gostando ou não. Essa é a lei e não temos como escapar por que faz parte de nosso aprendizado e crescimento.

Pare agora por alguns minutos e reflita sobre os pensamentos que emitiu de ontem até esse momento. Quais foram as emoções que eles geraram?

A maioria desses pensamentos geraram dor ou prazer?
Foi produtivo pensar assim?

Enquanto não aprendermos a pensar sobre o que estamos pensando, sentir o que estamos sentindo, continuaremos como reféns de nossas emoções e sentimentos que são devastadores.

Aprender a desenvolver a autopercepção é o primeiro passo no processo de *coaching* de alto desempenho.

É preciso sempre questionar os padrões preestabelecidos e libertar-se das doenças que afetam a maioria da população mundial. Mas para isso precisamos aprender a desenvolver o processo de conscientização em relação à qualidade dos nossos pensamentos.

A vida é como uma bola jogada na parede.
Se for vermelha, volta vermelha, se for amarela, volta amarela,
se for fraca, volta fraca, se for forte, volta forte.
A vida não dá e nem empresta nada a ninguém.
Nem tampouco se comove ou sente piedade.
Ela apenas nos dá de volta aquilo que lhe oferecemos.
Albert Einstein

Prepar+Ação

Quando pensamos na realização de metas e em atingir nossos objetivos, temos que, em primeiro lugar, pensar em preparação, ou seja, prepararmo-nos para mais ações efetivas, que nos levem aos resultados desejados. E para alavancar melhores resultados, é preciso associar prazer a cada etapa conquistada.

Afirmamos que tudo já está para todos, mas nem todos estão para tudo, por uma questão de percepção das frequências.

Em que frequência você está diariamente? Frequências baixas ou frequências altas?

Estamos cheios de preocupações, cheios de ansiedades, medos, dúvidas, cheios de inseguranças.

Isso pode ser considerado frequência alta?

Quando VOCÊ instala a autopercepção em sua mente consciente, você começa a questionar esses padrões de pensamentos e sentimentos. A partir desse momento, você passa a ter o verdadeiro poder da escolha.

Conscientização

O processo da conscientização aborda vários pontos de vista e reflete sobre o que nos é imposto diariamente e como o cliente, por meio dessas descobertas, pode tirar melhor proveito de cada situação, usando esse poder a seu favor para realização de suas metas.

Analisando o poder das palavras e suas variadas combinações como:
- Fugir da armadilha da palavra expectativa/esperança.
- Nossa mente funciona por padrões, emoções e associações.
- Pensamentos são coisas.
- Quais são suas rotinas?
- Ter muitas informações é importante?
- Acúmulo de informação gera o quê?
- Na maioria das vezes desinformação, muitas informações contraditórias.
- A nossa mente foi condicionada a funcionar no Macro e não Micro, por conta disso se gasta muita energia e coleciona pequenos resultados.
- Por que fazemos tudo que fazemos?
- Você quer tratamento de primeira ou segunda?
- Que tipo de tratamento tem oferecido ultimamente?
- A sua mente está programada para oferecer tratamento de primeira aos outros?
- Quais são os seus comportamentos mediante as adversidades do dia a dia?
- Quantas adversidades você enfrenta no dia a dia?
- Qual é sua postura mental psicológica, profissional e emocional, mediante as novas situações?
- O que impede as pessoas de ganhar?
- Como lida com o medo de perder.

Na verdade não existe o ganhar ou perder, e sim, o aprendizado. Se VOCÊ se colocar sempre na postura de aprender vai perceber quantos detalhes passavam despercebidos pela sua consciência.

Aprendemos dentro de uma das ferramentas que utilizamos, a Programação Neurolinguística, em um de seus principais pressupostos que diz o seguinte:

"QUE NUNCA ERRAMOS"

Na pior das hipóteses, escolhemos uma ou mais estratégias que não são tão adequadas para lidar com aquele tipo de situação. Então, isso quer dizer que nunca erramos.

Mesmo porque, quando vamos realizar algo, não vamos com a intenção de errar.

Só que isso gerou e continua gerando grandes consequências e algumas delas são as pessoas carregarem as culpas, ressentimentos e frustrações à vida toda e, como consequência, se programam automaticamente para se fechar. Isso por que tudo aquilo que gera dor ao nosso subconsciente tem a tendência de nos afastar, preservando-nos de sofrer mais dores.

Outro detalhe de funcionamento da mente; passar o dia procurando erros e acertos.

Em qualquer situação ou conversando com outras pessoas qual é a sua tendência, procurar erros ou acertos?

Se estiver condicionado na maior parte do tempo buscando os erros, sua mente se fecha para novas oportunidades ou sua conversa fica comprometida, por que sua mente fica bloqueada no erro e tudo que for falado ou apresentado perde o sentido, fazendo você ficar mais desconfiado.

Se sua mente está focada ou condicionada no erro, sua tendência é atrair mais erros.

Acredito que seja com o propósito de melhorar de vida, ter mais qualidade, fazer sucesso, acertar mais do que errar, entre outras coisas... Mas se sua mente está condicionada em primeiro lugar a procurar erros nas situações vividas do dia a dia, já pode imaginar quais vão ser os seus resultados...

É uma ironia as pessoas quererem acertos procurando erros, você não acha?

Mude o seu foco.
- Com que propósito levanta de sua cama todos os dias?
- Por que aprendeu tudo que aprendeu?
- O que a maioria procura na vida?

Normalmente as pessoas respondem: saúde, sucesso, felicidade, amor, paz, eliminar seus medos e assim por diante.

Mas tudo isso está relacionado à duas palavras: **DINHEIRO E RECONHECIMENTO**
- Já parou para pensar que tudo que focar tende a AUMENTAR?
- Dentro do Processo, o cliente aprende um método de atualização automática e aprendizados acelerados.
- O que vem a ser Sabedoria?

Já sabemos que o mercado definiu "inteligência" como "um acumulador de dados". Quanto mais informação acumulada VOCÊ adquire, mais facilidade vai ter em sua vida. Mas a realidade mostra outros números e são números bem cruéis.

No processo de desenvolver a autopercepção, aprendemos que quanto mais informação acumuladas sem direção, mais conflitos e confusões. Isso são estudos científicos e comprovados na prática com vários grupos de pessoas.

Por que se chegou a essa conclusão?

Os testes mostraram que pessoas com muitas informações desorganizadas, sem reflexão, não planejadas e direcionadas estrategicamente, na hora de tomarem decisões ficavam com medo, inseguras e paralisadas.

Sabedoria tem pai e mãe. A mãe da sabedoria é a repetição com conscientização.

E que vem a ser o pai da sabedoria?
É a mente seletiva.

Infelizmente não fomos treinados a saber como utilizar essa parte da mente. Isso não quer dizer que vamos aprender a discriminar ninguém, ou mesmo sermos preconceituosos.

Definimos como mente seletiva o poder de fazer as melhores escolhas, mesmo porque a vida se resume aos segundos de sucessivas escolhas. Essa parte da mente seletiva é que define todo o nosso futuro, agora.

Imagine-se escolhendo qualquer livro para ler e aprender algo de útil e que vai definir os seus próximos passos em sua vida.

O que vai aprender com isso?

Ficar conversando com uma pessoa por duas a três horas. Em seguida, se questionar.

Por que conversei com essa pessoa? Em que estado quero sair dessa conversa?

Dependendo da pessoa e assunto que são abordados, vai definir seu estado emocional.

Assistir um programa de televisão de baixa qualidade.

O que ganho com isso? O que aprendi? O que perdi? Vai me trazer que tipo de resultados? Se analisar pelo lado positivo, pode dizer que aprendeu o que não se deve fazer se pretende alcançar os objetivos que traçou.

Entendeu o que é uma mente de sabedoria?

O que são as melhores escolhas?

Regra geral: sempre faça as melhores escolhas para não pagar o preço.

O processo de aprendizado do *coaching* de alta performance é para conscientizá-lo sobre pontos estratégicos que vão gerar inúmeros benefícios em sua vida, como economizar tempo, energia, mantendo sua saúde em perfeito estado, evitando dores, frustrações...

Tudo isso dentro de processos de facilitação e acompanhamentos, libertando o cliente das emoções prejudiciais.

Dessa forma, o processo desenvolve a percepção consciente dos processos internos, e você ganha poder, harmonia e vivencia o autodomínio.

Porque as pessoas estão sempre buscando resultados e sempre estão tendo resultados... TUDO É RESULTADO.

A questão principal é definir especificamente que tipo de resultados procuram. Lembre-se tudo é resultado, seja ele positivo ou negativo, se resume a resultados.

Importante salientar que durante todo o processo de **COACHING DE ALTA PERFORMANCE** é necessário que VOCÊ pense e aja sempre de forma positiva e tenha foco nos seus resultados; eles o levarão a conclusão de todas as sua metas e objetivos, sejam eles no aspecto pessoal ou profissional. Façam o teste, pois garantimos que os RESULTADOS virão à tona, é simples, rápido e fácil, é só testar.

16

O argueiro que atrapalha

Enxergamos apenas aquilo que desejamos e com muito esforço aquilo que somos naturalmente capazes de ver. É compreensível o ceticismo diante do desconhecido. E nos surpreendemos quando vemos algo funcionar apenas como deveria. Somos enredados desde o nascimento pelo conveniente àqueles que nos protegem. Em geral até gostamos de nos ver protegidos pelas armas que nos são dadas, até mesmo quando nos mandam fazer o que dita a ordem e não o que fazem os mandantes

Fredh Hoss

Fredh Hoss

Master Coach e Menthor Holomentor ISOR – Certificado pelo Instituto Holos. Teólogo e radialista de formação. Realizou a primeira cerimônia aos doze anos de idade no púlpito da Igreja. Desde então é locutor, cerimonialista público e privado, mestre de cerimônias e palestrante. Acreditando na proposta de ser possível uma cerimônia de casamento objetiva e democrática na sua forma de se celebrar, começa a atender noivos no ano 2000. Com uma voz culta, presença de palco, dinâmica e energia única, torna-se celebrante de casamentos, palestrante e apresentador. Ele atende regularmente casamentos, exposições, desfiles, aparições de celebridades e noites de prêmios ao redor de São Paulo além de atender outras cidades e estados por todo o território brasileiro. Um dos pioneiros em *Coaching* Familiar no Brasil. Mantêm as coisas nos trilhos, enquanto injeta seu próprio calor e humor para um evento memorável. Ele tem, de longe, uma das vozes mais distintas do país. Entre suas centenas de clientes estão empresas e instituições renomadas no Brasil e no mundo, como: Leroy Merlin, Petrobras, Alpargatas, Sebrae, Sescon e Unisescon, Banco do Brasil, Senac, Sunset Relationship Branding, Fiat, Mind Agency, Forma Promocional, Guias FreeShop, Arco SPM, Correios, Apadep, Murr Eletronick, Abraphe, Super Clubs – Sonesta Colletion, Potência Seguros, Rabobank, SBT, Sindicomunitário, Navarromed, Draxer Investimentos, Nadir Figueredo, Sator, Telefonica, Faap, SPC Brasil, Brookfield Incorporações, TAM, Bosch. É Presidente e Cofundador da HV7 Cerimonial Treinamentos e Eventos e Idealizador da Brides Parade Brasil.

Contatos:
www.hv7cerimonial.com.br
fredh@hv7cerimonial.com.br

Havia tempo que recebia conselhos que me fizeram acreditar ter adquirido um conhecimento especial, algo valioso que me deixaria à frente do meu próprio tempo. "Se deseja se tornar um líder, aprenda a ser liderado". "Se quer ser patrão, aprenda a ser empregado". "Não basta conhecimento, você tem que desenvolver atitude e habilidade". "Seja um exemplo, você não deve envergonhar seus pais". "Aquele que anda no caminho da retidão, encontrará refrigério". "Use de sabedoria ao tomar decisões". "O caminho mais fácil não te levará ao paraíso". Durante muito tempo apenas carreguei essas e muitas outras frases como bagagem e com o tempo elas pesaram sobre minha consciência, "sei tanto e nada consigo". Tal "bagagem" com tantas frases filosóficas apenas me causavam a sensação conflitante de ser este algo especial e valioso apenas para pessoas especiais, nada se parecia com o que esperava. "Aprenda a aprender". Este conselho em particular me tirou do lugar comum, acreditei que esta poderia ser a ponte entre o que esperava e o que recebia.

Talvez já tenha se sentido como relatado aqui. É comum a todos nós recebermos com descrédito aquilo que parece ser inicialmente uma crítica aos nossos próprios fracassos. Mesmo em pensamentos fracassamos muitas vezes. Reflexões sobre nossos problemas são dificultadas pela quantidade de informações e distrações que recebemos diariamente. Ainda que vivamos em tempos onde a informação, como nunca antes, está acessível e disponível, aumentar a quantidade da mesma não é um facilitador para resolvermos nossas questões. Sofremos facilmente do "distúrbio da distração", tudo parece ter solução se reservar tempo para bons restaurantes, bons filmes, compras e sonhos. Diante deste "barulho" do mundo não estamos sozinhos na solidão de nossos pensamentos.

Como validarmos uma decisão quando não é comum sermos ouvidos? Sofremos uma verdadeira síndrome de falta de ouvidos para o próximo. Descarregamos nossa mala de frases feitas sempre que alguém nos pede conselho. Quando necessitamos que alguém nos ajude, sem nos apercebermos, fazemos um verdadeiro ataque com nossa intimação: "O que eu faço?". Dê uma resposta direta quem for capaz. Não é possível responsabilizar seu conselheiro se algo der errado, a culpa será sempre somente sua. Mas na prática a primeira resposta à questão invariavelmente é: "Foi fulano que me disse pra fazer assim" ou "Me disseram que era este o caminho".

Sabedoria

Sonhamos com uma panaceia, mas a vida mais parece uma hecatombe. Um velho amigo certa vez me fez um simples questionamento: "Como descreveria a mulher ideal para minha futura vida de casado". Levei quase vinte anos e um casamento para entender a oportunidade que havia sido aberta com aquela simples questão. Somos ensinados a sonhar, mas nos falta aprender a planejar o que sonhamos. Ainda que a intuição nos leve a pensar que estamos caminhando corretamente, não aprendemos facilmente a calcular todos os aspectos do nosso sonho. Queria ter recebido uma resposta pronta, mas aquele amigo velho deu a um garoto de dezesseis anos uma questão filosófica. A compreensão não é um artigo de oferta. Na linha de chegada, um milésimo de segundo antes do primeiro corredor nos fará compreender a importância das horas que foram abdicadas durante nosso preparo.

Não importará quanto saber possua, ter um grande fundo de conhecimento apenas lhe dará estofo. Há de se entender a importância de pôr em prática a sabedoria. Esta é uma coisa pela qual vale a pena lutar, está disponível a todos, mas poucos alcançam, poucos praticam.

Mais que coisas a aprender queremos implementar, empreender. Se pudessem saltar as dificuldades de interpretar e prover ao fatigado a reta de chegada, ainda se ouviria o lamento pela necessidade de se romper a faixa de término. Necessito das qualidades do sabedor, prudência, ciência e razão. É provável que tenha experimentado seguir ou fazer uso de algum conselho e diante de sua expectativa nada saiu como você esperava.

Plano de ação

Quando planejamos algo o fazemos por dispormos de uma grande quantidade de informações sobre o que pretendemos fazer. Buscamos exageradamente informações sem nos apercebermos que necessitamos de formação. Qual a diferença? Ter um plano de ação.

Não formamos nossa própria personalidade, apenas a reconhecemos. Não formamos nosso próprio caráter, possuímos tantas características que nos fazem únicos que nos damos por satisfeitos. Qualquer que seja a informação o saber obtido afetará ou não este conjunto do nosso "eu". Nossas características e individualidade conscientes não necessariamente absorverão ou compreenderão da mesma forma a mesma informação ou pelo menos não no mesmo tempo do outro. Podemos imaginar um plano de ação para exemplificar.

Quando me diz que sonha em adquirir o carrão da moda ou aquela casa ideal e mesmo aquela viagem que transformara sua vida, gostaria que respondesse: "Quais as características mais marcantes daquilo que pretende adquirir? Como esta aquisição afetará sua rotina após possuir tal coisa? O mais importante, quanto custa e quanto custará a você?" Assim, faça um plano de ação mesmo que seu sonho seja uma formação acadêmica ou uma nova habilidade a ser adquirida.

Planejamento

Agora está pronto para começar o planejamento. "Experimente tudo aquilo que aprende". Não! Este não é um bom conselho se não houver um contexto específico. Somos levados a crer que todo ensinamento que nos é dado repetidamente é a mais pura verdade. Nosso cérebro simplesmente cria marcas mentais e se durante muito tempo e especialmente durante o tempo de sua formação, na infância, vivenciou tal rotina foi isso que assumiu como visão do mundo. Mais impactante é quando aprendemos algo advindo de um trauma. Marcam nossa vida especialmente aquelas experiências que não queremos repetir. Ficamos tão obcecados pelo que não desejamos, que a vida gira em torno dessa nossa especialidade.

Compreendermos a nós mesmos, entendermos nosso funcionamento. Fazermos planos baseados em nossas reais características. Resolvermos traumas e confusões de vida nos deixará livres para que nosso planejamento tenha a correta expectativa de êxito. Tenha a disposição humilde de enfrentar coisas passadas. Se achar necessário, profissionais competentes o ajudarão a compreender o que se passou durante o tempo de sua formação psicológica.

Havendo se livrado de bagagens emocionais desnecessárias, seu planejamento será realístico. Aprender a obter o conhecimento para poder praticá-lo. Desenvolver atitudes positivas validará seu sonho como possível. Entender como obter e exercitar as habilidades necessárias para dar sustentabilidade à execução do que foi planejado passará de desafio às experiências exitosas.

Coaching, a solução

Durante muito tempo do caminho duvidei desta possibilidade até que ela fosse apresentada para mim. A solução se parecia àquela pimenta dos olhos dos outros em meus próprios olhos. Somos céticos àquilo que se parece com o mesmo recebido antes. "Mais uma onda de charlatanismo, sectarismo em benefício de um meio próprio". "Nada há de novo realmente, mudam os nomes apenas". "Mais uma bobagem como aquelas de televisão". "Se fosse tão bom todo mundo estava rico".

E muitos estão ficando ricos com o novo que encontram dentro de si mesmos. E deste ponto em diante você apenas precisa continuar de olhos abertos e com boa disposição. Treinar nossa visão para enxergar o que há de novo. Uma novidade já existente em nós mesmos, um reconhecimento de quem somos e qual potencial possuímos. E simples como parece "*coaching*" é um método novo que estabelece condições para sua acessibilidade própria.

Nada pode ser feito com os ingredientes separados em seus recipientes. Você só poderá colocar a "mão na massa" se entender como fazer a mistura e seguir a receita.

Coach

Certa vez sonhei com uma caverna do Tibet. Lá estava diante de um sábio monge. Este me ensinava exatamente o significado de tudo. Especialmente disse-me: "Se veio em busca da sabedoria porque não a trouxe". Acordei ensopado de suor e confuso. Eu estava aprendendo o significado de tudo e apenas me recordava desta frase. Então o que significa tudo isso? Com o tempo deixei de tentar entender esse sonho e até acreditei que o tinha esquecido.

"Deixe de olhar para o homem atrás do conselho". Esta repreensão me envolveu como o próprio ar. A função do *coach*, o "homem" não é aconselhar. Boa notícia para quem teme uma avalanche de convencimentos. Você não estará diante de um terapeuta nem de um pregador, a não ser que já o sejam antes de se tornarem *coaches*. *Coach* é aquele profissional preparado para lhe ajudar a tirar o argueiro do próprio olho. O que enxergará será a mais pura verdade preexistente em sua própria vida. Um olhar sincero para si mesmo potencializando suas chances de realizar.

Durante horas de estudo e reflexões, após deletar centenas de palavras digitadas na tentativa de reorganizar meus pensamentos, me recordei daquele sonho. Estavam nas reminiscências da adolescência. Provavelmente tudo aquilo sonhado era fruto de leituras de histórias antigas. Frases que ecoam durante uma vida. *Coaches* devem ter *coach* também. O *coach* a quem consulto me presenteou com uma frase ótima: "Procurará em muitos livros o entendimento até não necessitar ler mais nenhum". Use sua sabedoria, é como se lembrar de uma habilidade que acredita ter perdido. De quantas formas sabe assobiar?

Praticando

"São 500 conversões por dia e não arremessos". "Uma hora diária de leitura em voz alta". O que a atleta cestinha do basquete e o mais requisitado locutor têm em comum? Treinamento adequado. É assim mesmo que se faz a massa virar bolo. Praticar, praticar, praticar. Se apenas encontrasse respostas intelectualizadas continuaria apenas a confabular. Algo para se pôr em prática é maior em largura, profundidade e altura. É ser você mesmo sem máscaras, sem invenções espelhadas. Podemos nos enxergar de verdade sem temer o que podemos encontrar. O medo é um inimigo oculto, espreitando sua razão e lucidez.

Se pretender alcançar um sonho, realizar uma meta, deixar um legado; está diante da solução. Aliás, e afinal, se apenas deixássemos o engatinhar para dar uns poucos passos não haveria evolução. Treinamos uma vida toda para sermos eretos, por que menosprezar a necessidade de um treinador para nossas ultrapassagens mais difíceis?

Algo que deve ser simples não merece nossas projeções complicadoras. Se, talvez, achasse tudo de um todo de modo fácil. Abandone suposições e encare um treinamento eficaz que já foi experimentado no mundo todo e tem requalificado os de maiores cátedras.

Visão

Além da percepção do próprio olho ou do julgamento do que se julga ver, ter visão também envolve a ação de ir ao encontro do que se pode crer existir pelos sinais percebidos. Impossível àquele que obtém a visão não se mover. A nós são emitidos sinais constantes que algo de novo e bom está além do horizonte.

Fazemos-nos de sábios quando ao não sairmos do lugar comum diz sobre a importância da zona de conforto, zona de segurança. Afinal damos tanta importância à segurança contra o quê mesmo? Qual é o real perigo de se viver? Confortável e seguro não há necessidade de evolução. Plenamente adaptados, não é necessário saber. Não fazer nada traria segurança. Deixe que o alimento possa vir até você, afinal crocodilos e tartarugas serão seus argumentos. Não somos assim. Inquietos e em constante evolução, humanos, tentamos nos reinventar.

Por algum motivo importante estamos buscando uma realização de felicidade. Incomoda-nos a falta de respostas, compreensão e segurança. Esta busca que nos coloca diante de muitas dúvidas e suspeitas pela razão de temermos o desconhecido. Duvidamos de nossa própria capacidade de nos compreendermos. Nunca vimos antes algo tão bom quanto o que desejamos, portanto nos amedrontamos com aquilo que classificamos como ilusão.

Um arqueiro não acertaria nunca o centro do alvo sem treinar a própria visão. Valerá a pena conhecer instrumentos, ferramentas e também novas perspectivas possíveis a levantar um novo horizonte de possibilidades para que alcance o que deseja.

Conte com um profissional que seja obstinado em buscar junto consigo a sua vitória, o seu sucesso. As mesmas pessoas, os mesmos livros, as mesmas frases, os mesmos conselhos o inspirarão de uma maneira totalmente nova e entusiasmante se você estiver treinando. Depois de procurar muito e me ver sozinho... *Coaching*, a solução.

17

Coaching nas organizações como processo de desenvolvimento para lideranças envolve autocoaching como diferencial para vencer!

As organizações estão sempre em busca de permanecerem e se destacarem no mundo corporativo. O objetivo de melhorias contínuas para superação de concorrências exige profissionais qualificados, criativos, habilidosos, proativos e que estejam sempre atualizados em conhecimentos. O texto a seguir trata da eficácia do processo de *coaching* nas organizações e enfatiza a excelência do *autocoaching*, afinal: a arte de administrar inicia com administração pessoal, cuidar de si mesmo faz bem e evita muito mal!

Graça Silva Moreira

Graça Silva Moreira

Atuação como sócia-proprietária de uma Distribuidora de Produtos de Cosméticos, durante dez anos, gerenciando e motivando equipes de vendas nos estados da Paraíba, Pernambuco e Rio Grande do Norte. Palestrante. Mentora. Ministra do Evangelho. Professora de Institutos Bíblicos. Formada em Recursos Humanos pela UMESP (Universidade Metodista de São Paulo). MBA em Gestão de Pessoas (Faculdades Anglo Americano). Consultora de Recursos Humanos nas áreas: T&D, Avaliação de Desempenho, Mediação de Conflitos e QVT (Qualidade de Vida no Trabalho), com ênfase na espiritualidade. Bacharel em Teologia pelo CETEO – Centro de Estudos Teológicos Brasileiro. *Personal* e *Professional Coach* e *Leader as Coach* pela SBC (Sociedade Brasileira de Coaching). Graduanda em psicologia pela Faculdade Maurício de Nassau. Líder da Equipe Celebrando Vida (Gente que se desenvolve a outros desenvolvendo!).

Contatos:
twitter:@gracamoreiraa
facebook.com/gracamoreira.777
celebrandovida@hotmail.com
(83) 9603-7056

Graça Silva Moreira

As inúmeras oportunidades de negócios que emergem da globalização impõem procedimentos novos, percebe-se que as instituições se informatizam intensamente, adotam programas de qualidade, apelam para terceirização de serviços, ampliam áreas de negociação, especulam o marketing ousadamente, fazem parcerias para unir forças de mercado e como não podia deixar de ser, precisam para isso investir no treinamento e desenvolvimento de seu capital intelectual.

Todos os desafios de permanência no mercado e competitividade excepcional que vivenciam as organizações afetam diretamente seus colaboradores, portanto trabalhar as competências individuais para alinhá-las às competências organizacionais é consolidar cada pessoa como única, que desempenhe bem suas funções e ao mesmo tempo seja vista como ser humano, portadora de sensibilidade, passiva de problemas, desejosas de bem-estar em todas as áreas, ou seja, plena saúde na integração biológica, mental e social.

De acordo com estudos teóricos é de suma importância o processo de desenvolvimento do *coaching*, como ferramenta de humanização pois torna o indivíduo satisfeito consigo próprio, bem como eficiente e eficaz para organização.

O *coaching* por sua vez é um relacionamento no qual uma pessoa se compromete a apoiar outra a atingir um determinado resultado, seja ele o de adquirir competências e ou produzir uma mudança específica. Não significa apenas um compromisso com os resultados, mas sim com a pessoa como um todo, seu desenvolvimento e sua realização (Porché; Niederer, 2002).

Diante das exigências impostas para gerir pessoas, houve a necessidade de mudança inclusive no termo, o que outrora se conhecia como Recursos Humanos, tem a nova cognominação de Gestão de Pessoas e de forma mais atualizada ainda: gestão com pessoas. Tal feito por si só já demonstra as novas perspectivas de desenvolvimento de forma que venham a manter envolvimento e comprometimento de todos quantos fazem a organização.

Através do processo de *coaching*, novas competências surgem, tanto para o *coach* (aquele que treina e desenvolve) como para o *coachee* (aquele que é treinado passando pelo processo de desenvolvimento), não só apenas em termos de competências ou capacidades específicas, das quais um bom programa de treinamento poderia dar conta perfeitamente. *Coaching* é mais do que treinamento, o *coach* permanece com a pessoa até o momento em que ela atingir o resultado. É dar poder para que a pessoa produza, para que suas intenções se transformem em ações que por sua vez se traduzam em resultados (Chiavenato, 2002).

Quando tratamos de liderança no contexto organizacional estamos nos relacionando de fato a dirigir pessoas, e sempre é esperado que o líder consiga fazer com que o grupo seja produtivo e ainda garanta o bem-estar dos seus membros. Líderes devem saber que a inspiração é essencial, quem está inspirado tende a fazer melhor. Líderes atuais devem ter perfil dinâmico e corajoso, com aptidão para assumir riscos desde que calculados, empreenderem e também disseminarem conhecimento, mas é salutar não se mecanizar, pois, não basta liderar apenas para resultado de metas em detrimento do desgaste emocional da equipe, máquinas revisadas se mantém mecanicamente funcionando, pessoas que não recebem atenção e recompensas se tornam desmotivadas e improdutivas. Pessoas não são máquinas, enquanto as máquinas podem quebrar as pessoas podem se mecanizar. Líder sem responsabilidade quebra máquina e fere coração!

Pessoas são sem dúvida alguma o recurso mais importante de qualquer empresa, portanto, recrutar e selecionar, além de treinar e desenvolver são procedimentos corretos, mas em pleno século XXI há uma exigência maior e a busca pelo sucesso passa exatamente por este fator relevante e requer percepção especial, que é manter profissionais de forma geral nas organizações e de modo extremamente delicado descobrir e reter talentos. Não é correto dizer que não se tem talento e não basta ter talento é preciso ser oportuno nas oportunidades! É imprescindível que se desenvolva e se busque a diferença inclusive para condução da própria vida. Os altos e baixos da economia não são fáceis de prever, mas talentos são passivos e possíveis de se reter.

Sabemos que existem vários tipos de liderança, mas tratar das mesmas não é nosso objetivo, vamos nos deter em compreender a eficiência e eficácia que acontece no exercício da liderança *coaching* que: "é o exercício mais elevado de liderança e uma prática vigorosa para a formação de líderes nas organizações" (Araújo, 1994).

Em Administração de Recursos Humanos, de Snell e Bohalander (2005), é exposto que os psicólogos identificam formas positivas e negativas de estresse, ainda que sejam as duas formas iguais bioquimicamente. A forma positiva é chamada de eustresse, e acompanha a realização de um objetivo e a satisfação resultante (considerado forma benéfica), pois ajuda na superação de obstáculos. O distresse é por sua vez considerado nocivo, proveniente da perda de segurança, desespero, falta de ânimo que são fatores que transformam o estresse em distresse e acarretam sintomas como aumento dos batimentos cardíacos, respiração acelerada, aumento da pressão, níveis elevados de adrenalina no cérebro.

As empresas precisam utilizar abordagens preventivas à saúde do seu cooperador e considerando que segundo os autores acima citados embora as causas do estresse relacionado ao trabalho sejam muitas, há estudos que destacam as seguintes causas principais: "Elevado nível de exigência (muitas tarefas a realizar em pouco tempo). Grande esforço (necessidade de empregar muita energia mental ou física por um período muito longo). Pouca compensação (receber *feedback* inadequado sobre desempenho e não obter nenhum reconhecimento por um trabalho bem concluído)."

Evidentemente as causas citadas não excluem ou minimizam outras tais como demissões, problemas nos relacionamentos (desentendimentos), condições de trabalho insatisfatória etc., todos cooperam para o distresse que gera a fadiga.

Tratando de fadiga há um personagem bastante conhecido que irá ilustrar a importância do *coaching* e ao mesmo tempo nos reportará ao senso de humor que é a característica importante para qualquer profissão: faz bem a alma e ao coração!

No seriado mexicano Chaves há um personagem chamado Jaiminho, carteiro idoso que já trabalhou muito, ele diz ser de Tangamandápio, que segundo ele é do tamanho de Nova York (ao mesmo tempo diz que não tem no mapa), anda carregando uma bolsa com correspondências, pede que as pessoas procurem a carta na bolsa e sempre usa a expressão: "evitar a fadiga". Engraçado que sempre olhei para o mesmo com a acusação de preguiçoso, mas como *coach* e sem querer mudar o Jaiminho que é "engraçadinho", pode-se observar alguns detalhes ricos em nosso contexto, dentre eles, que fadiga é cansaço após trabalho. O nosso personagem usa uma bicicleta mas não anda na mesma, por isso a transporta de um lado para outro no empurrão, até porque se disser que não sabe conduzir irá perder o emprego. A pretensão aqui não é analisar psicologicamente o perfil do Jaiminho, mas uma coisa é certa: todo tempo é tempo de aprender, ainda que seja aprender a andar de bicicleta desde que haja desejo, mas o importante é não ter medo de se desenvolver.

A reflexão é: **quantas pessoas não sentem desejos de produzir mais, e embora tenham instrumentos para isso, lhes falta a habilidade, os revezes diários também consomem o desejo de crescer e "poeticamente" florescer?** Um *coach* de caráter aprovado tem condições de despertar o potencial de cada um e promover clima de segurança no âmago mais profundo.

Considerando o conceito de Snell, Bohalander, (2005) sobre fadiga como sendo:

Um estágio grave de distresse. A fadiga relacionada à carreira profissional geralmente ocorre quando uma pessoa começa a se questionar quanto a seus próprios valores pessoais. Simplificando pode-se dizer que a pessoa não acredita mais que aquilo que faz é importante. Depressão, frustração e perda da produtividade são todos esses sintomas da fadiga, que se deve principalmente à falta de realização pessoal no trabalho, ou à falta de um feedback positivo em relação ao trabalho.
SNELL, Bohalander, 2005, p. 469.

Desenvolver programas de controle de estresse ajudando os colaboradores a minimizarem os efeitos do estresse faz-se necessário. Os programas envolvem técnicas de relaxamento, habilidades de adequação, métodos para lidar com pessoas inclusive de personalidades difíceis, administração de tempo, assertividade etc. Podemos então entender que a construção de relacionamentos saudáveis, a conversa franca entre os gerentes e demais colaboradores, os prazos negociados em tempo real, a qualidade de vida no trabalho (QVT), tudo isso vem a beneficiar e promover satisfação que resulta em produtividade elevada, incluindo a saúde do trabalhador.

Nossa proposta é *coaching* para desenvolvimento de lideranças, visto que este processo abrange todos os requisitos necessários para uma liderança sadia e comprometida com o sucesso, já denominada de liderança *coaching*, ou seja, o líder pratica o *coaching*, ele orienta seus liderados a desenvolverem suas habilidades em busca de excelência nos resultados. Este foco não trata apenas dos interesses organizacionais mas considera a realização dos envolvidos.

Como percebemos é importante demais a atuação do *coach*, este profissional pode e deve também ter seu *coach* pessoal, mas isso não o isenta de realizar *autocoaching* (aplicação da metodologia do *coaching* em si mesmo). Todo ser humano, por mais capacitado que seja, só irá transmitir o que estiver dentro de si mesmo, pois a superficialidade é logo detectada e geralmente rejeitada, não basta ser *coach* e conhecer técnicas, é necessário passar exemplo de vida e para isso a introspecção é de grande valia, a satisfação pessoal é transmitida num conjunto: gestual, comunicativo e exemplar. Tornar-se consciente das próprias falhas e trabalhar para melhor ser, este é o nosso dever!

Trazendo outro personagem e desta vez ressaltando que no nosso entendimento o mais importante que passou na Terra: Jesus Cristo, hoje estudado e citado por grandes nomes que tratam de liderança. Há uma colocação Dele que expressa bem sua performance de *coach* com sucesso e com prática em *autocoaching*, vejamos:

Vinde a mim, todos os que estais cansados e sobrecarregados, e eu vos aliviarei. Tomai sobre vós o meu jugo e aprendei de mim, porque sou manso e humilde de coração; e achareis descanso para a vossa alma. Porque o meu jugo é suave, e o meu fardo é leve.
(Mateus, cap.11v.28).

Jesus se dispunha a tratar com pessoas, lhes convidava com sabedoria a procurá-lo (comunicabilidade transmitindo confiança), era seguro o suficiente para garantir que quem se aproximasse iria elevar o nível de vida, colocava-se e agia como mestre, inclusive definindo-se, o que demonstra autoconhecimento e isso é primordial para um *coach* que deve atrair, ensinar com maestria (sem imposição, penetrando no imo mais recôndito), este ensino tem prática de ajudar a descobrir.

A cultura de época era bastante contrária a Jesus como líder, sobrava-lhe oposição, mas a ousadia sobrepujava o medo. Ainda hoje é citado como exemplo de liderança e liderança servidora, ou seja: simples e cooperativa.

O líder *coach* tem estilo humanizado, foca o indivíduo com suas distintas percepções, a liderança é voltada para servir, o que contribui para todos serem beneficiados (líderes, liderados e a própria organização), fazendo de cada "*case*" (experiência na linguagem de *coaching*) um novo e sublime aprendizado.

Se quer liderar precisa aprender, se pretende continuar liderando, não pode parar de aprender.
Masxwell (2011)

Devemos sempre atentar que há muita gente "entendendo" de muita coisa e pouca gente fazendo o que deve ser feito. Neste caso, valorizemos a segunda opção!

Os coaches estão se tornando indispensáveis nos dias de hoje em quase todos os campos de atuação humana, sobretudo na vida organizacional.
Chiavenato (2012)

O processo de *coaching* nas organizações requer ações planejadas e resultados monitorados, na vida pessoal não é diferente, a vida é um caminho e todo ser humano deseja na caminhada se destacar, seja numa instituição, seja no lar, crescer não apenas em ter, essencialmente no ser.

Assertividade é humildade, manter, pois a mesma, conduz ao topo com direito à permanência (humildade é beleza que os simples pensam que não tem).

Neste século cada um pode exercer liderança em alguma área, convém agir e agir para valer, se já é líder comece a formar outro líder. Criar oportunidades, instruir, abrir espaço, influenciar eticamente, são comportamentos dos bem resolvidos que fazem a melhor diferença!

Não se deixe enganar, líder que não forma líderes, foi colocado na posição mas não captou a honrosa missão: multiplicar para SER MAIS. Acreditem: é a solução!

Modelo Prático E Simples De Autocoaching

Lembrando que o autocoaching não descarta o auxílio de um coach profissional e que embora a introspecção seja de grande valia, autocoaching não se limita apenas a um olhar perscrutador para si mesmo, o êxito deste processo consiste em objetivos definidos que complementarão a tarefa.

A intenção aqui é despertar no querido(a) leitor(a), o desejo de tal prática e incentivar este exercício de crescimento interior não como atividade esporádica, mas como constante prática.

Acredite no valor das perguntas e busque responder com veemência e sinceridade, assim agindo estará delimitando seus objetivos.

1 – Você tem desejo de melhorar profissionalmente, ou está satisfeito com tudo como exatamente está?
2 – Sente-se desvalorizado(a) em algum aspecto?
3 – Entende que poderia receber uma promoção ou um reconhecimento?
4 – O que você gostaria de está fazendo e não faz? Por que não faz?
5 - Quais as competências que tem mais utilizado?
6 – Que competências precisa desenvolver? Enumere-as.
7 – O que alcançará se desenvolver estas competências?
8 – O que deixará de ganhar se não desenvolvê-las?

9- Como poderá começar e fazer a diferença?

10 – O que ou quem lhe inspira?

ATENÇÃO! Uma vez que tenha detectado lacunas no seu comportamento, e observado que precisa melhorar não precisa se torturar, autocoaching é exatamente para analisar o seu eu real e trabalhar os seus sonhos para realizá-los. O fato de encontrar gaps vai beneficiar todo trabalho. Com as perguntas respondidas e anotadas é hora de traçar metas e para isso faz-se necessário um plano de ação, que será baseado em tudo que foi detectado, caso seja no âmbito profissional é sempre bom iniciar o plano com a administração do seu tempo, organização envolve horários estabelecidos e bem distribuídos.

Apenas a nível de exemplificação se você deseja uma promoção e não conquistou ainda por negligência em aprimoramento da mesma, é oportuno que busque o conhecimento necessário para desenvolver-se mais. Faça uma lista de cursos que poderia fazer, leitura que enriqueça conhecimentos, seminários que agreguem ideias, enfim tenha um plano de ação que seja aplicado a sua realidade.

Planeje, mas lembre-se de monitorar este planejamento, caso contrário, será mais um (a) somando a extensa fileira dos que projetam e não executam. Ouse desafiar você mesmo (a) determinando-se e colocando em prática o que precisa para ser bem-sucedido (a).

No monitoramento poderá cobrar-se mais ativamente e também perceber o quanto está obtendo de retorno, é uma forma de mensurar resultados, pode inclusive estabelecer sempre uma nota pessoal do tipo: De 1 (um) a 10 (dez) que nota dou a minha postura em mudar para melhor ser? Sendo 1 (um) para estou muito aquém e 10 (dez) para estou indo além do que eu mesmo esperava.

Respire fundo, mergulhe dentro de você, com certeza descobrirá que há sempre uma forma nova, melhor, eficiente e eficaz de ser e de fazer, basta melhor se entender e agir com determinação, você tem dentro de si o potencial que quando bem trabalhado é produtor de resultados esperados.

Referências

ARAÚJO, A. *Coach: um parceiro para seu sucesso*. São Paulo: Gente, 1994.

BÍBLIA SHEED. Russel P. (editor). João Ferreira de Almeida (trad.) 2.ed. rev. e atual. São Paulo: Vida Nova; Barueri: Sociedade Bíblica do Brasil, 1997.

BOHLANDER, G.; SNELL, S.; SHERMAN, A. *Administração de Recursos Humanos*. Maria Lúcia G. Leite Rosa (trad.). São Paulo: Thomson, 2005.

CHIAVENATO, I. *Construção de Talentos*. Rio de Janeiro: Campus, 2012.

MAXWELL, J. C. *A arte de formar líderes:* como transformar colaboradores em empreendedores. Rio de Janeiro: Thomas Nelson Brasil, 2011.

PORCHÉ, G.; Niederer, J. *Coaching:* o apoio que faz as pessoas brilharem. Rio de Janeiro: Campus, 2002.

18

EFT coaching para controle emocional

Diante da variedade de objetivos que um profissional *coach* assume como contrato com seus *coachees* (clientes) este artigo propõe a utilização da técnica de EFT *(Emotional Freedom Techniques)* para sessões de *coaching* com objetivos de melhor controle emocional dos *coachees*

Ivo Correia

Ivo Correia

Master Coach, Consultor, *Trainer* e Palestrante Motivacional. Criador do programa de formação de líderes excepcionais – Programa *Chef Coach*. Idealizador da Liga *Coach* Internacional que agrega vários *coaches* por todo o Brasil e países falantes da língua portuguesa. Especialista em Educação, Administrador, Cientista da Computação e Gestor de Projetos, com experiência de mais de dez anos em gestão de empresas, marketing, vendas e motivação pessoal. Diretor da Etic Brasil – Gestão e Conhecimento. Tem paixão por livros, planejamento estratégico, projetos e pelo estudo da essência do ser humano.

Contatos:
www.ivocorreia.com
www.ligacoachinternacional.com
correia.ivo@gmail.com

O processo de *coaching* consiste em proporcionar ao *coachee* (cliente) o alcance de objetivos. É assim desde a utilização do termo *coaching* no ambiente corporativo e de negócios. A utilização do termo já bastante difundido no ambiente esportivo migrou para outras áreas instituindo a pessoa do profissional *coach* que tem por missão o suporte a pessoas que buscam objetivos e por vezes precisam de um apoio, um *feedback* ou mesmo o desenho de um plano de ação para estes objetivos.

Inicialmente o termo foi uma adaptação ao já conhecido psicólogo organizacional, uma vez que não parecia bem a notícia de que o funcionário precisava visitar tal profissional junto aos seus companheiros de trabalho; assim o termo *coach* surgiu de forma a camuflar a hipótese de que havia algum problema com o executivo e que este precisava de apoio. Junto a isto foi associado o valor de que o apoio de um profissional *coach* a um executivo é um benefício disponível apenas aos executivos de sucesso dentro das organizações.

Quando citados "objetivos", de forma genérica dentro de processos de *coaching*, permite-se uma grande variedade destes, até com o surgimento de alguns inimagináveis. A cada objetivo conta a experiência do *coach* em processos semelhantes dos quais ele já conheça o caminho para o sucesso do processo. Podemos citar como objetivos organizacionais o alcance de metas de vendas, de produtividade, de redução de índices de acidentes de trabalho, metas de planejamento, metas orçamentárias entre outras. Todos estes são termos comuns dentro de uma organização e que os profissionais com excelente histórico em cada uma destas especialidades terá fácil sucesso no atendimento a estes objetivos, tornando-se profissional de *coaching*.

Todos os objetivos aqui expostos até o momento, são objetivos esperados de instituições que têm propósitos econômicos e financeiros; mas a proposta deste artigo é tratar de um objetivo que por vezes passa despercebido e que os próprios profissionais *coaches* têm dificuldades de lidar, que são objetivos de controle emocional, que visam melhorar a postura de executivos no exercício da liderança ou buscam reduzir os níveis de *stress* no ambiente de trabalho ou que conduza os executivos a desenvolverem hábitos saudáveis que possam contribuir de forma sistêmica para as organizações. Objetivos de controle emocional são desafios para qualquer profissional *coach* por mais experiente que possa ser.

Como suporte a processos de *coaching* com objetivos de melhor controle emocional, ou até mesmo em bloqueios relacionados a traumas e medos relatados pelo *coachee*, impedindo-o de construir novas crenças positivas e fortalecedoras, proponho o uso do **EFT Coaching**.

Técnicas de Libertação Emocional

EFT significa *Emotional Freedom Techniques*, que em tradução significaria Técnicas de Libertação Emocional. O termo EFT foi criado por Gary Craig e tem por base a técnica energética chamada TFT - *Thought Field Terapy* (Terapia por Indução do Pensamento), criada por Dr. Roger Callahan, que consistia em massagear pontos específicos no corpo em uma sequência específica, de acordo com os problemas sentidos.

Gary Craig, aluno de Dr. Callahan, questionando sobre a rigorosidade das sequências do TFT, descobriu que mesmo fugindo a ordem recomendada os resultados eram os mesmos. Assim, partiu para a criação da nova técnica, de forma que o processo se tornou um sistema simples, rápido e eficaz para alcançar e manter o bem-estar psicofísico.

A causa de todas as emoções negativas é uma interrupção no fluxo energético do corpo.
Gary Craig

Essa afirmação é a base de toda a proposta para o uso da técnica de EFT. O EFT parte do pressuposto que todo ser é composto por átomos e estes compostos por energia, que permite manter a estrutura atômica desta partícula básica. O que permite o bom equilíbrio do corpo é o fluxo de energia entre as partículas que o compõem.

Um perfeito funcionamento do corpo sugere que o fluxo de energia está em seu estado normal e contínuo e as emoções geradas por este fluxo normal são neutras, pois não interferem no estado da pessoa. No entanto, as emoções negativas provocam alteração nos fluxos energéticos através da interrupção destes. Desta forma, qualquer emoção negativa interrompe o fluxo energético do corpo, acarretando consequências físicas e psicológicas. Sem a interrupção energética não há sentimento negativo.

Um medo, uma fobia, provocam emoções negativas e bloqueios energéticos que acontecem entre o pensamento ou exposição do problema e o sentimento em si. Isto abre uma oportunidade para que, mesmo quando o *coachee* não está diante da situação de fobia ou medos, ao relembrar ou comentar o fato, possa ter a sensação como se vivesse naquele instante a situação ou gatilho que dispara o bloqueio, fobia ou medo.

O processo de EFT

Para entendimento do processo de EFT é interessante entender os pontos que compõem o que Craig chama de **"RECEITA BÁSICA"**. O termo tem a finalidade de facilitar a divulgação da técnica. O processo ocorre em quatro etapas: a primeira etapa com a afirmação inicial, a segunda etapa com a sequência de toques, a terceira etapa, o procedimento do chamado Gama 9 e o último estágio é a repetição da sequência novamente.

Antes da etapa inicial é importante identificar o problema e sua intensidade. Assim identificado o causador do bloqueio enérgico e sua escala de intensidade em uma escala de zero a dez. A identificação do problema será importante para a determinação da afirmação inicial e a escala tem finalidade de acompanhar o progresso na redução ou desaparecimento do problema com uma medida tangível.

A **afirmação inicial** tem a seguinte composição: "*Apesar de ter/sentir (o problema ou emoção negativa), eu me amo e me aceito profunda e completamente*". Exemplo: "*Apesar de sentir essa raiva, eu me amo e me aceito profunda e completamente*" ou ainda "*Embora eu tenha esse medo de falhar, eu me aceito profunda e completamente*".

Para a declaração da afirmação inicial é necessário massagear o ponto do **Golpe do Karatê** ou o **Ponto doído**. O ponto do golpe do Karatê fica na parte externa inferior da mão. Já o ponto doído fica entre o ombro e a clavícula um ponto em que ao ser friccionado pode ocorrer uma leve dor, daí o nome do ponto. Você deve escolher trabalhar apenas com uma das opções.

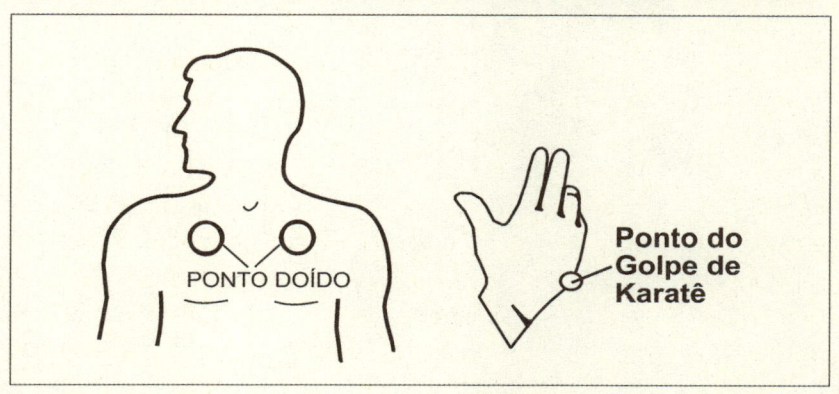

Figura 1: Ponto Golpe do Karatê e Ponto Doído

Enquanto massageia o ponto doído ou ponto do karatê, repita em voz alta a afirmação inicial, por três vezes. *"Embora eu tenha/sinta este [problema], eu me amo e me aceito profunda e completamente."*. A frase lembrete será considerada o problema em si.

O próximo passo é a sequência de sete batidas com o dedo nos pontos identificados seguindo a sequência dos pontos com uma repetição da frase lembrete, sendo os pontos:

1. IS - Ponto Início da Sobrancelha
2. LO - Ponto do Lado do Olho
3. EO - Ponto Embaixo do Olho
4. EN - Ponto Embaixo do Nariz
5. EB - Ponto Embaixo da Boca
6. OC - Ponto Osso Clavícula
7. EA - Ponto Embaixo da Axila
8. DP - Ponto do Dedo Polegar
9. DI - Ponto do Dedo Indicador
10. DM - Ponto do Dedo Médio
11. MI - Ponto do Dedo Mindinho
12. GK - Ponto do Golpe de Karatê

Perceba que não há toques no dedo anelar. Isso ocorre por ele ser um ponto importante que não precisa ser batido na sequência de EFT.

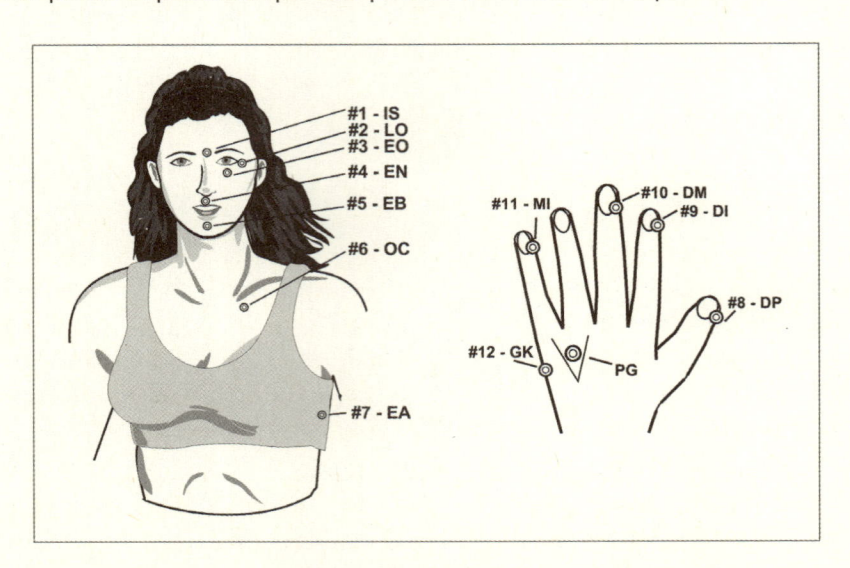

Figura 2: Pontos Energéticos

Concluída a primeira sequência é realizado o procedimento chamado Gama 9, que deve ser repetido por sete vezes e consiste nas seguintes operações e movimentos com os olhos enquanto massageia o **Ponto Gama (PG)**:
1. Olhos fechados.
2. Olhos abertos.
3. Olhar para canto inferior direito, mantendo a cabeça reta.
4. Olhar para canto inferior esquerdo, mantendo a cabeça reta.
5. Girar os olhos em círculo, no sentido horário (sem mexer com a cabeça).
6. Girar os olhos em círculo, no sentido anti-horário (sem mexer com a cabeça).
7. Cantarole durante cinco segundos uma canção qualquer (sugestão: Parabéns pra você...)
8. Conte rapidamente de um a cinco.
9. Cantarole durante cinco segundos

Em seguida repita a sequência de sete toques IS, LO, EO, EN, EB, OC, EA, DP, DI, DM, MI repetindo a frase lembrete (problema) enquanto realiza a sequência.

Nas rodadas seguintes, a frase pode ser alterada de acordo com a escala definida pelo cliente que pode utilizar "*Embora eu ainda tenha este RESTO/POUCO de (problema ou emoção), eu me amo e me aceito profunda e completamente*".

Conduzindo uma sessão de EFT coaching

Uma sessão de *coaching* é caracterizada por um diálogo estruturado, com uma proposta de sessão com acordo de atividades ou construção de um aprendizado periódico. Este diálogo é caracterizado por questionamentos abertos que provoquem o *coachee* a criar novas percepções. Durante a sessão, ao praticar o ouvir e compartilhar, o *coachee* pode comentar situações em que ocorreu a perda de controle emocional e que poderia ter tomado outra atitude que levaria a um resultado desejado. Aí surge a oportunidade da aplicação do EFT *coaching*.

Elucidadas dentro da sessão de *coaching* emoções ou situações que o *coachee* não conseguiu lidar com emoções negativas, o *coach* questiona qual o sentimento que surgiu naquele instante, convidando o *coachee* a recapitular a situação/cena gatilho do problema, e identificar quanto ele sente emoção negativa ao imaginar ou falar sobre o problema em uma escala de zero a dez.

Dá-se início a partir deste ponto da RECEITA BÁSICA do EFT. Definidas a afirmação inicial, a frase lembrete e as sequências de toques, todo o procedimento deve ser realizado pelo próprio *coachee*, não sendo necessário o contato do *coach* com o *coachee*.

Durante as sessões de EFT *coaching* pode ser reduzido o conjunto de sequências com a exclusão do Gama 9. Fica o processo reduzido apenas a: afirmação inicial, as sequências de toques e o questionamento ao final de cada rodada identificando qual a nova nota na escala de zero a dez; caso ele ainda sinta o problema, é dada continuidade em mais rodadas até total eliminação da sensação do problema.

Aceleração de resultados

Um verdadeiro processo de *coaching* deve ter um objetivo claro a ser atingido. Assim considero que o EFT *coaching* seja uma poderosa ferramenta que verdadeiramente possa auxiliar profissionais *coaches* no alcance de objetivos emocionais junto a seus *coachees* mesmo que estes não sejam o objetivo final do processo de *coaching*.

Acredito que o sucesso de um processo de *coaching* está associado ao alcance do objetivo de forma rápida e que não prejudique o sistema ecológico pessoal do *coachee*. Assim, a aplicação desta técnica de EFT *coaching* tem auxiliado na redução da quantidade de sessões de *coaching* com comprovação através de sessões apenas para manutenção e monitoramento dos resultados.

Referências

http://www.garythink.com. Acesso em dezembro, 2012.
http://www.brasileft.com.br. Acesso em dezembro, 2012.
http://www.thrivingnow.com. Acesso em dezembro, 2012.
http://www.tapintoheaven.com. Acesso em dezembro, 2012.

19

Ser perfeito é impossível?
Ser excepcional, NÃO!

Herdamos cargas emocionais, crenças e comportamentos ao longo da nossa vida. Quando enfim passamos a exercer autonomia em direção à individualidade e ao autoconhecimento, a identificar o que realmente nos cabe, é chegada a hora de desconstruir os antigos padrões para então construir algo novo, em alicerces sólidos que gerem resultados diferentes do que vimos até agora. É neste momento que o *coaching* deve tornar-se uma ferramenta indispensável

Iza Santos

Iza Santos

Palestrante e *Trainer* Comportamental. *Coach*, já acumula mais de 1.000 horas de sessões individuais de *Life Coaching*. Atualmente é sócia-proprietária da Iza Santos Coaching e Assessoria, empresa voltada a treinamento e desenvolvimento de pessoas. Possui mais de quinze anos de experiência em Gestão Comercial de Serviços, além da Gestão de Pessoas e Operações na área hoteleira e hospitalar. Master *Coach* em Finanças – Certificada por Roberto Navarro - *Coaching* Financeiro. Certified *Professional Coach* pela ECA - European Coaching Association, pela GCC Global Coaching Community e pelo IBC - Instituto Brasileiro de Coaching. Especializada em Previdência Privada com certificação pela Bradesco Vida e Previdência. *Master Pratictioner* em PNL (Programação Neurolinguística) pelo INAP-RJ - Instituto de Neurolinguística Aplicada e pelo International Association of NLP Institutes. *Coaching* com Eneagrama – Certificada pelo InCoaching (Instituto Internacional de Coaching) e pela Escola Eneagrama Khristian Paterhan. *Coaching* Financeiro – Certificado pelo INAP-RJ e Instituto Ricardo Melo. *Coaching* Financeiro - Certificada por Roberto Navarro. Inteligência Financeira – Certificada por Roberto Navarro, *Coaching* Financeiro. Hipnoterapeuta Eriksoniana - Certificada pelo Instituto Milton Erikson-RJ. *Leader Training* em PNL - Certificada pelo Núcleo Ser - SP. Planejamento Estratégico e Cenários Prospectivos – Certificada pela Brainstorming Assessoria.

Autora dos artigos:

Ação: a chave do sucesso – Publicado na revista eletrônica *Ação in Coaching*, dez. 2011
Sob o véu da Autossabotagem - Publicado na revista eletrônica *Ação in Coaching*, jun. 2011
Gestão de enxoval, uma necessidade latente - Publicado na revista *Hotelaria*, jan. 2011

Contatos:
www.izasantos.com.br
facebook/izasantoscoach
contato@izasantos.com.br

O difícil não é fazer as pessoas aceitarem o novo, mas fazê-las desapegarem-se das ideias e das crenças antigas que continuam gerindo os processos decisórios rumo ao alcance de sonhos e objetivos. O *coaching*, por ter um grau de aprofundamento no **SER** e em suas respectivas crenças, é muito confundido com terapia. E por isso ressalto: **coaching não é terapia,** uma vez que não busca em si a cura mental, mas a **expansão da mente**, com **foco no futuro** e alcance do sucesso.

Sucesso aqui é a conquista de resultados perenes e almejados. É fruto de determinação, persistência e ousadia. Algo que foi declarado, sonhado, transformado em meta e realizado. Não é um caminho fácil, mas pode ser extremamente prazeroso no momento em que se estabelecem as motivações corretas, a identidade do ser e a realização de seus sonhos.

Decidi dividir com vocês como a prática do *coaching* transformou minha vida, fazendo-me alcançar a vitória sobre a compulsão alimentar, o emagrecimento e o resgate da autoestima. Espero que desfrutem desse aprendizado, e inspirem-se à mudança sustentável.

O universo Particular do coaching

Descobri-me *coach* ao ouvir meu querido mestre, José Roberto Marques, dizer que ser *coach* me traria a oportunidade de viver plenamente o meu autoconhecimento, de vencer as crenças limitantes e de construir relações harmoniosas. Decidi, então, mudar de carreira. Resolvi sair em busca de um sonho ainda sem forma, mas tinha a visão de futuro que minha alma esperava: alinhar a minha profissão com minha identidade, trabalhar diariamente para realizar o meu propósito: fazer os outros felizes, ser um canal de transformação genuína.

Tudo o que aprendi foi primeiramente com meus mestres e, mais tarde, de forma muito mais intensa, com meus *coachees*. Fiz uma infinidade de formações e extensões em *coaching*, PNL e hipnose. Estava em busca de tudo que acrescentasse ao meu propósito: ser uma *coach* extraordinária, capaz de fazer diferença na vida das pessoas.

Tirei um ano sabático, totalmente dedicado ao aprendizado e ao aprimoramento no *coaching*. E vivenciei cada etapa do processo. Ouvi, li e pratiquei sobre tudo o que recebia em salas de aulas, e em inúmeras horas de sessões gratuitas. Estava completamente entregue às experiências, emocionalmente disponível e intensa em tudo o que me propunha a fazer. Despi-me dos preconceitos, dos prejulgamentos. Vi-me exposta como nunca havia feito antes. Tinha em mente superar todas as crenças autolimitantes e cada experiência valeria para essa finalidade. Expôr questões tão pessoais em classes cheias era desconfortável, mas eu estava em busca de respostas, de soluções e de aprendizado.

A filosofia da Cabala nos diz que só se pode compartilhar do que se tem, para que se estabeleça a ordem divina e perfeita entre o **dar** e o **receber,** primeiro passa por nós, como um filtro de distribuição. No Cristianismo o mandamento: "amai ao próximo como a ti mesmo" precisa ser praticado, para enfim, compartilhar do que se tem. Com isso em mente, eu desejava ardentemente os resultados que eu já ajudava a gerar como *coach*, manifestando-se em mim também.

Vivenciei rupturas de padrões, verdadeiros "partos" emocionais, e a mudança processava-se aos poucos. Até que me olhei de fora como nunca, dois passos pra trás e me vi: criança, adolescente, revivendo comportamentos e sentimentos motrizes, mas que não eram escolhas minhas. Decidi então devolver essa bagagem a quem era de direito. Perdoei, libertei, desconectei e, enfim, escolhi o que seria meu a partir de agora. Foi preciso entender que todo vazio pede preenchimento, para não ceder aos velhos hábitos e aos padrões antigos de comportamento, e estabeleci novas crenças potencializadoras, tornando-as realidade.

Sou a coach mais coachee que existe

Já trabalhando como *coach*, formatei um projeto muito especial denominado **Health Coaching**, focado em emagrecimento e reconquista de autoestima. Ao praticá-lo com alguns clientes, percebi que estava propondo soluções, constatações e ações que eu não aplicava em minha vida. Tudo soava como uma MENTIRA se não puder ser vivenciado por qualquer pessoa, inclusive por mim!

Como eu podia ter credibilidade nos resultados do *coaching* de saúde pesando ainda 82 kg? Foi aí que eu descobri que o *Health Coaching* era uma proposta de autocura mais do que qualquer outra coisa. Decidi assumir o desafio, e uma pergunta-chave norteou todo esse processo: **o que eu poderia me tornar se identificasse meus pontos fortes e eliminasse minhas piores limitações?**

Constatei que a maioria dos limitadores tem origem em causas específicas e mensuráveis, tanto quanto os objetivos. Uma verdade foi crucial: não são os pontos fortes que definem o sucesso. Não importa quão excepcionais são os talentos, o que limita a excelência ou define o fracasso são os comportamentos reativos.

Todas as pessoas têm comportamentos e crenças limitantes, várias. O segredo é identificá-las contextual e sistemicamente, verificar o impacto que isso causa, se é positivo ou negativo. É importante o foco em um passo de cada vez até que se conquiste a excelência, para então subir mais um degrau nessa escada evolutiva, tendo em mente que, se é uma proposta de desenvolvimento contínuo, pode não cessar nunca, dependendo apenas do grau de excelência desejado. Também é preciso reconhecer as motivações internas: vale a pena assegurar-se das que são reais e dos recursos disponíveis, além de ter certeza de que está nessa jornada porque quer o melhor para si e não porque o resultado incomodará ou agradará o outro.

Costumo brincar que esse processo de identificação das limitações e recursos internos foram momentos semiesquizofrênicos, com discussões infindáveis de mim para comigo. Vocês verão aonde quero chegar.

Enfim, a prática

É impossível pensar em *coaching* sem pensar em soluções. Nestes processos, autoavaliando a ferramenta da **Roda da Vida**[1], deparei-me com a esfera de saúde e disposição, que não passava da média seis em satisfação. Percebi ainda que era um ponto de alavancagem para outros níveis, incluindo o de carreira, o de relacionamento e de reconhecimento público e o de vida familiar.

Estava pesando agora 82 kg e apesar de dietas constantes, de todo o "sacrifício diário" e do acompanhamento nutricional, o ponteiro da balança não se movia. Se eu fosse meu cliente, o que eu, *coach*, faria para ajudá-lo? Primeiro passo: METODOLOGIA URGENTE!

Qual meu estado atual? 82 kg; Qual a minha satisfação com ele? Grau seis! Qual meu estado desejado? 65 kg, emagrecer 17 kg; É um objetivo realista? Sim! É mensurável? Sim, dá para acompanhar pela balança: 708 gramas a menos por semana, 2, 9 kg a menos por mês, em um tempo de seis meses. Dá para alcançar. Enfim, preenche todos os pré-requisitos do método? Sim! De quais recursos disponho? De saúde física, de recursos financeiros para academia e alimentação mais saudável, do acesso às ferramentas de apoio, de tempo para me exercitar e cuidar da alimentação, das ferramentas da PNL, da autohipnose e autoconhecimento suficiente

---

1 *Ferramenta em que mensuramos sistemicamente nosso grau de satisfação com as 12 esferas que necessitam gerenciamento consciente da nossa parte.*

para começar. Quais os dificultadores? A falta de vontade e disciplina, a preguiça, a baixa autoestima.

Com o cenário traçado com o olhar do observador, sem vitimização, com um enfoque puramente analítico, concluo que os meus dificultadores não eram nada além de mim mesma. Não há para quem jogar a culpa ou transferir responsabilidade. Sun Tzu já dizia, na *Arte da Guerra*, que a maior batalha que devemos travar é contra nós mesmos.

Muito bem, qual a próxima etapa? O Plano de ação. O que fazer? Einstein dizia que é loucura fazer sempre a mesma coisa e esperar um resultado diferente. Partindo dessa pressuposição, meu pré-requisito foi fazer nada do que já tinha sido feito antes. Surge então uma alternativa: **Vigilantes do peso**. Senti uma resistência enorme só de pronunciar o nome. Puro preconceito: a crença era que esse programa era para obesos preguiçosos. Como assim me ver como tal? O ego gritou, esperneou. Se pudesse bradava: "Jamais pisarei lá, não poderei conviver com esse rótulo". Bem no estilo Scarlet O'hara em *O vento levou*. Infelizmente, eu era a própria obesa preguiçosa. Foi preciso olhar pra tudo isso, apesar da dor. Foi preciso aceitar a condição do excesso de peso e da convivência com a preguiça, uma presença constante. "Eu Vou", decisão tomada. E fui, resistente e ciente de que era necessário o primeiro passo. Cheguei, fiz a inscrição, fui acolhida. Descortinaram simples constatações, coisas que eu faço o tempo todo com os meus *coachees*: planejamento, disciplina, ancoragem positiva, controle do que te cabe, autoperdão, se falhar, e apenas um passo de cada vez.

Dois meses depois: oito quilos a menos, mensurados semanalmente. Comer para emagrecer virou o lema. Era preciso criar agora alternativas para vencer a preguiça e acelerar o processo com atividade física. Curiosa a motivação: o pensamento obeso de que ainda achava pouco comer o estabelecido pelo programa. Então, era preciso malhar para gerar mais possibilidades para comer. Comecei com uma caminhada de 30 minutos, mas os "créditos" eram insuficientes. Arrisquei uma corridinha, cujos "créditos" me deixavam numa zona de conforto. Até que choveu. Por dias seguidos. Tive então de buscar uma academia para poder gerar meus "créditos" e continuar comendo para emagrecer, em paz.

Resistência à vista: academia. Adorava o Pilates: uma hora com um fisioterapeuta dedicado, no ar condicionado, praticando um método de flexibilidade, respiração e força muscular, mas não me fazia queimar um grama. Se tirassem minha "capa de gordura" veriam uma musculatura até firme, mas perda de peso, não. Infelizmente! Eu estava na zona de conforto. Só de pensar em academia minhas emoções reagiam negativamente. "As pessoas se comem diante do espelho". No fundo, eu fugia desse olhar de autocuidado, que é ver os resultados, sob a forma de músculos, aparecendo diante do espelho. Meus resultados negativos me afastavam para não ter de olhar para o que me desagradava. Perceber que essa falta de autocuidado durou todo o meu período de obesidade, dos 23 aos 35 anos, oscilando entre os 102 e os 82 kg. Constatação fácil? Nada! Outro parto emocional.

Eliminei oito quilos e faltavam mais nove para a meta. Hora de fazer algo diferente, pois os resultados não continuariam acontecendo nessa velocidade só com a reeducação alimentar. Fui à academia, fiz matrícula. Fui medida, pesada, estabeleci metas para curto prazo: eliminar 3% de gordura em três meses. O avaliador era também *personal* de *crossfit*, um tipo de treinamento funcional. "Apenas um passo e o universo se alinha a seu favor", pura verdade. A semana se dividiu em três dias de musculação e *spinning* e dois dias de *crossfit*. As dificuldades em praticar simples movimentos se transformaram em desafios e motivações superáveis dia após dia.

O *spinning* foi um capítulo à parte, sobre perseverança. Recordo do 1º dia. Sentei na *bike* e odiei cada minuto daquela aula. Minha barriga dobrava sobre minha perna, minha coluna parecia estar sendo moída, o ar parecia não circular nos meus pulmões e cada minuto era uma eternidade. Foram os 45 minutos mais longos da minha vida. Saí da sala desanimada. Só senti sofrimento e resistência. Decidi que não voltaria mais. Opa, a Iza obesa não voltaria e excluiria o *Spinning* das alternativas, mas eu tinha um acordo comigo: não fazer nada igual a antes. Voltei no dia seguinte, conversei com o professor, ajustamos a bike, fui liberada da carga exigida. Meu ritmo seria o ritmo certo até ganhar condicionamento. Hoje? Faço a aula de *spinning* "ga--ro-to-na" do início ao fim. Essa experiência positiva me fez conhecer outras aulas, planejar para obter os melhores resultados, li a respeito de condicionamento, dietas e me transformei em uma atleta informal.

Resultado? Um mês depois, surpreendentes 14% a menos de gordura, ganho 8 kg de massa muscular, pesando 70 kg. São -12 quilos ao fim de três meses de dedicação, mensurando passo a passo, celebrando cada vitória, transformando cada queda em oportunidade de aprendizado: é apenas uma forma de não fazer. Até desapeguei da balança, o manequim 40 impera no meu *closet*, mas hoje, depois de seis meses já peso 65 kg com louvor!

E agora, o que você está esperando para iniciar o processo em direção à melhor versão de você? Eu acredito no pressuposto da PNL de que se alguém fez alguma coisa, todo mundo pode fazer. Do seu jeito. Nem melhor nem pior, apenas diferente. Mas PODE!

20

Como a prática do coaching pode contribuir para o desenvolvimento de líderes e suas equipes

O ambiente atual em que operam as organizações exigem nova postura de líderes e gestores. Neste contexto, o líder *coach* é uma alternativa eficiente para desenvolver líderes e equipes para o aumento de resultado. O líder *coach* deve focar resultados de curto, médio e longo prazo, e ao mesmo tempo no desenvolvimento de seus times, para que estes possam produzir resultados sustentáveis, fazendo mais perguntas; criando um ambiente de confiança, baseado no relacionamento e propósito

Josy Júdice

Josy Júdice

Bacharel em Administração de Empresas pela Universidade Paulista – Unip. Pós-graduada em Engenharia de Produção, em Gestão de Pessoas e em Ensino Superior. Diretora da Prosper – Consultoria em Recursos Humanos; especialista em treinamentos comportamentais nas áreas de Liderança, Vendas, Atendimento ao cliente, *Feedback* e Motivação e Trabalho em Equipe. Membro Emérito da Sociedade Latino-Americana de Coaching, possui os títulos de *Master Coach*; *Professional Coach Certification, Professional Executive Coach Certification, Leader Coach* pela Corporate Coach U – EUA *e Professional Master Coach* certificada pela International Association of Coaching Institutes – Europa, Analista em *Assessment DiSC* pela Inscape Publishing – EUA, Analista em *Sixseconds* e *Assess*. Possui ainda a Certificação *Practitioner* em Programação Neurolinguística pela Actius. Coautora do livro "A Elite do Coaching no Brasil".

Contatos:
prosper.br.com
josy@prosper.com.br
(19) 3012-4842

Josy Júdice

O ambiente altamente competitivo dos negócios no mundo moderno, combinado com a diversidade de culturas, e da própria força de trabalho, da variabilidade do mercado consumidor, seja ele pessoa e/ou empresa, só tem reforçado cada vez mais a importância da liderança. Na verdade, a liderança é uma questão foco da gestão moderna, prova disto é a quantidade de publicações sobre liderança que temos atualmente. Na verdade, a liderança está no foco da gestão moderna e, além de ser destaque no universo corporativo, também surge no meio acadêmico. São milhares as publicações sobre o tema, que fazem e oferecem oportunidade de reflexão sobre a prática e desempenho dos líderes.

Alguns aspectos como conteúdo e conceitos de liderança não sofreram grandes transformações nas últimas décadas, mas o que realmente tem se tornado uma mudança constante tem sido o contexto de atuação das lideranças, o que exige novos comportamentos e competências frente às novas realidades que se apresentam aos mesmos.

A pressão pela mudança vem de fora para dentro das organizações, impulsionada pelos avanços tecnológicos, globalização e competição acirrada no mercado de trabalho que exigem novas formas de liderar/motivar as pessoas para produzirem mais e mais, trabalharem em equipes e responder melhor às expectativas de clientes cada vez mais exigentes. E para conseguir esses resultados, a interação humana tem papel fundamental, e tem tomado proporção jamais imaginada anteriormente.

As mudanças aceleradas que estão ocorrendo no mundo moderno têm exigido das organizações adaptação e respostas rápidas aos novos desafios.

Breve revisão conceitual sobre liderança

Assim como a prática da liderança, o desafio de conceituá-la se torna tão grande quanto a quantidade de pessoas que exercem esse papel no mundo da gestão empresarial. Não existe um único e universal conceito sobre liderança que abranja toda a expansão e amplitude da prática da liderança. A seguir alguns conceitos interessantes sobre o exercício do líder.

Caracteriza-se pelo processo de influenciar um grupo a um desempenho superior, reunindo esforços para o alcance de determinados objetivos. Essa influência transforma a vontade natural na equipe em contribuir e concretizar as metas propostas.

Bass (1990, in Rego, 1998) sugere que "existem quase tantas definições de liderança quanto pessoas a tentar defini-la". Vejamos algumas delas:

> *É uma influência interpessoal exercida em uma dada situação e dirigida por meio do processo de comunicação humana para a consecução de um ou mais objetivos específicos. Os elementos que caracterizam são, portanto, quatro: a influência, a situação, o processo de comunicação e os objetivos a alcançar.*
> **Chiavenato, 1994, p. 137**

John W. Gardner, em seu livro On Leadership (1990), definiu liderança como: "o processo de persuasão ou exemplo através do qual um indivíduo (ou equipe de Liderança) induz um grupo a lutar por objetivos mantidos pelo líder ou compartilhados pelo líder e seus seguidores" (p. 01).

A liderança está relacionada a desafios no alcance de resultados e ao mesmo tempo, no desenvolvimento de pessoas.

Goleman, Boyatzis e Mckee (2002, pg. 52) definem o líder como: "pessoas que mobilizam outras pessoas, inflamam nossa paixão e inspiram o melhor dentro de nós."

O líder é aquele então que incentiva por meio de palavras, atitudes e dá ao grupo o ingrediente necessário a *ação, a mobiliz*ação.

"É um processo de influência e de desempenho de uma função grupal orientada para a consecução de resultados, aceites pelos membros dos grupos. Liderar é pilotar a equipe, o grupo, a reunião; é prever, decidir, organizar" (Parreira, 2000 pg. 12). Nesta definição, podemos e devemos entender também que a verdadeira liderança é aceita pelo grupo, pois não há líder se não houver seguidores:

> *Liderar é conduzir um grupo de pessoas, influenciando seus comportamentos e ações, para atingir objetivos e metas de interesse comum deste grupo, de acordo com uma visão de futuro baseada em um conjunto coerente de ideias e princípios.*
> **Lacombe (2006, p. 348)**

Para que o líder possa então exercer sua influência é importante ter em mente objetivos e metas, bem esclarecidas e direcionadas.

Finalmente, numa definição importante, Kotter et al. (1986) afirmam que a liderança será um fator essencial para a diferenciação das empresas no futuro. Podemos arriscar e dizer que esta questão já faz parte do presente das organizações. É papel do líder alinhar a visão da equipe, desenhar uma linha estratégica de trabalho para a consecução dos objetivos, comunicando de forma adequada, e sabendo delegar para conquistar o máximo de desempenho do time.

Pesquisas demonstram que líderes que foram submetidos a processos de *coaching* passaram a ter um desempenho superior. Para clarificarmos essa questão, vamos entendermos melhor o que é o *coaching*.

Sobre o coaching

O *coaching* se caracteriza por um processo, uma metodologia que apoia pessoas, profissionais e empreendedores a atingirem suas metas de maneira eficiente e mais rápida.

Por meio de técnicas estruturadas e um diálogo franco, aberto e revelador, o *coaching* libera o potencial de recursos internos e externos necessários ao alcance dos objetivos.

Quanto a nomenclatura, *coaching* diz respeito ao processo, enquanto *coach* é o profissional preparado, capacitado tecnicamente para conduzir sessões individuais ou ainda trabalhos em grupos. O *coachee* é o cliente, ou seja, quem passa pelo processo.

Embora permeado de técnicas e ferramentas, o *coaching* é simples, eficaz e aplicável a qualquer pessoa ou área da vida, e envolve uma escuta atenta e a elaboração de muitas perguntas. Em um processo eficaz, deve agregar produtividade, contentamento e alegria a quem se submete ao processo, uma vez que tem seu foco na solução e não no problema. O *coaching* se lança como uma alternativa eficaz para tirar os olhos, os sentimentos, a energia dos problemas e pensar, explorar possibilidades para encontrar o que se espera.

Não queremos aqui limitar o conceito, já que existem diversas maneiras de esclarecer e encarar o *coaching*. O importante é que sua essência é de aumentar o desempenho e despertar o potencial, transpondo barreiras e crenças limitantes. A história de vida de uma pessoa é permeada de crenças, positivas, motivadoras, e outras tantas limitantes, que impedem o crescimento, a autoconfiança, e o que "poder mais", "ser mais". O *coaching* também trata disto: romper as crenças limitantes, liberando altos voos.

Os efeitos do *coaching* na liderança acabam contaminando toda a equipe e organização, causando mudanças estruturais, de comportamentos e consequentemente de resultados.

Líderes bem desenvolvidos em suas competências e inteligência emocional proporcionam às suas equipes comprometimento com os resultados e o devido cuidado das pessoas não só da organização, mas da comunidade, pois com o *coaching* ele aprende a se valorizar, a encontrar seus recursos, entender suas limitações e, portanto, se conhecendo melhor, poderá proporcionar aos demais à sua volta uma compaixão e objetividade, sentimentos e posicionamentos que a princípio parecem contraditórios, mas, que celebram resultados extraordinários.

O que é ser um líder coach

A abordagem da liderança com os fundamentos do *coaching* se traduz como uma visão moderna da liderança aplicáveis tanto nos tempos atuais como nos vindouros.

As organizações se preocupam cada vez mais em conquistar novos mercados, novos clientes, além de é claro, manter os atuais. Hoje a constante é o desenho de novas estratégias para as demandas que se apresentam frente aos desafios atuais e nada poderá ser realizado sem a participação efetiva de uma liderança engajada, comprometida e voltada para as soluções. Neste aspecto o papel do líder *coach* é de fundamental importância e relevância. O líder *coach* é aquele que assume uma postura de líder e gestor, conciliando papéis, ora desenvolvendo pessoas, ora focado em resultado.

Conforme Maxwell (2008, p. 13) "para atingir o mais alto nível de eficácia é preciso elevar o limite de capacidade da liderança". É disso que trata o *coaching* executivo, ou seja, de desenvolver as habilidades e competências necessárias à prática da liderança.

O esforço da jornada para uma liderança forte deve estar no dia a dia, na rotina, no desenvolvimento das capacidades necessárias para uma atuação de valor.

Líderes de valor entendem que estão em constante aprendizado e que ainda não chegaram no limite do sucesso e das possibilidades, e que só por meio de responsabilidade, consciência e muita disciplina será possível chegar lá.

O princípio da liderança *coaching* é o de que para que se possa desenvolver as pessoas e obter os melhores resultados, o foco das conversas e de suas atitudes será em soluções ou em pensamentos e estratégias voltadas à solução dos problemas e não mais foco em problemas, em ficar destrinchando o problema, principalmente em ficar procurando o culpado, como é, infelizmente, a prática comum de algumas lideranças.

O líder *coach* é aquele que, conforme Stéfano (2012), gera aprendizado e desenvolvimento, ou seja, aquele que consegue suscitar o melhor de sua equipe.

Encarar a liderança como um processo de alcance de resultados e de desenvolvimento de pessoas, é a filosofia de trabalho de um líder *coach*.

O líder *coach* é aquele que desenvolveu habilidades e competências em *coaching* para incentivar suas equipes a conquistar mais resultados e tornar a empresa mais competitiva. Uma frase já bem conhecida de Jack Welch traduz com propriedade essa característica dos líderes bem-sucedidos: "no futuro todo líder deverá ser um *coach*". Com esta citação, Welch evidencia que um líder no futuro terá que se desenvolver nesta habilidade.

Como opera o líder coach

Para que um gerente se torne um líder *coach* é necessário que haja uma transformação de consciência e desejo real pelo desenvolvimento das pessoas.

O gerente precisa entender que melhores resultados dependem de uma equipe preparada, capacitada, intraempreendedora, e ansiosa por melhores resultados e disciplinada na busca pela melhor performance.

Para se chegar a esta transformação, o gerente necessita compreender seu papel, que vai além de trazer resultados imediatos, no curto prazo, e que é necessário desenvolver visão de longo prazo. Ainda que excelentes resultados no curto prazo aconteçam, eles podem não se sustentar no futuro. As pessoas precisam ser preparadas para enfrentar a dinâmica frenética das mudanças que as acompanham nestes tempos, e na velocidade ainda maior que se imprimirá num futuro próximo.

A essência do líder *coach* se caracteriza pelo diálogo estruturado, franco, aberto, em um clima de confiança, e relacionamento tal, que as pessoas se sintam livres para debater ideias, explorar novas possibilidades.

Não conseguiremos resolver problemas com foco no problema. É necessário uma visão, uma orientação à solução.

O *coaching* proporciona às equipes e à própria organização uma velocidade maior em termos de transformação e mudança, já que o próprio processo conduz a planos de ação que trazem resultados imediatos, de curto prazo, e prepara para objetivos de médio e longo prazo.

Como na prática deve ser o papel do líder coach

Na prática, o gerente deve, antes de qualquer conversa, *feedback*, reuniões e/ou discussões estruturar sua falar de tal forma que possa seguir uma ordem, uma estrutura com vistas a trazer soluções e possíveis respostas, mudanças e/ou transformações do estado atual. Esta estrutura pode ser usada como explicitado a seguir:

É prática constante do líder *coach* formular perguntas ao invés de sempre dar respostas. Normalmente, dos gerentes são esperadas todas as respostas às dúvidas, questionamentos, enfim, eles têm a pesada responsabilidade de trazer a solução.

Tão importante quanto estar preparado para fazer as perguntas corretas, é preparar o ambiente ideal, aquele onde há um propósito definido e evidente aos participantes, onde existe relacionamento de qualidade, de respeito, de harmonia entre líderes e suas equipes, e onde a linguagem é adequada e condizente. Desta forma, o líder *coach* poderá proporcionar momentos onde o colaborador está receptivo a novas informações que o impulsionarão a uma mudança radical de conhecimento e comportamento.

Isto exige do líder uma alteração na abordagem, e uma disposição nas pessoas que fazem parte da equipe. Este ambiente proporcionará grandes oportunidades de mudanças positivas e significativas. Agindo desta forma, e aliando a própria natureza do *coaching*, que é de transformação e resultados, há maiores chances de se alcançar o sucesso esperado.

Deve ser parte integrante do trabalho aprender a introduzir *feedback*, planejamento de ações, aprendizado ativo e acompanhamento.

Conclusão

A velocidade a pressão do mundo moderno têm exigido uma postura diferente da liderança e gestão de equipes.

Globalização, clientes mais exigentes e a própria diversidade da cultura e da força de trabalho exigem atualizações constantes e novos papéis por parte dos líderes organizacionais.

Considerando os diversos conceitos disponíveis sobre a atividade da liderança, a maioria apresenta a habilidade de influenciar outros e equipes. Esta influência atualmente pode ser exercida com mais sucesso utilizando o conceito e as ferramentas de *coaching*. Uma forma adequada de obter maiores resultados e desenvolver as pessoas da equipe, é assumindo uma postura de líder *coach*, que exige preparo e mudança de postura e atitude perante a equipe.

A essência do líder *coach* se caracteriza pelo diálogo estruturado, franco, aberto, em um clima de confiança, e relacionamento tal, que as pessoas se sintam livres para debater ideias, explorar novas possibilidades.

A mudança está fundamentada principalmente na habilidade de escuta, em fazer perguntas ao invés de sempre direcionar, dando respostas, desta forma possibilitando extrair o melhor das pessoas envolvidas na equipe e trazendo resultados mais sustentáveis.

Referências

BASS, B.M. *Bass & Stogdill´s handbook of leadership:* theory, research, and managerial application. New York: The Free Pres, 1990.

CHIAVENATO, I. *Gerenciando pessoas*. 2. ed. São Paulo: Makron Books, 1994.

CUNHA, M. P., REGO, A., LOPES, M. & CEITEIL, M. *Organizações positivas:* Manual de trabalho e formação. Lisboa: Edições Sílabo, 2008.

DI ESTÉFANO, R. *O líder coach*. Líderes criando líderes. Rio de Janeiro: Qualitymark, 2012.

GARDNER, J.W. *Liderança*. Eduardo Francisco Alves (trad.). Rio de Janeiro: Record, 1990.

GOLEMAN, D.; BOYATZIS, R.; MCKEE; A. *O Poder da Inteligência Emocional*. Rio de Janeiro: Campus, 2002.

LACOMBE, Francisco; HEILBORN, Gilberto. *Administração e Tendência*. São Paulo: Saraiva, 2006.

MAXWELL, Jhon C. *Os quatro segredos do sucesso:* tudo o que você precisa saber sobre liderança, capacitação e relacionamento. Rio de Janeiro: Thomas Nelson Brasil, 2008.

REGO, A. *Liderança nas Organizações:* teoria e prática**.** Aveiro: Editorial da Universidade de Aveiro, 1998.

ROCHA, P.; SALLES, J.A.A. Competências e a gestão de pessoas. In *REACRE – Revista Administração CREUPI*. Esp. Sto. do Pinhal, SP. v. 05, n. 09, jan.-dez. 2005, p. 35-43.

21

Coaching empresarial para sócios: um novo olhar

As organizações estão cada vez mais convencidas que o aumento da produtividade e a sua permanência no mercado estão relacionados à qualidade do capital humano. Relacionamento, comunicação, liderança, valores, crenças, perfil comportamental e visão de mundo, por exemplo, tornaram-se pontos estratégicos e decisivos ao sucesso ou fracasso de uma empresa. O *Coaching* Empresarial para Sócios traz uma concepção inovadora e necessária, que considera questões aparentemente dispensáveis como as principais responsáveis por uma construção sólida e próspera: dos sócios, dos colaboradores e da empresa

Kelly Marques

Kelly Marques

Psicóloga, *Master Coach* Pessoal e Profissional, Consultora Empresarial. Presidente Executiva do Grupo KAMS, Psicóloga inscrita no Conselho Regional de Psicologia, com aprofundamento acadêmico em Terapia Cognitivo-comportamental; Hipnoterapeuta Cognitiva; Pesquisadora do Comportamento Humano; *Master Coach* Pessoal e Profissional com a abordagem da Visão Holístico-Sistêmica e complexa, formada pelo Instituto Holos de Qualidade com Certificação Internacional pelo Continuing Coaching Education (CCE) do International Coaching Federation (ICF); Palestrante e Consultora de empresas em Gestão com Pessoas; Atuação na área de Psicologia Clínica e Empresarial, *Coaching* (Pessoal, Profissional e Empresarial), Gestão e Desenvolvimento de Executivos e Empresas.

Contatos:
www.grupokams.com
atendimento@grupokams.com
(82) 9952-4492

Costumamos utilizar a máxima: "duas cabeças pensam melhor do que uma". No entanto, completaríamos com "... se as duas olharem na mesma direção e falarem a mesma língua". Caso contrário, poderá ser desastroso. Segundo uma pesquisa realizada pela Universidade College London, na Grã-Bretanha, e publicada na Revista Science, as melhores conclusões são as tomadas a partir de uma discussão madura entre dois ou mais indivíduos com a mesma bagagem de conhecimento.

Consideramos, portanto, outros aspectos de maior relevância para que haja alinhamento, como os valores, as crenças pessoais e profissionais, a habilidade social e as experiências, que determinam inevitavelmente a nossa visão de mundo e o nosso comportamento, se não houver uma reflexão e reorientação.

A grande maioria dos empreendedores brasileiros em vias de montar o próprio negócio busca apenas por soluções técnicas e burocráticas para enfim obter o sonhado Cadastro Nacional da Pessoa Jurídica - CNPJ, o que inclui buscar um ou mais sócios que acredite na ideia e possua condições financeiras e/ou técnicas para investir no negócio, o que pode vir a ser uma "segunda união de cônjuges". Este é apenas o início! O CNPJ, os impostos pagos ao Estado e a identificação do "melhor" sócio servem apenas como aval para a empresa iniciar suas atividades. Contudo, o que determinará a prosperidade ou a falência do negócio são pontos aparentemente sutis, mas que, na realidade, governam o processo. Podemos citar como exemplo o comportamento dos sócios, cônjuges ou pessoas que fazem o papel de "dono", que mesmo sem escolha consciente, definem a cultura, o clima, os valores e o "jeito" de funcionar da empresa, que se traduz pelo comportamento dos colaboradores, clientes, fornecedores.

Foi a partir daí que o Grupo KAMS constatou também a necessidade de trabalhar uma modalidade de *coaching* exclusiva para os sócios: o *Coaching* Empresarial para Sócios, que tem como escopo principal estreitar os laços de comunicação e de confiança entre os sócios. Olhar na mesma direção e falar a mesma língua tem nos parecido escasso entre os executivos nas empresas, sendo o mais comum presenciarmos verdadeiras "torres de babel" organizacionais, sob o risco de desmoronar.

Você, caro leitor, pode acreditar que estamos exagerando e preferir enfatizar como possíveis causas do encerramento de uma empresa o mercado empresarial competitivo e instável, a gestão empresarial ineficaz, entre outras. E nós concordaremos! No entanto, gostaríamos de compartilhar com você alguns pontos. Segundo o Sebrae (Serviço Brasileiro de Apoio às Micro e Pequenas Empresas), os motivos mais comuns pelos quais as empresas decretam falência estão relacionados à falta de delimitação entre os gastos financeiros e os pessoais, à ausência de planejamento, organização, avaliação de estratégias, controle e gestão da área financeira e de outras áreas, falta da busca por novos conhecimentos, inexperiência, indefinição da remuneração dos sócios, entre outros.

Assim, ao observarmos todos os motivos que levam uma empresa a não conseguir manter-se no mercado, concluiremos que a grande maioria parte dos reflexos emitidos pelo comportamento das pessoas que estão à frente do negócio. Seja pela falta de habilidade em se relacionar, seja pela restrita capacidade de se comunicar ou pela falta de manejo em lidar com o dinheiro, muitas pessoas estão simplesmente atuando em piloto automático pela forma que aprenderam ser a melhor, seguindo o mapa que acreditam indicar o melhor caminho.

Que o *coaching* é um dos processos de desenvolvimento humano mais utilizado atualmente no mundo e que se tem constatado excelentes resultados, nós já sabemos. Também é do nosso conhecimento que esse processo tem se expandido pelas mais diversas áreas da vida do ser humano, ajudando-nos a desenvolver competências e habilidades que acreditávamos não possuir para potencializar nossa atuação pessoal e profissional.

Como diria Joseph O'Connor (2004, p. 48) "o *coaching* utiliza ferramentas que levam ao autoconhecimento, permitindo criar escolhas e caminhos que levam à mudança".

Ao longo da história, usava-se a palavra *coaching* para se referir ao transporte e, mais tarde, ao esporte, em que um especialista treina e desenvolve um atleta ou uma equipe de atletas com foco nas metas.

Anthony Grant (2003) destaca Gorby (1937) como o primeiro a utilizar na literatura o termo *coaching* relacionado à administração de pessoal. Além de Gorby, dois nomes se destacam na literatura: Thimothy Gallwey (1996), que desenvolveu uma abordagem diferenciada de ajuda para as pessoas aperfeiçoarem sua capacidade de jogar tênis; e Tomas Leonard, contabilista e administrador financeiro que fundou em 1990 a Coachu e depois a Coachville, instituições dedicadas à divulgação e treinamento de *coaches*, nas mais diversas áreas. (Krausz, 2007).

Mas foi a partir do século XXI, com o uso das tecnologias da informação, que o desenvolvimento das habilidades e competências ligadas ao trabalho se tornou essencial para o crescimento pessoal e profissional.

Tornou-se necessário um alinhamento estratégico entre pessoas, produtos e serviços, a fim de atender a uma demanda cada vez mais exigente em relação à logística e gerir profissionais cada vez mais sofisticados, exigentes e voltados para a gestão da sua própria carreira. (Krausz, 2007).

Para Krausz (2007), o ser humano já possui um potencial que pode ter sido explorado ou não e o *coaching* pode ser entendido como um catalisador desse potencial. Ainda enfatiza que *coaching* é uma forma de provocação construtiva, de desafio e estímulo para o desenvolvimento e a aprendizagem contínuos.

Sintetizando a função dos *coaches*, Belasco (2000) e Goldsmith (2003, p.15) ressaltam que: "ajudam pessoas a verem além do que são hoje para o que elas querem tornar-se amanhã. Um grande *coach* ajuda pessoas comuns como você e eu a fazerem coisas extraordinárias."

No entanto, é certo que "para ser totalmente eficaz, o *coaching* de executivos deve possibilitar a integração de dois mundos, o mundo do trabalho, com todas as suas variáveis, e o mundo além do limite organizacional, frequentemente negligenciado" (Milaré e Yoshida, 2007).

Devemos considerar aqui a ideia do ser humano como um todo, que representa papéis de acordo com o ambiente em que se encontra. É notória a conexão entre a nossa vida pessoal e profissional, havendo interdependência em função de um todo, que somos nós. Isso significa que se uma pessoa desenvolve uma habilidade ou competência comportamental no âmbito organizacional, certamente essa mudança influenciará também sua vida familiar, escolar, financeira, entre outras. Quando nos desenvolvemos passamos a ser como um diamante bem lapidado, que não poderá voltar a ser o diamante bruto encontrado na natureza porque já ganhou nova forma e brilho.

Partindo desses princípios, através de conhecimentos, de ferramentas eficazes e dos excelentes resultados alcançados nas áreas de *coaching*, *mentoring*, consultoria e gestão com pessoas, o Grupo KAMS propõe o *Coaching* Empresarial para Sócios com a finalidade de ajustar o que consideramos ser o alicerce da empresa. Uma construção sólida e com possibilidade de desenvolvimento somente será possível a partir de uma base apta a sustentar e fazer gerar prosperidade a curto, médio e longo prazo.

Eis o que consideramos ser essa base:
- Comunicação.
- Relacionamento.
- Abertura para novas habilidades e competências.

- Crenças e visão de mundo.
- Valores sólidos.
- Perfil e coerência comportamental.
- Integração de objetivos.
- Liderança pessoal e profissional.

A partir destas etapas concluídas, o progresso surge de forma consciente, planejada e natural.

Deixamos claro, entretanto, que as pessoas envolvidas precisam ter motivação em querer crescer. *Coaching* pede crescimento. Pode parecer improvável nós mesmos sabotarmos o nosso crescimento, mas, assim como somos nosso melhor aliado, podemos também ser nosso maior adversário. O caminho a tomar está em nossas decisões e atitudes. Aprendemos na vida certas "inverdades verdadeiras" que podem nos encorajar ou nos causar medo. Muitas vezes tomamos para nós conceitos, crenças e comportamentos sem sequer refletir se é funcional ou não para nossa vida, apenas repetimos e imitamos. Somos regidos, consciente ou inconscientemente, pelo que muitas vezes não vivemos, nem como testemunhas, e, na maioria das vezes, nem conhecemos a origem. É quando nos sentimos na zona de conforto, acostumados e conformados com determinados hábitos e modo de vida, seja no âmbito familiar, social ou profissional. Mesmo que seja mais desconfortável que confortável, utilizamos nossas próprias afiadas justificativas para continuar no que, equivocadamente, atrasam o nosso crescimento e nos fazem permanecer no que nos parece ser zona conhecida.

Durante o processo de *Coaching* Empresarial para Sócios são utilizadas técnicas e ferramentas que facilitam a visão clara do cenário atual: onde estamos, e do cenário futuro: onde queremos chegar. Desta forma, sentimo-nos mais líderes e confortáveis para dar passos mais "ousados", fazendo da mudança um novo hábito.

É importante frisar que precisamos diferenciar o *coaching* de outras intervenções também eficazes em seus propósitos, como o *mentoring*, a psicoterapia, o aconselhamento e a consultoria, para que haja respeito entre as diversas áreas de atuação, bem como alertar a quem procura por esses processos para que busque antes compreender o objetivo de cada prática.

Dentro do âmbito da Psicoterapia, por exemplo, a Terapia Cognitivo--comportamental tem se expandido e conquistado muitos resultados positivos e breves, quando possível, em variadas questões psicológicas do ser humano. Jamais é nosso interesse dar a entender que o *coaching* substitui essa prática, ou vice-versa. O *coaching* é um campo recente e diversificado, ainda com o peso do modismo, onde seria complexo identificar com base em resultados científicos, os seus frutos e benefícios que a prática já demonstra e aprova. Além do mais, ambas as práticas possuem objetivos bem diferenciados, que precisam estar bem claros tanto para o profissional, que pode ser um psicólogo que também atua com o *coaching*, tanto para o cliente que escolhe a área a ser trabalhada de sua grandiosa vida. Existe a possibilidade, inclusive, de em determinados casos haver uma parceria entre os dois processos em prol dos melhores benefícios para o cliente.

Krausz (2007) divide o *coaching* em duas grandes áreas de atuação: a de iniciativa pessoal, de questões pessoais (como: *coaching* pessoal, espiritual, de grupos definidos, de carreira, financeiro, entre outros), e o *coaching* de executivos e empresarial (também chamado por *coaching* corporativo ou organizacional), que é aplicado em empresas e, normalmente, sob a contratação desta.

Considerando esta inteligente divisão, o *Coaching* Empresarial para Sócios está localizado no *Coaching* de Executivos e Empresarial, já que possui como foco maior o desenvolvimento das pessoas que gerenciam o negócio, da equipe em geral e da empresa, a partir de novas percepções e ações.

O *Coaching* Empresarial para Sócios é essencialmente formado por técnicas específicas, testes, referenciais, materiais audiovisuais, método socrático de conversação, com duração média de oito encontros com os sócios ou pessoas que os representem na organização.

São levantados os resultados que os clientes esperam com o processo já nos primeiros encontros, embora não haja controle sobre soluções não previstas ou mudanças de foco que possam ocorrer durante o processo.

Os resultados mais comuns são:
- Maior rentabilidade.
- Aumento da autoestima dos colaboradores.
- Maior uniformidade e coerência em linguagem e ações.
- Aumento do nível de motivação dos colaboradores.
- Aumento do ROI (Retorno sobre investimento).
- Redução do *turn over* (Rotatividade dos colaboradores).
- Aumento assertivo de produtividade.
- Autoconhecimento laboral.
- Maior qualidade de vida.
- Clareza do processo organizacional.

Referências

GRANT, A. *Coaching for enhanced performance:* Comparing cognitive and behavioural approaches to coaching. Nilson Redis (trad.): Austrália: University of Sidney, 2006.

KRAUSZ, Rosa R. *Coaching executivo*: a conquista da liderança: São Paulo, Nobel. 2007.

MILARÉ, S.A. Investimento com retorno garantido. *Revista T&D - Inteligência Corporativa*. 12 (132), 20 - 22. 2004.

MILARÉ, S.A.; YOSHIDA, E.M.P. Coaching de executivos: adaptação e estágio de mudanças. *Psicologia:* teoria e prática. 9 (1), 83 – 105. 2009.

Mundo Sebrae. *Que tipos de ações levam uma empresa à falência*. Disponível em: http://www.mundosebrae.com.br/2008/10/que-tipos-de-acoes-levam-uma-empresa-a-falencia/. Acesso: jan. 2013.

O'Connor, Joseph e Lages, Andrea. *Coaching com PNL*. Qualitymark: Rio de Janeiro, 2004.

Wellcome Trust. *Two heads are better than one – with the right partner*. Science Daily. Disponível em: http://www.sciencedaily.com-/releases/2010/09/100926141215.htm. Acesso: jan. 2013.

22

A sintaxe do sucesso

Ter sucesso pessoal e profissional são agora metas perfeitamente alcançáveis. Vivemos na era da informação e qualquer grande ideia pode revolucionar a maneira de vivermos. Por que, então, algumas pessoas alcançam o sucesso e outras não? Neste texto, de forma simples e fluente, com um exemplo real, vou inspirar e desafiar você a ser o melhor que puder ser e alcançar o sucesso que deseja

Kethlin Melo

Kethlin Melo

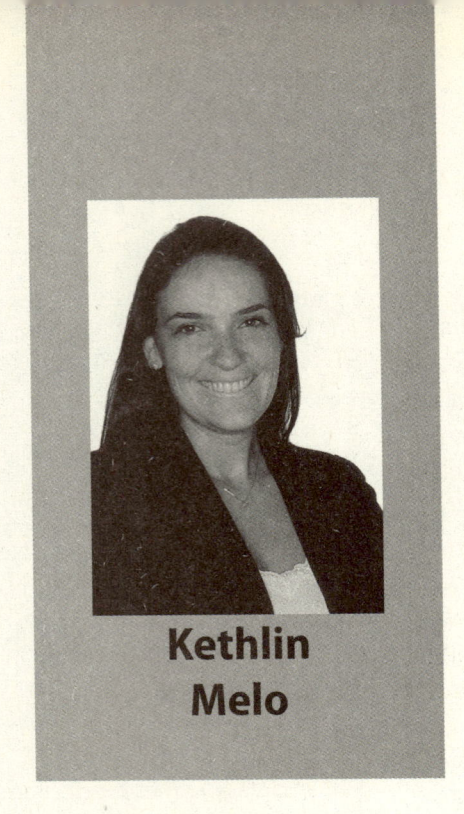

Fundadora do Instituto Melo Cordeiro, Sócia diretora da Solução Mais, *Master Coach* certificada e membro da Sociedade Brasileira de Coaching chancelada pelo Behavioral Coaching Institute (BCI). Com mais de dez anos de experiência em gestão de empresas, *coaching* de alta performance e liderança, desenvolveu, em coautoria, treinamentos únicos para jovens em definição de carreira e processos focados em melhorias constantes para professores e diretores escolares. Empresária, administradora, especialista em marketing e gestão de pessoas já atendeu executivos e empresários, gestores de diversos segmentos de mercado. Entre seus clientes corporativos estão Sainte Marie Trade, DICICO, Forma Turismo entre outros.

Contatos:
www.solucaomais.com.br
contato@solucaomais.com.br
facebook.com/solucaomais
facebook.com/institutomelocordeiro

Kethlin Melo

"Faça o que pode, com o que tem, onde estiver."
Theodore Roosesevelt

Cada um de nós tem diferentes sonhos e ideias sobre o que queremos criar para nossas vidas. A referência de sucesso é flexível e pode ser moldada a cada objetivo de vida. Percebo que a estrada para o sucesso esta sempre em construção. É um caminho que avança não um fim a ser alcançado.

Este artigo tem o objetivo de trazer informações e técnicas comprovadas que trarão resultados concretos para sua vida.

A primeira referência que tive de que vivemos em uma época onde qualquer pessoa pode alcançar feitos maravilhosos, foi de certa forma minha primeira experiência com o *coaching*, e o poder que as perguntas possuem.

Fátima veio trabalhar em minha casa como doméstica, quando eu ainda era criança. Ela era retirante nordestina, analfabeta com uma historia de vida sofrida de abusos e perdas. Muitas vezes me contava de sua triste situação. Lembro-me que um dia enquanto arrumávamos a casa ela novamente iria se queixar, quando tive uma reação um tanto estranha para uma menina de oito anos na época. Hoje percebo que ali já estava colocando em prática o que aprenderia tecnicamente depois de muitos anos. Olhei nos olhos dela e disse que o passado já havia passado e perguntei o quanto ela queria mudar o rumo de sua vida a partir de agora. A resposta dela, depois de alguns minutos em silêncio foi: daria tudo para isso! Na época ela estava grávida de uma menina, e falou que seu maior sonho seria ver a filha "doutora", a partir deste dia a vida dela mudou. Começamos juntas a planejar como este sonho poderia se realizar, de que forma ela ganharia mais, como juntaria recursos, e com ações consistentes e muito corajosas Fátima viu alguns pequenos "milagres" acontecendo, uma casa própria, uma microempresa de salgados para festas, mais dois filhos saudáveis e felizes e como ela conta sua maior conquista: a "doutora" Aline Silva, a filha bacharel em direito. Nada "caiu do céu", o contexto de vida da Fátima mudou quando ela decidiu focar na solução, não nos problemas e tomar ações efetivas para conquistar seus objetivos.

Existem diversas personalidades que tornaram públicas suas histórias de sucesso, escolhi descrever aqui a de uma pessoa comum, que não nasceu com a "estrela da sorte", como já ouvi algumas vezes. No entanto, ela conseguiu realizar um sonho (dela e da filha) que antes parecia impossível.

Se Fátima, uma pessoa que antes não acreditava ser possível modificar sua vida conseguiu, qual é então a diferença dos que conseguem e dos que não conseguem? O que estas pessoas que realizam coisas têm em comum?

Fiz de minha própria vida um experimento para chegar à resposta a estas perguntas. Tive o privilégio de conviver com muitas pessoas, de ricos e bem-sucedidos empresários, a pessoas que nasceram em comunidades pobres. Acompanhei especialmente as pessoas que realizaram seus sonhos. Ouvi diversas histórias de vida, relatos de como as pessoas haviam chegado às conquistas, em todas as histórias as pessoas pareciam ter trilhado os mesmos " 4 passos" para alcançar o sucesso. Coloquei em prática estes "passos" para medir quanto sucesso em atingir meus objetivos pessoais conseguiria, os resultados foram impressionantes, mensuro em meus clientes de *coaching*, todos aqueles que colocam realmente em prática os "passos" e atingiram rapidamente seus objetivos. Abaixo descrevo resumidamente o que chamo de os 4 passos para o sucesso:

- **Definir o seu objetivo.** Precisamente, o que você quer?
- **Tomar medidas,** pois de outra maneira seus objetivos serão sempre sonhos.
- **Reconhecer as espécies de resultados** que estão vindo de suas ações.
- **Desenvolver a flexibilidade** para mudar de comportamento até conseguir o que quer.

"Se você não sabe para onde vai, qualquer caminho serve"
Lewis Carroll – Alice no País das Maravilhas

Uma definição consistente de objetivos é a maior parte do caminho andado. O que você deseja? Por que deseja isto? Como vai fazer para que aconteça? Quando quer este objetivo? Transforme seu objetivo em algo palpável, coloque seu objetivo no papel, vivencie a experiência em pensamentos diversas vezes. Existem pesquisas que comprovam que o cérebro não sabe distinguir pensamentos de fatos reais, portanto todo pensamento é um treino. Crie uma rota de trabalho, um plano de ações para chegar lá, desta forma conseguirá mapear os recursos e requisitos necessários, acrescente ao seu plano de ações os recursos e requisitos a serem desenvolvidos para chegar a seu objetivo. Determine se seu objetivo pode ser iniciado e mantido apenas por seu esforço pessoal. Seu objetivo prejudica alguém ou o meio? Se sim, de que forma pode ser replanejado para que haja apenas benefícios? Por último e muito importante: qual a evidência de que você conseguiu seu objetivo? Chegando até aqui comemore! Você já está entre os (apenas) três por cento da população mundial que planeja e que, consequentemente, atinge os objetivos.

Avaliando diversas pesquisas científicas e autores que tratam do sucesso, a citação de Anthony Robbins é esclarecedora: "As pessoas capazes de conseguir êxitos consistentemente produzem um conjunto de ações mentais e físicas específicas". E talvez o mais interessante: "Se produzirmos as mesmas ações, criaremos resultados iguais ou similares". Portanto, o caminho para o sucesso pode ser aprendido.

Os resultados que conseguimos, segundo Anthony Robbins, são todos parte de um processo dinâmico que começa na forma como nos comunicamos internamente (coisas que imaginamos, dizemos e sentimos dentro de nós mesmos) e passa consequentemente pela comunicação externa (expressas por palavras, tonalidades, expressões faciais, postura de corpo e ações físicas para nos comunicarmos com o mundo).Toda comunicação que fazemos é uma ação, e todas as comunicações têm alguma espécie de efeito em nós e nos outros.

Quando a protagonista da história que contei (Fátima) disse que queria uma vida diferente para a filha, queria vê-la "doutora", estava fazendo uma comunicação clara do que queria. Comunicou internamente e externamente seu objetivo e iniciou um processo contínuo de ações para conseguir seu objetivo.

A vida de pessoas de sucesso tem nos mostrado que a geração de resultados não é determinada pelo que está acontecendo conosco, mas pelo que fazemos com o que está acontecendo. A habilidade de interpretar fatos positivamente e AGIR sem desviar do objetivo traz resultados. Segundo Anthony Robbins "Todo grande sucesso está relacionado com ação."

No entanto, antes de conseguirmos novos resultados, devemos compreender que já estamos conseguindo algum tipo. Mas poderão não ser os resultados que desejamos. Como, então, poderemos transformar os resultados de hoje nos resultados desejados? Em geral, pensamos em nossos estados mentais e na grande parte do que acontece em nossas mentes como coisas que acontecem fora de nosso controle. Mas a verdade é que podemos controlar nossas atividades mentais e comportamentos a um ponto tal que antes não acreditaríamos ser possível. Podemos mudar nossas ações mentais e físicas e, com isso, mudar nossas emoções e comportamentos.

Você pode considerar o processo de produzir estados emocionais apropriados para atingir objetivos como uma decisão, como Fátima fez. No momento em que ela decidiu o que queria e que faria acontecer, independente da situação em que estava vivendo, em sua mente houve um processo de pensamentos, ideias e imagens que a conduziu para uma ação efetiva.

"Para cada esforço disciplinado há inúmeras recompensas" Jim Rohn.

As pessoas que conseguiram superioridade seguem um caminho coerente para o sucesso, que descrevo aqui como diagrama:

Neste caso, sucesso alimenta sucesso e gera mais sucesso, e cada sucesso cria mais crença e momentos para serem bem-sucedidos, numa escala até mais alta. Digamos que você começa com grandes esperanças. Mais do que esperanças, você acredita com cada fibra do seu ser que terá sucesso. Começando com esta comunicação clara, que emoção você terá? Quais intenções serão geradas? Quanto do seu potencial usará? Provavelmente uma boa quantidade. Que espécie de medidas tomará desta vez? Que tipo de resultados será gerado? Há possibilidades de que sejam muito bons.

A história tem mostrado que se as pessoas mantiverem o sistema de crenças que as fortalece, continuarão voltando com ações e recursos bastantes para finalmente serem bem-sucedidas.

Como então aumentar o potencial colocado em cada ação para gerar resultados concretos?

Segundo o resultado de 10 anos de pesquisa do psicólogo Martin Seligman, de modo geral, quase todos nós possuímos forças, talentos e virtudes que nos auxiliam a alcançar nossos objetivos. Aquelas forças ou talentos que expressamos de modo mais intenso constituem nossas forças de assinatura. Contudo, o nível de intensidade em que estas forças são usadas é variável. Enquanto algumas pessoas utilizam suas forças de forma moderada, outras utilizam em seu máximo potencial. Indivíduos que utilizam suas forças em um nível notável, ou seja, de maneira extremamente intensa são considerados modelos de referência. Você, com certeza, conhece pessoas que são modelos de referência de determinadas forças e virtudes. Por exemplo: Madre Teresa de Calcutá é tida como modelo de bondade e misericórdia, Nelson Mandela pode ser considerado como exemplo de persistência e coragem. E você também deve conhecer pessoas de seu próprio círculo que atuam como modelos. De acordo com a psicóloga clinica e professora da Universidade de Stanford Robin Rosenberg modelos são todos aqueles que não se satisfazem com a realidade com que vivem e desenvolvem esforços para modificar estas situações, portanto, todos podemos ser modelos. Como mencionei anteriormente: se produzirmos as mesmas ações de pessoas referencias, criaremos resultados iguais ou similares aos delas. Pessoas inspiram umas as outras. Esta inspiração pode, também, tornar-se uma forma de aprendizado social, isto é aquele que ocorre quando observamos o comportamento de outras pessoas. É isto que chamamos de modelagem. Modelagem é identificar padrões comportamentais em pessoas que admiramos e desenvolver com técnicas estes padrões para que sejam efetivados no nosso dia a dia.

Como abordagem de uma técnica muito poderosa de *coaching*, abaixo descrevo as etapas para que se faça a modelagem de uma pessoa referência.

Modelagem

Passo 1: escolha seu modelo

Escolha seu herói, quem você quer modelar? Qual é a força ou forças, atitudes ou crenças que melhor representam essa pessoa (e que você deseja desenvolver)?

Passo 2: estude as forças

Estude a forma como seu herói expressa suas virtudes ou o que você quer modelar. Leia sobre ele(a), pesquise em livros, se for pessoa conhecida, converse com ela, pergunte a conhecidos.

Passo 3: modele

Como seu modelo usou as forças (crenças ou atitudes) em situações desafiadoras? Que comportamentos ou atitudes expressam essas forças? O quanto você já possui da força que deseja modelar? Você já passou por situações semelhantes aos eventos vividos por seu modelo? Como reagiu? Como gostaria de ter reagido? Pense em seu modelo e identifique: que comportamentos você deve reproduzir para expressar as forças (crenças ou atitudes) desejadas?

> *"Todo grande sucesso está relacionado com ação.*
> *E é a ação que produz resultados. O conhecimento*
> *é somente um poder potencial até que chega às mãos*
> *de alguém que saiba como transformá-lo em ação efetiva".*
> **Anthony Robbins**

O conhecimento das técnicas, por si só, não traz os resultados, o que traz os resultados é a prática. O processo de *coaching* é extremamente gerador de resultados, por que alem das técnicas utilizadas, deve-se necessariamente entrar em ação levando em consideração o que realmente é importante para você, trilhando caminhos que sejam positivos para outras pessoas e para o meio. Espero que as informações deste texto possam ser para você muito mais que um poder potencial, espero que a partir de agora você possa gerar ações e resultados concretos para sua vida.

"Temos que nos tornar a mudança que queremos ver."
Mahatma Gandhi

Esta é a mensagem maior deste texto. Seja você a diferença. Assuma a responsabilidade. Aja. Quando você fizer, o mundo vai ganhar mais um bom modelo a ser copiado.

Referências

ROBBINS, A. *Poder sem limites*.
FLORA, V.; MATTA, V. *Textos e apostilas*.
SELIGMAN, M. *Felicidade Autêntica*.

23

A árvore da felicidade, os benefícios e a essência do coaching

"Essa felicidade que supomos,
Árvore milagrosa, que sonhamos
Toda arreada de dourados pomos,
Existe, sim: mas nós não a alcançamos
Porque está sempre apenas onde a pomos
E nunca a pomos onde nós estamos."
Vicente Carvalho
(1866 – 1924)

**Lara Campos &
Roque Cezar de Campos**

Lara Campos & Roque C. Campos

Lara Campos
Diretora Educacional da RC Coaching Treinamentos e Consultoria. *Coach* com certificação Internacional pela ICC e ICI em *Coaching* Executivo e Pessoal. Consultora e especialista em Gestão de Pessoas, Psicologia e Dinâmica de Grupos. Professora em Pós-Graduação de Treinamento e Desenvolvimento. Premiada no Brasil pelo "Top of Mind em RH" (AAPSA), nos EUA e Alemanha por seus projetos em liderança servidora, trabalho em equipe e responsabilidade social. Autora da Tese "Potencializadores das Relações Humanas". Sólida carreira de dezessete anos em multinacionais como Motorola, IBM e Saint-Gobain.
Contatos:
www.rccoaching.com.br
lara.campos@rccoaching.com.br
(19) 3243-3249

Roque Cezar de Campos
Diretor Executivo da RC Coaching Treinamentos e Consultoria. Administrador, Empresário, Professor, *Coach* e *Master Coach* com certificação Internacional e membro da International Coaching Community. Executivo com mais de 45 anos de experiência nas posições de superintendência, diretoria e alta gerência de empresas como: Votorantim Cimentos - Concrelix S.A., Bosch Siemens Continental 2001, Orniex e Valisère. Especialista em Vendas, Marketing, Gestão de Talentos, Gestão de Valor Agregado (FGV) e Negociações. Vasta experiência em *Coaching* e na apresentação de palestras e treinamentos de alto impacto.
Contatos:
www.rccoaching.com.br
roquecezar@rccoaching.com.br
(19) 3243-3249

Benefícios do coaching

Não há quem não deseje alcançar a "árvore de dourados pomos", como descreve o poeta Vicente de Carvalho, tentando definir a palavra felicidade. Com a maturidade percebemos que ela não é um destino, mas um caminho a ser percorrido. Um caminho muitas vezes tortuoso, repleto de adversidades e que a maioria das pessoas não consegue enxergar e nem percorrer.

Nestes últimos anos dedicados ao *coaching* de vida notei que muitos de meus clientes têm um sintoma em comum: falta de sentido em suas vidas. Estes chegam à primeira sessão literalmente cansados de viver, cansados de suas funções no trabalho, apresentam doenças psicossomáticas e não raro, já foram "terapeutizados" ou "abandonaram" seus psiquiatras.

Um dos maiores benefícios do *coaching* está em ajudar pessoas para que elas encontrem um propósito pelo qual possam viver e lutar. A busca por um sentido me faz lembrar do livro de Viktor E. Frankl (1905-1997), neurologista e psiquiatra, sobrevivente de um campo de concentração em Auschwitz.

Frankl conta em "Em busca de sentido" sua comovente, desesperadora e ao mesmo tempo motivadora história como prisioneiro, a quem lhe foi tirado tudo exceto sua razão de viver, seus sonhos e seus planos para o futuro. Nietzsche é citado em seu livro com a frase: *"Quem tem um "porquê" viver pode suportar qualquer "como"* (Viktor Frankl, p.129). Mas, como encontrar o sentido, um propósito, uma missão de vida? Muitas pessoas realmente não sabem como fazê-lo.

Uma das tarefas que incentivo meus *coachees* a realizarem é a de estudar a vida de pessoas que conseguiram tal feito. Tais biografias são inspiradoras, estimulantes e nos mostram a direção em que precisamos nos mover. A história de Frankl nos mostra com maestria que é possível transformar tragédia pessoal em triunfo, por exemplo. Para Frankl, "o ser humano tem dentro de si ambas potencialidades; qual será concretizada depende de decisões e não de condições". (pg. 155).

Sempre que um ano se encerra começamos a fazer novos planos para o ano que vem chegando.

Ter planos e sonhar com o nosso futuro é importante, mas não o suficiente para se chegar lá. É necessária "ação" e um profundo entendimento da nossa missão de vida. É o fazer sentido.

A nossa missão de vida serve como uma bússola. Ela nos mostra o norte e assim fica mais fácil pautar nossos planos quando já sabemos onde queremos chegar.

Para escrever sua missão pessoal peço aos *coachees* que comecem procurando responder as seguintes perguntas: a que você veio? Como você será lembrado no futuro pelas pessoas que você deixou para trás? Você está contribuindo ou gastando mais para o Universo? O que é realmente importante para você? Quais são seus valores?

Alguns valores são explícitos, como por exemplo: família, trabalho, honestidade, paz, amigos, dinheiro. Mas, descobrir valores implícitos, ou seja, aqueles que estão por detrás de desejos e metas requer a seguinte técnica:

- Comece pedindo ao *coachee* que ele liste coisas que mais gosta de fazer e pergunte: por que você gosta de fazer isto? O que isto lhe traz? Assim, por exemplo, se ele listou que adora andar de bicicleta porque isto lhe traz uma sensação de liberdade, eis o seu valor por trás daquilo que ele gosta: liberdade. Se ele também listou que adora ler, porque isto lhe traz conhecimento, eis novamente um valor: conhecimento.
- Peça que selecione de cinco a dez valores essenciais desta lista. Deixe-os à vista para que comece a escrever sua missão pessoal pautada nestes valores. Há pessoas que conseguirão escrever sua missão pessoal somente ao final do processo quando o autoconhecimento finalmente veio-lhe à tona. Uma missão realmente não se escreve de uma hora para outra. Encoraje o *coachee* a rabiscá-la, deixá-la "descansando" enquanto dorme e retomar a esse processo várias vezes.
- Lembre-se que a missão pessoal é do *coachee* e ensine-o a beneficiar aos outros com sua missão, incluir as pessoas queridas em seus planos e pedir ajuda para atingir seus objetivos.

O *coaching* é uma ferramenta de valor ímpar para o autoconhecimento: é através do *coaching* que o indivíduo se dá conta de suas potencialidades e de suas fragilidades.

A essência do *coaching* é ajudar o indivíduo a mudar de direção ou mantê-la; o *coaching* é o apoio durante o processo da corrida que leva à tomada de consciência, potencializa escolhas e leva às mudanças, liberando o potencial do piloto para maximizar o seu desempenho[1].

Pessoas que buscam o autoconhecimento são mais felizes e tranquilas com relação aos constantes questionamentos da vida, são mais seguras de si, pois reconhecem o seu potencial e administram melhor suas fragilidades. Estas pessoas são capazes de automotivação, e reconhecem

---

1 LAGES, Andrea; Joseph O´Connor. *Coaching com PNL*. São Paulo: Qualitymark, 2004.

ravés de suas próprias energias a capacidade da força do impulso que movem seus moinhos de engenho.

A pessoa aberta ao autoconhecimento, segundo O´Connor em "Coaching com PNL" - Como ser um *Coach Master*:

> .. torna-se mais produtiva, adquire confiança, clareza em relação às metas, aprende a viver de acordo com seus valores, vence os bloqueios para aprender melhor, esclarece o que quer e o que pode dar nos relacionamentos e estes tornam-se melhores, melhora-se a qualidade de vida, propicia o equilíbrio e a criatividade. [2]

O autoconhecimento é resultado de um processo provocador de perguntas: o *coaching*, que nos propicia um momento de *"pit stop"* para reflexão.

> *Lembre-se: os resultados que você alcançar serão trazidos pelas perguntas que fizer.*
> **Marilee G. Adams (Faça as perguntas certas e viva melhor, pg. 42).**

Quanto maior a complexidade da reflexão, mais aberta e flexível estará a mente e mais fácil será encontrar uma saída ou uma resposta.

Os paradigmas causadores de estagnação devem ser destruídos indubitavelmente de "dentro para fora". Não há conversão ou nenhuma mudança de valores ou crenças, sem a aprovação da mente e do coração. O indivíduo que age sem o consentimento deles, com certeza está em conflito interior. Por isto, o hábito da reflexão pessoal, ou simplesmente o hábito do pensamento deve fazer parte de nossas vidas.

O dicionário define a palavra "reflexão" como "volta da consciência, do espírito sobre si mesmo, para examinar o seu próprio conteúdo por meio do entendimento, da razão". O hábito da reflexão é como voltar-se diariamente para um espelho e ver sua imagem, seus valores e suas capacidades refletidos, congruente e simultaneamente. Com o exercício da reflexão o indivíduo é forçado a pensar mais criteriosamente sobre si mesmo, sua missão pessoal, profissional ou espiritual. **[Lara Campos]**

A essência do coaching

Ainda há em funcionamento na Inglaterra, na Áustria e em alguns outros poucos lugares aquelas carruagens puxadas a cavalo, agora apenas para passeios turísticos ao redor de praças históricas. Essas carruagens

---

2   LAGES, Andrea; Joseph O´Connor. Op. cit. 2004.

surgiram há séculos como meio de transporte comum. Eram chamadas "coches" ou "*coaches*" com a tradução em português para "carro" ou "ônibus". O condutor de então era chamado também de *coach*, com a tradução em português para "cocheiro".

Embarcar, apanhar, pegar ou tomar um *coach* ou coche tinha como objetivo locomover-se de um a outro lugar, sob a condução do *coach* ou cocheiro. E decerto, ninguém tomava um coche para ser conduzido aleatoriamente, a critério do cocheiro ou sem nenhum destino – o objetivo era sim, ir do lugar onde se estava para o lugar onde se queria ir. Tomar a carruagem era então a expressão da vontade do cliente, que, ajudado pelo *coach*, chegava lá. Daí também vêm as palavras *coaching* (o processo), *coach* (o profissional que conduz o processo) e *coachee* (o cliente).

Esse processo de sair do "lugar" ou situação onde se está para o "lugar" ou situação que se deseja ir em todos os aspectos da vida do ser humano requer um perfeito entendimento de premissas fundamentais sobre a eterna luta entre o querer e o fazer, entre o planejamento e o "fazejamento". O "querer", mesmo após a perfeita conscientização da importância e necessidade de algo, tem alguns quilômetros de distância do "fazer". E nesses quilômetros entram desafios do tipo subidas, descidas e buracos como: tempo, recursos, poder, determinação, autoconfiança, perseverança, resiliência, esforço e muito mais. Assim, à pessoa que pretende entrar num processo de *coaching*, convém analisar e responder para si mesma as seguintes questões:

1. Reconheço que existe um "*gap*" entre onde estou e onde preciso chegar?
2. Eu vou trabalhar em colaboração com o meu *coach* para idealizar metas e planos de ação que me possibilitarão expandir minhas possibilidades e que serão meu foco em *coaching*?
3. Eu vou trabalhar o necessário para o meu desenvolvimento pessoal e profissional?
4. Eu estou pronto e vou investir tempo em mim?
5. Terei e farei ações consistentes para atingir meus objetivos, mesmo quando não alcançar resultados imediatos?
6. Estou pronto para testar novos conceitos, mesmo não tendo certeza se eles irão funcionar?
7. Reconheço que sou totalmente responsável por minha vida e pelas decisões que tomo?

Àqueles que costumam separar a vida em aspectos como vida pessoal, vida profissional, vida social, vida intelectual etc., o que pode ser prático para o levantamento de *gaps* de satisfação ou competências, fica a sugestão de olharem suas vidas como uma "engrenagem", onde e quando a falta de um dente completo ou menor em relação ao tamanho normal ou ideal faz vida ficar como que manquitolando, ou mesmo girando em círculos, estagnada e insatisfatória.

Abrimos esta reflexão falando sobre a felicidade e vamos fechá-la com os pressupostos para a felicidade: tenho me surpreendido com a reação de adultos, estudantes universitários, solteiros ou casados, ao apresentar-lhes o enunciado de três pressupostos para a felicidade aprendidos com um grande mestre. Na aula de *Liderança de Pessoas – Coaching,* ao discorrer sobre esses pressupostos, mais de 40% dos alunos questiona a sua validade. Entendem que o mundo moderno, principalmente nas atividades profissionais, não é complacente com tais atitudes, que podem ser vistas como demonstração de fraquezas ou, quando não, compele a demonstrarem o contrário.

1. Trabalhe como se você não precisasse de dinheiro.
2. Ame, como se você nunca tivesse sido ofendido.
3. Dance, como se ninguém estivesse olhando.

Sobre estes três pressupostos, pergunte-se:
- Você vive para trabalhar ou trabalha para viver?
- Você quer ser feliz ou ter razão?
- O que te impede de realizar teus sonhos e planos?

Se não mudarmos de rumo, chegaremos aonde estamos indo.
RCCoaching

Não é necessário mudar. A Sobrevivência não é obrigatória.
Edward Demming

O *coaching* te leva aonde você quiser ir, se você quiser. Bem-vindo!

Referências

ADAMS, Marilee G. *Faça as perguntas certas e viva melhor.* São Paulo: Gente, 2005.

O'CONNOR. *Apostila de Certificação Internacionalem Coaching:* Benefícios do Coaching. 2002.

24

Self-coaching

"Nossas vidas estão exatamente onde nossas escolhas as permitiram chegar."

Larissa Ferraro

Larissa Ferraro

Consultora organizacional e *Coach* com especialização em *Executive Coaching* pela Sociedade Latino Americana de Coaching. Especializada em Desenvolvimento de Líderes e Treinamentos Comportamentais. Graduada em Administração de Empresas com MBA em Marketing pela Fundação Getulio Vargas. Certificada em *Training and Human Resource Development* pela University of California. *Master Practitioner* em Programação Neurolinguística. Diploma em *Business* pela Martin College Australia.

Contatos:
www.saidconsultoria.com.br
larissaferraro@saidconsultoria.com.br
(85) 3087-5310
(85) 8761-4140

Larissa Ferraro

A palavra do momento na área de desenvolvimento humano é hoje, sem dúvidas, *coaching*. São *outdoors* com propagandas de cursos de liderança com *coaching*, revistas com artigos falando de *coaching* em vendas, *coaching* nos esportes, *coaching* para emagrecer, clientes que já fizeram *coaching* para vida espiritual e, recentemente, veio parar em minhas mãos um material de um curso de *coaching* para imagem pessoal. De fato, o *coaching* é uma excelente ferramenta com aplicações diversas e a mais útil delas em minha opinião é o *Self-coaching*, ou como diríamos em português, o "*Autocoaching*".

Uma das características do processo de *coaching* que mais me encanta e que sempre deixo bem claro para meus clientes, é o fato de o *coaching* desenvolver o cliente, capacitando-o de forma a torná-lo independente do processo e do profissional que aplica o processo. Ou seja, um processo de *coaching* bem feito é aquele que, no tempo determinado, o cliente alcança o objetivo que veio buscar e sente-se capaz de continuar sua caminhada pela vida sem precisar de um profissional lhe acompanhando a todo o momento. Ele não tem medo do que vai acontecer na semana em que não tiver mais suas sessões, sente-se capaz de seguir em frente sozinho. O *coaching* bem-sucedido pode desenvolver as capacidades do cliente a ponto de ensiná-lo a lidar com desafios da vida em áreas diversas e não apenas na área trabalhada pelo processo contratado inicialmente.

A maneira de tornar isso possível é através do *Self-coaching*.

Self-coaching é a aplicação das estratégias de *coaching* pelo próprio indivíduo. Sua prática nos permite tomar decisões mais assertivas, melhorar nossos relacionamentos interpessoais, liderar melhor, vender melhor e, principalmente, dar continuidade ao desenvolvimento iniciado em um processo de *coaching* convencional, entre um *coach* e um *coachee* (cliente).

Ao longo de minhas sessões de *coaching* procuro trabalhar a habilidade de *Self-coaching* em meus clientes, reforçando esse trabalho na etapa de consolidação, onde preparo o cliente para continuar a se desenvolver de maneira independente após o término de nosso processo.

Além da aplicação com clientes, utilizo *Self-coaching* em meu dia a dia com muita frequência em resolução de conflitos interpessoais, para tomar decisões, determinar meus objetivos, melhorar meu trabalho e em todos os momentos em que preciso fazer uma reflexão sobre uma situação ou comportamento que tive ou preciso ter.

Há alguns dias o *Self-coaching* foi a ferramenta fundamental na elaboração de alguns dos meus objetivos pessoais. Além de elaborá-los melhor, consegui determinar com mais clareza as ações para realização desses objetivos e de que maneira iria negociar com pessoas que seriam afetadas pelo direcionamento que minha vida deve ter quando estiverem realizados.

Eu havia viajado para fazer um curso, ter contato com pessoas de outras regiões do mundo e para saber como o *coaching* vem sendo trabalhado fora do Brasil. Essas situações são extremamente propensas a me inspirar novas ideias para a empresa, despertam a vontade de traçar novos objetivos, aprendo novas ferramentas para realizar meu trabalho e decido abandonar outras que não estejam surtindo tanto efeito. O problema é que tenho a tendência a querer fazer "tudo isso ao mesmo tempo agora". Fico empolgada com as novidades e quero de uma hora para outra mudar tudo.

Faço logo uma lista de pontos que serão trabalhados quando eu voltar para casa, outra com os pontos que preciso tratar com meu sócio, outra com pontos que preciso negociar com marido, minha mente dispara. Mas na prática, as coisas não acontecem na mesma velocidade de minhas ideias.

É preciso levar em consideração a ecologia de meus objetivos, ou seja, determinar quem são as pessoas afetadas pelas mudanças, a partir daí negociar de que forma as coisas irão acontecer, traçar um plano de ação, conciliar tudo isso com os projetos de consultoria, treinamentos e *coachings* que estão em andamento e com todas as outras áreas da vida.

Nesse momento entra em ação o *Self-coaching*. Coloco-me em metaposição, ou seja, olhando para mim mesma como se fosse outra pessoa e começo a sessão de *Self-coaching*:

- Larissa, quais são as mudanças que quer implementar à partir do que verificou na viagem?
- Quando quer colocar cada uma delas em prática? (Nesse momento determino o que será colocado em prática dentro de um ano, dentro dos próximos seis meses, no próximo mês e o que precisa ser feito na mesma semana.)
- Quais os recursos que precisa desenvolver para colocar as mudanças em prática?
- Qual o primeiro passo para desenvolver esses recursos? (Assim identifico o que vou fazer nos próximos dias para começar o desenvolvimento.)

- Quem são as pessoas afetadas pelas mudanças, que precisa comunicar ou negociar as ações que fará? (Com essa pergunta identifiquei que precisava tratar alguns pontos com meu sócio.)
- O que você quer dessa conversa com seu sócio?
- Quais serão seus argumentos?
- Qual a postura ideal para comunicar seus pensamentos a ele de maneira a conseguir apoio em suas decisões?

Escrevo essas respostas e vou para a reunião com meu sócio, levando de forma organizada as informações que são pertinentes ao que quero tratar com ele.

Sem o *Self-coaching* existia o risco de falar muita coisa, não conseguir comunicar o que eu queria, talvez usar uma postura que comunicasse algo que não quero comunicar, perderíamos tempo e provavelmente não conseguiríamos tomar nenhuma decisão.

A reunião foi mais rápida e eficiente do que imaginávamos, conseguimos tomar decisões importantes, definimos ações que cada um deveria tomar e alguns objetivos já estão começando a se realizar.

Self-coaching já faz parte de minha rotina e fico curiosa em saber o que poderia acontecer com você se começasse a usar essa estratégia em sua vida a partir de agora. Talvez você queira iniciar pensando onde você se vê daqui a cinco anos, talvez queira continuar pensando se suas ações hoje em dia estão congruentes com o futuro que visualiza e, talvez, a partir daí você descubra que existem alguns pontos que precisa melhorar e desenvolver e, talvez, seja bom contar com o apoio de alguém para torná-lo a pessoa que sempre quis ser. Se isso acontecer, contrate um *coach*, afinal, por que continuar a ser você mesmo, quando pode tornar-se alguém bem melhor?

25

Coaching de equipes para alto desempenho

O *coaching* de equipes é um processo de liderança refinado, que visa desencadear o potencial de uma equipe para maximizar seu próprio desempenho. A importância do trabalho de equipe vem se acentuando nos últimos anos, seja na produção de bens ou de serviços. Toda equipe é um grupo, mas nem todo grupo é uma equipe. Transformar um grupo em uma equipe de trabalho requer mais do que um simples evento ou programa de treinamento; requer a criação de um ambiente organizacional adequado e o estabelecimento de um processo onde o trabalho e a aprendizagem caminhem juntos

Luiz Cláudio Riantash

Luiz Cláudio Riantash

Diretor da Humanni Assessoria e Treinamento Pessoal, atuou como Professor de Graduação e Pós-graduação da Fundação Getulio Vargas. Formado em administração pela Universidade FUMEC, MBA em Gestão de Pessoas pela Fundação Getulio Vargas, *Master Coach* formado pelo Coaching Express CB, Membro da Equipe Internacional de Instrutores de Coaching Express Cóndor Blanco. Instrutor do Seminário Internacional Líder *Coaching*, especialista em *Coaching* de Oratória e *Coaching* de Equipes. Palestrante nas áreas de Motivação, e Líder *Coach*. Treinou em seus cursos e seminários funcionários de empresas como Vale, Petrobras, Gerdau, Teksid, Cemig, Unimed, Fiat, Banco Itaú, Novartis, Embratel, MRV, dentre outras.

Contatos:
www.humanni.com.br
www.riantash.com.br
www.lidercoaching.blog.br
facebook.com/riantash
riantash@humanni.com
(31) 3286-3220
(31) 9291-0302

A produtividade de uma equipe coesa tende a ser maior do que a de indivíduos isolados. Por isso, a importância do desenvolvimento e da formação das pessoas. Todos são beneficiados no processo de *coaching* de equipes.

Além do trabalho como *coaching* executivo, tenho realizado nos últimos anos vários processos de *coaching* de equipes, os quais têm sido muito gratificantes.

Ver uma equipe que antes focava no problema, reclamava e culpava a tudo e a todos pelas suas dificuldades e depois do processo de *coaching*, essa equipe passa a focar no positivo, no futuro, na ação e na solução, é extremamente realizador. É fantástico. Quando isso ocorre, sinto que estou realizando a minha missão.

O *coaching* de equipes se destaca por poder apoiar a muitos ao mesmo tempo.

Estou há bastante tempo na área de treinamentos e desenvolvimento pessoal, e hoje, considero o *coaching* de equipes o sistema mais inteligente e com maior custo benefício entre todas as formas de desenvolvimento humano existentes na atualidade.

É inteligente, por que vai direto no ponto e é construído a "seis mãos", ou seja, com a diretoria, com a equipe e com o *coach*.

No processo de *coaching* de equipes, nada é imposto; tudo é desenvolvido por todos, o que aumenta a motivação e os resultados.

Uma grande vantagem dessa ferramenta é a economia de tempo e dinheiro em relação aos treinamentos tradicionais. Um processo como esse, por desenvolver várias competências ao mesmo tempo, pode equivaler de três a seis "treinamentos normais", além de mostrar que tem uma eficácia muito maior.

O tempo de um processo de *coaching* de equipes pode durar de sete a dezoito meses e isso varia de acordo com a forma de atuação do *coach* e com o objetivo da empresa.

As sete etapas do coaching de equipes

1. Diagnóstico (Realização e apresentação para a diretoria).
2. Definição dos objetivos do trabalho e definição da estratégia.
3. Alinhamento dos Objetivos, Visão, Missão e Valores.
4. Definição dos indicadores de resultados.
5. Definição das competências a serem desenvolvidas.
6. Desenvolvimento das competências da equipe.
7. Reconhecimento pelos resultados atingidos.

Etapa 1. Diagnóstico

Assim como o médico antes de indicar um remédio, examina o paciente para indicar o tratamento mais adequado, o *coach* realiza um diagnóstico com a equipe antes de iniciar seus trabalhos.

O diagnóstico tem o objetivo de possibilitar o entendimento dos desafios atuais enfrentados pela equipe, para que o *coach* possa identificar qual o caminho a ser seguido no processo.

O diagnóstico organizacional permite uma visão global do trabalho a ser realizado.

O mesmo é realizado por meio da aplicação de um amplo questionário no qual são levantadas as impressões dos funcionários a respeito de questões abrangentes.

Após realizar as entrevistas com os funcionários, o *coach* organiza os resultados e apresenta posteriormente aos diretores contratantes.

Etapa 2. Definição do objetivo do trabalho e definição das estratégias

Esta é a etapa onde o contratante define aonde quer chegar com o coaching e qual será o número de sessões de coaching, tanto individual quanto de equipes.

É importante ressaltar que, para que um processo de *coaching* de equipes seja bem-sucedido, o executivo principal e os principais gestores também precisam passar pelo processo, porém de maneira individual. Eles não participam das sessões em equipe.

O não envolvimento do escalão de cima é uma receita quase infalível para o fracasso do processo, uma vez que se cria uma distância enorme de pensamentos e ponto de vista, o que torna as mudanças necessárias muito mais pesadas e complexas. É como se alguns começasse a falar alemão num ambiente onde todos falam italiano. Se todos não falarem a mesma língua, o processo não flui.

Quando todos estão envolvidos e engajados, a empresa consegue vislumbrar a magia do processo de *coaching* e tudo acontece.

A definição de quantos membros farão o processo individual vai variar de empresa para empresa.

É comum o diretor ou o presidente realizarem o *coaching* executivo, enquanto que a equipe e os gerentes participam juntos do *coaching* de equipes.

É bom lembrar que quanto mais gestores puderem fazer o processo individual, melhores os resultados finais.

Etapa 3. Alinhamento dos Objetivos, Visão, Missão e Valores

Após a definição dos objetivos do processo com a diretoria, o *coach* leva esse objetivo para a equipe nas sessões coletivas, e alinha o objetivo organizacional com o objetivo individual de cada um.

O mesmo alinhamento acontece com a visão, missão e valores.

As pessoas trabalham muito mais motivadas quando os seus objetivos individuais estão de acordo com os objetivos da empresa.

É como se elas se sentissem mais em "casa e em família", ou seja, com pessoas que pensam como elas e olham para a mesma direção.

Esse alinhamento ativa o sentimento de pertencimento em cada um, o que gera aumento de identificação com a empresa e, consequentemente, o engajamento.

Etapa 4. Definição dos indicadores de resultados

Esta é uma etapa que vai exigir concentração. É um momento em que a equipe precisa definir o propósito do trabalho com clareza, ou seja, como ela gostaria de estar no final do processo de coaching. O indicador é o que vai demonstrar que a equipe realmente atingiu os resultados.

Todos juntos vão descrever os indicadores de cada objetivo.

O ideal são de dois a quatro objetivos e de um a três indicadores para cada objetivo.

Exemplo: Objetivo 1: aumentar o percentual de clientes fidelizados. Os dois indicadores para esse objetivo poderiam ser:

- **Indicador 1:** receber mensalmente pelo menos 10 indicações de ex-clientes.
- **Indicador 2:** vender pelo menos 25% para os clientes que já compraram na loja.

Todos os indicadores precisam ser construídos através de uma frase simples e objetiva para que todos a compreendam e a abracem.

Etapa 5. Definição das competências a serem desenvolvidas

Definido o alvo do processo, precisam ser definidas as competências que farão com que todos atinjam seus resultados. A própria equipe vai definir.

Costumo comparar a competência com o músculo. Por exemplo: qual é o músculo que um atleta precisa desenvolver para ser campeão mundial dos 100 metros rasos?

Da mesma maneira, quais são as competências que uma equipe precisa desenvolver para aumentar o faturamento anual em 45%?

Exemplos de competências que geralmente são desenvolvidas: capacidade de negociação, comunicação assertiva, disciplina, autoestima, relações interpessoais, gestão do tempo, planejamento etc.

Etapa 6. Desenvolvimento das competências da equipe

Esta é a etapa mais longa do processo e precisa ser motivante.

Neste ponto, o *coach* através da sua experiência vai desenvolver as competências que a equipe listou como prioritárias para que ela se fortaleça e atinja os objetivos.

O profissional poderá utilizar-se de vídeos, dinâmicas, vivências e tarefas, sempre aproveitando o máximo do seu potencial criativo.

Para um desenvolvimento mais rápido, o *coach* pode indicar seminários complementares.

Um seminário que sempre indico e traz excelentes resultados é o **Líder Coaching**, pois é um seminário que em apenas dois dias vai desenvolver várias competências no participante como escuta ativa, foco no positivo, comunicação assertiva, capacidade de fazer perguntas poderosas, relações interpessoais, dentre outras. Ações como essa são como um turbo na equipe, o que vai proporcionar uma melhora expressiva nas relações e nos resultados.

Quando isso é feito no momento oportuno, o crescimento global dá um grande salto. É como se saltássemos de um morro para uma montanha.

Etapa 7. Reconhecimento pelos resultados atingidos

Chegamos aqui à etapa final. Se todos os passos anteriores foram bem executados, certamente todos terão muito o que comemorar.

Esse é o momento de relaxar e reconhecer todos os avanços obtidos, focando sempre no positivo.

Mesmo que o objetivo final não tenha sido 100% alcançado, é muito comum que nesse momento a equipe esteja muito mais confiante, feliz, unida, comprometida, motivada e preparada.

A jornada certamente foi muito rica e todos estão muito mais conscientes e gratos.

E para manter esses benefícios, uma opção pode ser a contratação de um processo de manutenção, onde o *coach* continuará indo à empresa, porém com uma frequência menor.

Benefícios do coaching de equipes

- Aumento do nível de engajamento e comprometimento, elevando profundamente a motivação e os resultados.
- Melhoria da comunicação interna e compartilhamento de informações entre pessoas e departamentos.
- Aperfeiçoamento do espírito de equipe entre os membros da equipe e da organização.
- Melhoria do relacionamento entre os membros da equipe.
- Aumento de foco.
- Alinhamento dos objetivos da organização com os objetivos individuais dos colaboradores.
- Aumento da produtividade individual e coletiva.
- Aumento da capacidade dos colaboradores em gerar soluções inovadoras e melhorias contínuas.
- Elevação da consciência do real papel de cada membro da equipe.
- Aumento da satisfação pelo trabalho, aumentando a retenção de talentos dentro da organização.

A importância do coaching nas empresas e no mundo

Em 2009, a revista Harvard Business Review realizou uma pesquisa com a seguinte questão: "As companhias e executivos obtêm valor dos seus *coaches*?"

Luiz Cláudio Riantash

A recente pesquisa de Harvard na indústria concluiu que a popularidade e aceitação do *coaching* como ferramenta de liderança continua crescendo.

A pesquisa concluiu que clientes continuam recorrendo ao profissional *coach* porque o *coaching* funciona. A pesquisa também constatou que mais de 48% das companhias usam o *coaching* para desenvolver Alta Performance em capacidades de liderança. Foi detectado que a taxa média por hora do *coaching* é de 500 dólares (de no mínimo 200 a, no máximo, 3.500 dólares) e o típico trabalho de *coaching* varia de sete a doze meses.

Um estudo feito por John Kotter e James Heskett, durante um período de onze anos nos EUA, demonstrou que empresas SEM COACHING aumentaram:
- Sua renda em 166%
- Seu quadro de funcionários em 32%
- Sua renda líquida em 1%.

As empresas COM COACHING aumentaram:
- Sua renda em 682%
- Seu quadro de funcionários em 282%
- Sua renda líquida em 756%

Além de ser *Master Coach* e Palestrante, sou também empresário. Possuo desde 2007 uma empresa que promove cursos de desenvolvimento pessoal como Oratória e Desibinição, Gestão do Tempo etc.

Em 2009 contratamos o *coaching* de equipes. Pude ver na prática o quanto esse processo apoiou minha empresa.

Antes do *coaching* de equipes, eu tinha um alto *turnover* e minha equipe focava muito no problema.

Alguns anos depois, ainda percebo os resultados positivos do processo. Buscando resultados ainda melhores, contratamos novamente o processo em 2012 e percebi um desenvolvimento e um amadurecimento bem acentuado nas pessoas. O *turnover* caiu praticamente para zero. A equipe tem autonomia para planejar e atuar, o que me poupa muito tempo.

> *Milhões são os que buscam prosperidade, prestígio e um trabalho onde se sintam realizados. Mas mesmo que muitos façam enormes esforços, inclusive alguns realizam esforços sérios, organizados e consistentes, não conseguem a saúde física ou econômica, nem a prosperidade nem a fama que buscam. Por quê? Por falta de um coach.*

Suryavan Solar - Criador do Coaching Express Cóndor Blanco

Transforme sua empresa em um oásis de produtividade e satisfação, invista no *coaching* de equipes!

26

Coaching
O processo de transformação e resultados nas Pequenas e Médias Empresas - PMEs

"As pequenas e médias empresas brasileiras estão ganhando importância e avançando de forma significativa em mercados antes reservados aos grandes negócios. No entanto, além de menor poder de capital em relação às maiores, elas carecem muitas vezes de visão de longo prazo, planejamento e assertividade, comumente trabalhando na margem da sorte."
Roseli Garcia

Luciano Loiola

Luciano Loiola

Luciano Loiola é maranhense, nascido em Grajaú e um Balsense de coração. Começou sua carreira profissional aos 14 anos de idade na empresa do pai como estoquista e vendedor. Em 2004, ingressou na área de educação corporativa e nunca mais parou de desenvolver pessoas. É *Master Coach* pelo International Association of Coaching-Institutes-ICI, empresário, palestrante, *trainer* e escritor, cria e apresenta treinamentos e palestras com foco em vendas, liderança e desenvolvimento humano e organizacional. É membro da Sociedade Latino Americana de Coaching - SLAC. *Practitioner* em Programação Neurolinguística pelo IDEP. Possui Formação e Certificação Internacional de Analista em *Assessment* DISC pela Inscape Publishing (EUA). Também tem Certificação Internacional em *Leader Coach* pela "Corporate CoachU" (EUA) e *Leader Coach Training* pela Behavioral Coaching Institute - BCI (EUA). Graduado em Administração de Empresas pela AESPI com MBA em Marketing pela Fundação Getulio Vargas – FGV. Além de ser sócio-diretor de empresas no ramo calçadista, fundou em 2011 a Maximize Treinamentos & Coaching, empresa dedicada a maximização do potencial humano para gerar realização pessoal e profissional. É colaborador periódico de artigos para revistas, jornais e sites. Coautor dos livros Ser + Inovador em RH, Ser + com Coaching e Ser + em Vendas pela editora Ser Mais e Leader Coach pela editora França.

Contatos:
www.lucianoloiola.com
www.maximizecoaching.com.br
luciano@lucianoloiola.com

Luciano Loiola

Com um mercado extremamente concorrido, pequenas e médias empresas usam estratégias criativas para se destacar no segmento. O dinamismo do mercado é responsável por impulsionar as pequenas e médias empresas a investirem em mudanças e adaptações. Por conta disso, buscam capacitar com frequência seus profissionais, investir em metodologias diferenciadas, pesquisas de mercado, entre outros, tudo isso a fim de encontrar modelos de negócios que garantam crescimento contínuo.

Mediante esse cenário, investir na melhoria do capital humano é uma ferramenta indispensável para as pequenas e médias empresas. E é ai que as pequenas e médias empresas estão recorrendo à metodologia que impacta diretamente em seus resultados: o *coaching*, um processo de constante evolução que ajuda gestores e colaboradores a alinhar seu comportamento com a cultura da empresa, identificar pontos que podem ser melhorados e buscar soluções eficientes para aumentar a produtividade.

Um dos grandes fatores de aumento de produtividade nas empresas está ligado à motivação: colaboradores desmotivados ou com motivação incorreta não produzem o esperado, além de não alcançarem metas empresariais nem estarem alinhados com a missão da empresa. O *coaching* vem preencher esta lacuna, ensinando formas de manter os colaboradores comprometidos e garantindo um bom desempenho.

A metodologia envolve técnicas e ferramentas de diversas ciências, como: a Psicologia, Programação Neurolinguística, Neurociências e outras, no sentido de aprimorar, de maneira rápida e efetiva, as habilidades dos talentos internos.

Mas afinal, o que é o Coaching?

O processo de *coaching* tem sido reconhecido mundialmente pelos seus resultados rápidos, eficientes e duradouros, pois não trabalha apenas motivação, o resultado principal é a **transformação**.

Para entender alguns termos usados neste contexto, uma breve explicação:
- **Coach:** profissional que exerce a profissão.
- **Coaching:** o processo de desenvolvimento que o *coach* conduz (metodologia).
- **Coachee:** indivíduo que passa pelo processo de *coaching* (cliente).

O *coaching* nasceu de muito estudo com comprovações científicas, é originário da arena dos esportes.

O termo inglês "*coach*" tem origem no mundo dos esportes e designa o papel de treinador, preparador, "o técnico" como conhecemos. É o *coach* que dá suporte ao "cliente", serve ao cliente. O *coach* atua como um estimulador externo que desperta o potencial interno do *coachee*, usando uma combinação de flexibilidade, *insight*, perseverança e interesse genuíno em pessoas para ajudar os seus *coachees* a acessar seus recursos internos e externos e com isso, melhorar seu desempenho.

Coaching - A Solução

O *coaching* surgiu através de percepções de um treinador de tênis chamado Timothy Gallwey. Um dia enquanto estava ensinando na quadra, ele percebeu que muitas das suas instruções estavam incorporadas na mente do seu aluno, em um modo parecido com o que ele chama de "comando e controle", um diálogo interno que estava interferindo significativamente em seu aprendizado e performance. A cada dificuldade dos jogadores, ele descobria que a maior delas era a dificuldade de superar suas próprias limitações. Por isso, ele fundou o movimento do 'Jogo interior', onde cada jogo se compõe de duas partes - um jogo exterior e um jogo interior. O primeiro é jogado contra um adversário para superar obstáculos externos e atingir um objetivo igualmente fora de nós. O jogo interior se desenrola na mente do jogador e é jogado contra obstáculos como falta de concentração, nervosismo, ausência de confiança em si mesmo, autocondenação - todos os hábitos da mente, enfim, que inibem a excelência do desempenho.

Os elementos-chaves do processo de *coaching* são: foco, ação, sentimento/sensação, evolução contínua e resultados. *Coaching* é uma metodologia focada em ações do *coachee* (cliente) para a realização de suas metas e desejos. Ações no sentido de desenvolvimento e/ou aprimoramento de suas próprias competências, equipando-o com ferramentas, conhecimento e oportunidades para se expandir, usando os seguintes processos:

1. O processo de **investigação**, **reflexão** e **conscientização**.
2. Descoberta pessoal dos **pontos de melhoria** e das qualidades.
3. Aumento da **consciência** de si mesmo.
4. Aumento da **capacidade** de se responsabilizar pela própria vida.
5. Estrutura e **foco**.
6. **Feedback** realista.
7. **Apoio**.

O *coaching* libera o potencial do indivíduo para que este maximize seu desempenho e faça o que antes acreditava impossível.

Pode-se definir *coaching* de diversas maneiras. A essência do *coaching* é: apoiar uma pessoa, grupo ou empresa a mudar da maneira que deseja, e a ir na direção que quer. O *coaching* apoia pessoas em todos os níveis, para que se tornem quem querem ser e seja o melhor que podem ser.

Algumas definições de coaching

"É uma metodologia que maximiza pessoas em busca de melhores resultados, seja na vida pessoal ou profissional" Luciano Loiola – Diretor Executivo da Maximize Coaching e Grupo Loiola.

"*Coach* é aquela pessoa que apoia o desenvolvimento de alguém por meio de encorajamento e *feedback* construtivo" (Sulivan França – Presidente Sociedade Latino Americana de Coaching).

"Destrava o potencial da pessoa para maximizar o próprio desempenho... ajudando-a a aprender em vez de ensinar-lhe alguma coisa " (Sir Jonh Whitmore).

"Trabalha com indivíduos e pequenos grupos para aprimorar suas habilidades sociais e sua eficiência no local de trabalho" (Marian Thier).

Por que investir nas pessoas?

Apostar no desenvolvimento de pessoas é um grande ganho para as empresas que têm consciência da importância de ter no seu quadro de colaboradores profissionais alinhados com os objetivos da organização. O investimento em recursos humanos é altamente favorável. Os líderes que treinam suas equipes motivando-as a aperfeiçoar suas habilidades e valorizando os resultados alcançados conquistam excelência nos negócios.

Criar uma dinâmica de trabalho que amplie o potencial criativo das pessoas e melhore a produtividade qualitativa é um desafio constante. O *coaching* é uma alternativa excelente para empresas porque contempla uma série inspiradora que potencializa as habilidades de forma efetiva, em especial, dando ênfase para o autoconhecimento e o foco na melhoria continua.

Em uma pesquisa realizada em Harvard foi constatado que:
- Para superar uma empresa que ocupa o primeiro lugar no seu segmento e tem como base o desenvolvimento das pessoas, são necessários 7 (sete) anos.
- Se a mesma empresa ocupa uma liderança pautada no preço dos seus produtos, em apenas 60 (sessenta) dias ela pode ser superada.
- Nesse sentido, se a empresa está nessa colocação pela propaganda e publicidade, em 1 (um) ano ela pode ser superada.

As organizações funcionam por meio das pessoas, as pessoas dependem das empresas para alcançar seus objetivos pessoais e individuais, da mesma forma que as empresas dependem diretamente das pessoas para operar, produzir seus bens e serviços, atender seus clientes, competir nos mercados e atingir seus objetivos globais e estratégicos. As pessoas passam a ser o diferencial que promove e mantém o sucesso da organização nesse mundo globalizado. Conclui-se, portanto, que o poder de estar na liderança é imensamente maior quando está alicerçado no **desenvolvimento das pessoas**.

Por que investir em Coaching nas PMEs?

As necessidades do mundo corporativo e dos executivos que nesse estão inseridos justificam o crescimento contínuo e intenso do *coaching*. No Reino Unido, 88% das organizações já vêm utilizando *coaching*, 70% das empresas australianas contratam *coaches*, revela o Inside Busness Chanel.

No estudo da FASTCOMPANY.COM (2007), o Dr. Brian Underhill descobriu que 43% dos CEOS e 71% dos altos executivos já trabalharam com um *coach*, 63% das organizações tem plano de aumentar a utilização do *coaching* e mais de 92% dos líderes que atuaram com *coaches*, planejaram recontratar ou continuar o trabalho com os *coaches*.

O papel de um *coach* dentro das empresas é auxiliar pessoas para que elas obtenham resultados, ajudando-os nas diversas situações de liderança, gestão e negócios, no desenvolvimento de suas competências e na busca do equilíbrio pessoal e profissional, entre outros objetivos.

O processo do Coaching nas PMEs

Ao ser contratado por uma pequena ou média empresa, o *coach* estuda a cultura da organização, seus valores, missão, visão de mercado, metas etc. A partir daí, ajuda o *coachee* (contratante) a identificar os pontos fortes e aqueles que precisam ser mais bem desenvolvidos, levando-o a encontrar soluções eficazes e lhe apresentando ferramentas para tal, de modo a resultar em um aumento de rendimento.

O *coaching* ajuda a administrar melhor o tempo, superar obstáculos, obter excelência tanto em trabalho individual quanto em grupo e pode alavancar significativamente os lucros. Além de impactar no aumento da produtividade, a aplicação do *coaching* melhora as comunicações, incentiva a dedicação e lealdade dos funcionários, reduz o nível de estresse e tensão e abre alas para que novos líderes sejam formados.

O *coachee* (neste caso, a empresa ou gestor) é o protagonista dessas mudanças e ele mesmo descobre por que e como alcançá-las. O *coach*, por meio de sessões particulares ou em reuniões de grupo, atua como um facilitador durante este processo. Ele dá assistência para que seu cliente encare as situações de uma forma que ele não havia feito antes, além de ajuda-lo a alinhar as ambições da empresa com os desejos pessoais de seus colaboradores. Este alinhamento fará com que o trabalho seja feito com mais dedicação e, consequentemente, gere resultados mais satisfatórios.

Os benefícios que o Coaching traz para as PMEs

Além de todos os benefícios que o processo de *coaching* traz para as pessoas, o *coaching* pode trazer resultados para a sua empresa.

No Brasil, diversas empresas já estão utilizando esta ferramenta entre seus executivos para otimizar resultados com a adoção de atitudes essencialmente competitivas e inovadoras, além de investir neste método para garantir a produtividade e qualidade de vida de seus profissionais.

Curto Prazo:

Transformação de comportamento coletivo e individual que promova um ambiente desafiador e estimulante capaz de gerar a motivação necessária para empenhar todo o potencial da equipe.

- Melhoria do ambiente de trabalho.
- Aperfeiçoamento das competências gerenciais.
- Aumento de produtividade.
- Aprimorar o relacionamento com clientes.
- Melhorar a motivação e o relacionamento entre as pessoas.
- Aprimorar a qualidade da comunicação em sua organização.

- Desenvolver uma atmosfera correta para execução das atividades entre diferentes departamentos, setores e pessoas.
- Tornar as pessoas comprometidas com os resultados organizacionais.
- Que cada centavo investido em treinamento realmente traga resultado!

Médio e Longo Prazo:

Criar uma cultura de *coaching* na organização, onde os colaboradores possam se autodesenvolver constantemente em busca de objetivos pessoais e profissionais aliados aos objetivos da empresa.
- Retenção de talentos.
- Aumento da qualidade dos serviços.
- Minimizar os problemas que as mudanças trazem.
- Antecipar-se e responder às constantes necessidades dos clientes.
- Melhorar os resultados em todas as áreas.

A importância do Treinamento aliado ao Coaching

Ter profissionais bem preparados é um diferencial que toda empresa busca para crescer e se destacar no mercado.

Segundo uma pesquisa realizada pelo MGI (McKinsey Global Institute), o Brasil é o segundo país que mais sofre com a falta de colaboradores qualificados. Essa é a realidade vivida por cerca de 71% das empresas brasileiras.

Para mudar essa realidade, muitas organizações têm investido em treinamentos corporativos com o objetivo de incentivar o desenvolvimento de profissionais, motivar e aumentar o espírito de equipe.

O *coaching* pode ser um grande aliado quando falamos em Treinamento Corporativo. Ele auxilia líderes, empresários, executivos e equipes através do desenvolvimento de habilidades e capacidades profissionais em um curto prazo de tempo, acelerando resultados de forma satisfatória.

Através das ferramentas oferecidas pelo *coaching* em treinamentos corporativos, é possível transformar comportamentos e mudar mentalidades. Os treinamentos são feitos de acordo com a realidade de cada empresa visando atender suas necessidades.

O objetivo do *coaching* nesse processo é contribuir para o desenvolvimento e aperfeiçoamento das competências de cada colaborador, promovendo mudanças positivas e o melhor, duradouras. Transformando e tornando líderes e equipes mais motivadas, engajadas e comprometidas com foco e resultados.

Pesquisas apontam que treinamentos aumentam em 22% a produtividade de uma empresa. Quando alinhados ao *coaching*, entretanto, eles podem ocasionar um crescimento de 88% a 400% na produtividade – uma das 500 maiores empresas dos EUA, segundo a revista Fortune, alcançou um retorno sobre investimento de 529%, sem contar os benefícios intangíveis.

Um outro estudo feito pela Fortune 1000 mostrou que o retorno sobre investimento é de 5,7 vezes o valor gasto com o *coaching*. A Booz Allen Hamilton, empresa de consultoria de negócios, por exemplo, teve um retorno de U$ 7,90 para cada dólar investido graças às atividades de *coaching* realizadas.

Cultura Coaching nas PMEs

Na maioria dos casos, os donos de pequenos e médios empreendimentos atuam mais na lógica do "vivo para trabalhar" do que "trabalho para viver", e justificam tal atuação em função da estrutura enxuta e do excesso de processos. No entanto, a empresa ideal é aquela que funciona bem sem o dono. Isso mesmo, sem o dono! Com uma equipe bem treinada, bem coordenada, orientada para a autogestão e com foco em resultados, é perfeitamente possível deixar o treinador no "banco de reservas", ficando ao seu encargo somente monitorar o time e, eventualmente, convocar um dos membros da equipe para sugerir-lhe aperfeiçoamentos nos processos.

Pense em como adotar uma postura de *coaching* e no quanto isso pode otimizar os processos do dia a dia da sua empresa, fazendo você e sua equipe ganharem tempo, atenuar processos aparentemente burocráticos e, consequentemente, aumentar sua margem de lucro. Há várias escolas e cursos voltados ao tema, e você pode aprender mais sobre ele até mesmo pesquisando na internet.

Nas pequenas e médias empresas, não existe aspecto algum que não possa ser melhorado. Reveja os seus e os resultados não demorarão a aparecer!

Referências

KRAUSZ, R. R. *Coaching Executivo*.
UNDERHILL, B. O.; MCANALLY, K.; KORIATH, J. J. *Coaching Executivo para Resultados*.
WHITMORE, J. *Coaching para Performance*.
    www.slacoaching.com.br
    www.lucianoloiola.com
    www.ibccoaching.com.br
    www.coracaodelider.com.br
    www.maximizecoaching.com.br
    www.abracoaching.com.br
    www.institutoica.com.br
    www.liderancecoaching.com.br

27

Os desafios do coaching

A efetividade dos planejamentos estratégicos e a conciliação entre interesses são desafios nos dias de hoje, numa sociedade marcada pela presença de stress, rompimentos e violência, em todo o mundo. O poder de influenciar pessoas para atingir metas da empresa vem sendo alvo de interesse relevante no comportamento organizacional. *Coaching* é eficaz na estimulação de competências essenciais? Existem fatores cognitivos envolvidos? Quais os desafios do *coaching*?

Luiza Elena L. Ribeiro do Valle

Luiza Elena L. Ribeiro do Valle

Psicóloga pela Pontifícia Universidade Católica de Campinas. Mestre em Psicologia Educacional pela Pontifícia Universidade Católica de Campinas. Doutora em Psicologia Social pelo Instituto de Psicologia da Universidade de São Paulo. Especialização em Psicologia Clínica e Psicopedagogia. Extensão em Competências Gerenciais pela Fundação Getulio Vargas. *International Coach* pela Lambent do Brasil. Membro Pesquisador do Grupo de Pesquisa Avançada em Medicina do Sono do Instituto Central do Hospital das Clínicas da Faculdade de Medicina da Universidade de São Paulo. Membro da Sociedade Brasileira de Psicologia Organizacional e do Trabalho (SBPOT). Membro *ad hoc* do Conselho Editorial da Revista Psicopedagogia (ABPp). Participação na VML Advogados Associados (Moema, SP) e na Interclínica Ribeiro do Valle (Poços de Caldas, MG). Organizadora e autora de livros em Neurociências e Administração de Empresas (Reinvenção da Empresa, Editora Scortecci, 2010).

Contatos:
www.vml.com.br
luevalle@gmail.com
(35) 3722-2793

Luiza Elena L. Ribeiro do Valle

A sociedade contemporânea traz exigências da globalização e do desenvolvimento tecnológico atual, conquistas que resultam em novas problemáticas, que se delineiam nas empresas. Verifica-se a presença de sintomas de *stress* acentuado no processo organizacional, com consequências muito negativas, justificando a necessidade de *coaching*.

O objetivo deste capítulo é refletir sobre questões como liderança, inteligência, planejamento estratégico, comunicação, administração do tempo e, finalmente, trazer considerações finais sobre *coaching*.

Coaching é uma ação preparada, que utiliza metodologia validada cientificamente, visando resultados e realizações pessoais e profissionais. Alguns pontos podem ser destacados, na compreensão dos desafios envolvidos em *coaching*.

Liderança: o modelo é o líder

Nos tempos atuais, as pessoas parecem questionar os valores de seus líderes, porque muitos conceitos mudaram. O líder é o elo integrador da equipe e alguns atributos de liderança não saem de moda. O líder precisa ter a confiança de seus liderados. É nessa segurança que as pessoas se sentem com poder para agir, têm coragem para inovar, enfrentar riscos que se desenham para fora de suas zonas de conforto e, então, o sucesso surge como resultado.

O *coach* precisa de grande dose de percepção e empatia, mantendo-se atento às preocupações e necessidades de seu grupo, que pode ser encorajado a vencer diante de falhas, cultivando superação. E o *stress*? Bem, se existe um inimigo apontado no mundo inteiro, pela devastação que causa... Desponta-se um enorme desafio ao *coaching*, que existe para atender necessidades que refletem aspirações e envolvem inteligência.

Inteligência e realização produtiva

A inteligência, que não é um atributo isolado, é um processo do cérebro, que integra diversas funções cognitivas como percepção, memória, atenção, raciocínio, enfim, diversas habilidades conjuntas, ligadas a processos fisiológicos, que respondem à estimulação, sem limites de resultados.

O fator emocional influencia nas ações. Assim, o relaxamento tende a facilitar a memória, porque permite mais concentração; da mesma forma, o relaxamento liberta a criatividade, porque alivia a tensão psicológica e física, fatores indissociáveis do *stress*.

A ansiedade e insegurança podem comprometer o desempenho intelectual, além de causar sofrimento físico, até mesmo dores e bloqueios. Cuidar dos pontos fracos é indispensável, como recomenda Wayne (1995), para fortalecer o processo de *coaching*, prevenindo riscos e potencializando resultados. Recomenda-se o apoio especializado para lidar com situações psicofisiológicas que possam prejudicar o cliente, quando estas não estão ligadas ao procedimento de *coaching*, apesar de interferirem nele, ainda que o cliente não se dê conta de que sua saúde deve caminhar junto ao sucesso e, não ao contrário.

Stress, saúde e desempenho: dica indispensável

Os estudos sobre o *stress* indicam que um certo nível de *stress* é positivo (eustress): desperta reações de superação e vence desafios. Quando o *stress* se acumula sem alcançar soluções (distress), no entanto, ele provoca sintomas que causam prejuízo para a saúde, para os relacionamentos e para o trabalho, podendo desabar em resultados catastróficos, que se acentuam inadvertidamente para se transformarem em depressão, transtornos de ansiedade ou total falência dos mecanismos que animam a vida (Valle, 2011). Uma dica muito especial pode ajudar a perceber e evitar esse desenlace: fique atento ao processo do sono!

O sono é o regulador essencial das condições de saúde e influencia no desempenho profissional e no jeito de sentir os problemas. O bom sono é uma questão complexa, frequentemente, despercebida, mas crucial para fortalecer a qualidade de vida. Tudo passa. Para quem souber deixar passar o terremoto e souber buscar apoio para vencer as preocupações, as dificuldades serão obstáculos para engrandecer, não para determinar o fim. De fato, é possível planejar para que as dificuldades possam ser evitadas e vencidas, antecipadamente, muitas vezes.

Planejamento estratégico: o diferencial em prática

O sucesso em atingir metas exige um planejamento que trace as estratégias necessárias para transformar ideais em realização.

Estratégias são ações da empresa, visando seu setor de atuação, com o retorno desejável de investimentos (Porter, 2005). Três aspectos são essenciais no planejamento estratégico: a arquitetura, que designa os aspectos de abordagem do planejamento, o processo, que se refere ao caminho estratégico a ser seguido e a condução do planejamento.

Assim, o planejamento estratégico é um processo contínuo e dinâmico para atingir as metas propostas pela empresa, alinhando a equipe, que precisa estar orquestrada em diálogo criativo.

O diferencial de competitividade de uma empresa se estabelece na capacitação dos talentos, em todos os níveis do processo do planejamento e em sua condução (Valle e Valle, 2010). Na era do conhecimento, não se pode prescindir de inovação, flexibilidade e agilidade no planejamento estratégico.

Comunicação: coaching e sucesso

A Neurolinguística aborda questões ligadas ao comportamento humano e à comunicação nas organizações. A comunicação é a principal ferramenta no modelo que Robbins (2005) apresenta, a partir de diferentes dimensões de análise: individual, grupal e organizacional.

- Para as análises em nível individual, é preciso considerar as diferenças de personalidade, valores, atitudes e habilidades. São os aspectos que influenciam os processos psicológicos de percepção, motivação e aprendizagens individuais, assim como na tomada de decisão individual.
- As análises sobre grupos e equipes de trabalho se voltam para as interações bidirecionais entre os processos de tomada de decisão grupal, comunicação, liderança, conflito, poder, política, estrutura de grupo e equipes de trabalho.
- Em nível de organização, estão relacionados temas como cultura, políticas e práticas de recursos humanos, estrutura e dimensionamento da organização, tecnologia e trabalho.

Coaching fundamenta-se em visão global e sistêmica da organização, o clima organizacional, que convive com crises internas e externas, mas tem possibilidades ilimitadas, como o desenvolvimento novos recursos, inseridos nos valores e crenças da comunidade. O *coach* precisa de conhecimento técnico e ótima capacidade de comunicação, independente de seu estilo pessoal de ser.

Administração do tempo: fazendo acontecer

A produtividade pessoal e eficácia no trabalho dependem de administração do tempo. O tempo é um aliado indispensável para aumentar a produtividade e eficácia pessoal e profissional.

Covey, um grande autor em *coaching*, inicialmente, indicou sete hábitos das pessoas muito eficazes. Ele recomendou: proatividade (tomar iniciativas), objetividade (missão pessoal), administração pessoal (fazer primeiro o mais importante), liderança interpessoal (decisão de vencer), comunicação empática (compreender para ser compreendido), corporação criativa (comprometimento com o grupo) e autorenovação (crescimento). Anos depois (2004), Covey acrescentou o hábito que ele considerou mais importante, evocando a voz interior, a grandeza interna que motiva e encontra forças subjetivas para superar os impedimentos, que, invariavelmente, surgem no caminho.

Considerações finais

Coaching visa lidar com as dificuldades do trabalho, buscando produtividade e satisfação, pessoal e profissional, considerando-se a ligação inerente a esses dois aspectos humanos. Os resultados existem, no mundo inteiro, para comprovar a eficácia dessa ferramenta de relevância no funcionamento pessoal e profissional de sucesso, desde a escolha da profissão, ao desempenho e alcance de metas.

Inevitável compreender que o *coach* não atua sozinho! Como na torre de comando de um aeroporto, onde todas as aeronaves aguardam pela chance de voar com segurança, os aviadores devem esperar por indicações seguras, antes de seguir os planos estabelecidos para atingir metas fixadas. Não se trata, apenas, de evitar o enfrentamento de riscos desnecessários, mas de respeitar espaços e contribuir com um escopo conjunto e pacífico.

Não existe espaço para amadorismo, no estágio atual de desenvolvimento dos conhecimentos científicos, que mostram que o cérebro é o órgão que atua na análise, síntese e conclusões que resultam em ações. Decide-se com base em experiências, em reações emocionais e psicossociais, em raciocínio lógico; decide-se, também, sem qualquer base de dados e, ainda, se opta por não decidir nada, o que não deixa de ser uma decisão. *Coaching* é facilitador nas tomadas de decisão.

Coaching se dirige a ampliar os horizontes, com inquietude para pesquisar e promover melhorias. Lida com desafios complexos e relações interdisciplinares, que, seguramente, devem resultar em sucesso.

Há momentos em que as dificuldades se agigantam... Parece que nada vale a pena ou que não sobrou uma centelha de energia para acender o ânimo de lutar. Nessa hora, é preciso saber que: se há problema, há possibilidade de solução! *Coaching* não é, apenas, a solução para um momento de desesperança... *Coaching* pode ser uma forma de superar os problemas que nem precisam acontecer, na época atual, quando o planejamento pode prevenir e abstrair vantagens das situações indesejáveis.

Referências

COVEY, S. R. *O oitavo hábito, da eficácia à grandeza*. 4. ed. Maria José Monteiro(trad). São Paulo: Campus, 2004.

PORTER, M. *É preciso ter coração*. Entrevista com Noel Tichy por Eduardo Ferraz. Exame. Rio de Janeiro, Ed. 726, n.22. Nov. 2000.

ROBBINS, S. P. *Comportamento Organizacional*. Reynaldo Marcondes (trad). 11. ed. São Paulo: Pearson P. Hall, 2005.

VALLE, A.L.R. ; VALLE, L.E.L.R. *Reinvenção da Empresa*. São Paulo: Scortecci, 2010.

_____. *Estresse e distúrbios do sono no desempenho de professores:* saúde mental no trabalho. Tese de Doutorado. Universidade de São Paulo, São Paulo, 2011. http://www.teses.usp.br/teses/disponiveis/47/47134/tde-22072011-104245/pt-br.php"

WAYNE, D. *Seus pontos fracos*. Rio de Janeiro: Record, 1995.

28

O poder da ação

Desejar algo, colocar sua fé e intenção verdadeira em um objetivo é o primeiro passo para conquistar tudo aquilo que deseja. Que tal fazer, agora, um planejamento consistente e começar a agir para realizar cada um dos seus sonhos e tornar sua vida mais significativa e feliz? Pegue papel e caneta e mãos à obra!

Marceli Amaral

Marceli Amaral

Coach Pessoal e Executiva formada pela Sociedade Brasileira de Coaching e certificada pelo BCI- Behavioral Coaching Institute, *Practitioner* em PNL pela Sociedade Brasileira de Programação Neurolinguística, Educadora, com licenciatura em Letras, pós-graduada em Psicopedagogia, Biopsicologia, Empresária, Palestrante e Escritora, dedica-se a difundir a cultura de *coaching* como uma nova maneira de atuar na vida pessoal e profissional, gerir equipes e educar, ajudando as pessoas a serem mais felizes e plenas em todas as áreas de suas vidas.

Contatos:
www.marceliamaral.com.br
marcelicoach@gmail.com
(11) 96676-6010

Marceli Amaral

Há quem acredite na lei da atração, na força da fé, no poder dos rituais e em tantas outras maneiras de se obter aquilo que deseja. Independente da crença espiritual de cada um, o pensamento, a fé, o ritual, são alavancas que têm efeito por serem motivadores ou geradores de intenção e, consequentemente, movimento. Pensemos na energia elétrica, que todos bem conhecemos. Apesar de não vê-la, usufruímos dos seus benefícios. Uma vez gerada, existe toda uma tecnologia envolvida para que ela chegue ao seu destino, existe um percurso definido. Não há como a energia continuar chegando em nossas casas se não houver, lá na sua fonte, um movimento constante e sistemático. Além disso, é necessário todo um aparato para que essa energia seja usufruída: alguém teve que fazer a ligação, levantar os postes, colocar os fios nos lugares certos, instalar tomadas, conectar os aparelhos e estar pronto para recebê-la.

O leitor entende onde quero chegar? Não adianta muito o poder do pensamento e da invocação se não há um preparo para receber e viabilizar a chegada daquilo que desejamos. Temos todo o direito de sonhar e desejar tudo o que quisermos, mas há também que trabalhar para conquistarmos.

Retomemos nosso exemplo da energia elétrica para ficar mais claro. Imagine que, em algum lugar existe uma imensa fonte geradora de recursos. Tais recursos seriam aqueles desejos que queremos realizar para obter sucesso, amor, felicidade, conforto, satisfação, liberdade. Então, a cada pensamento que você tem, ou prece que faz, a fonte, instantaneamente, produz o que desejou: o seu companheiro ideal, o filho, a casa dos sonhos, o cargo de destaque, a empresa próspera, o corpo saudável, uma sociedade mais justa, o carro, a viagem, a quantia no banco, os amigos, o projeto social... enfim, os desejos são infinitos e a fonte está sempre gerando, tudo pode ser alcançado.

Mas existe um detalhe que poucos se lembram: qual o caminho que esses recursos irão percorrer para chegar até mim? Eu estou preparado? Meus fios estão ligados na fonte geradora? E se estiverem, como farei para me conectar com esses recursos quando chegarem até mim? E quando chegarem, como os aproveitarei de forma sustentável de maneira que sejam duradouros e que se harmonizem com outros sonhos e desejos?

Coaching: a solução

É bem verdade que muitas e muitas pessoas por aí são *coaches* de si mesmas, de suas famílias, de seus filhos, alunos, colaboradores. É por isso que todos os dias nos esbarramos com pessoas prósperas, que parecem ter sucesso em todas as áreas da vida, como se tudo o que tocam vire ouro. São alegres, autoconfiantes, corajosas e criativas.

Tais pessoas, consciente ou inconscientemente, conseguem fazer com que desejo e intenção virem ação sistemática e duradoura e não há como não obter sucesso com esses ingredientes. Entenda aqui que não me refiro a sucesso apenas como uma casa suntuosa, um carro de luxo e muito dinheiro no banco.

Existem muitas maneiras de ser bem-sucedido e as pessoas não se dão conta disso. Então, para começarmos a refletir, pergunto: o que é ser bem-sucedido para VOCÊ? Temos valores diferentes, e o que satisfaz a um não satisfaz igualmente a outra pessoa. Pegue papel e caneta e comece a anotar aonde você quer chegar, como será sua vida quando se sentir uma pessoa de sucesso. Contemple todas as áreas da sua vida: relacionamento amoroso, familiar, vida social, saúde física e emocional, desenvolvimento intelectual, lazer, espiritualidade, profissional, financeiro, papel social. Enfim, tudo aquilo que compõe sua vida. O que seria perfeito?

Muito bem, você mandou a mensagem para a fonte geradora, deu forma aos seus desejos, definiu exatamente o que quer ser, ter ou fazer em sua vida. O segundo passo é analisar esses desejos. O que de fato eles vão lhe proporcionar? Quais são os valores que eles vão atender? As pessoas não querem um carro, querem o CONFORTO de ter seu próprio meio de transporte, RAPIDEZ e SEGURANÇA de locomoção, o STATUS que tal carro lhe concede. Igualmente desejam um companheiro para terem AMOR, SEGURANÇA, PRAZER e tudo aquilo que associam a uma relação.

É muito importante definirmos quais são os VALORES primordiais de nossas vidas, pois é isso que buscamos a cada momento: satisfazer nossa necessidade de amor, segurança, independência, conforto, reconhecimento, satisfação, prazer, crescimento, aprendizagem etc. Pegue papel e caneta e defina pelo menos cinco valores que está buscando satisfazer em sua vida. Uma vez feito isso, volte aos seus desejos e cheque se eles estão alinhados a esses valores, se não irão contrariá-los ou se será preciso fazer algum ajuste. Muitas pessoas passam a vida buscando um objetivo, mas quando o alcançam se sentem infelizes e insatisfeitas, justamente porque não perceberam que tal conquista lhes afastaria dos seus valores mais importantes. Pediram energia 220V, mas seus aparelhos eram 110V... quando os ligou... puff!

Agora temos uma lista de desejos e sabemos POR QUE desejamos ter tudo isso, ok?

O terceiro passo é criar um estado mental de convencimento de que realmente vale a pena sair da sua zona de conforto e partir em busca das suas realizações. Perguntar-se o que de fato irá ganhar com cada objetivo e o que ele lhe proporcionará, será um grande motivador e o ajudará na tomada de decisão. Se eu conquistar aquela casa dos meus sonhos terei mais espaço, vou morar no lugar que sempre sonhei, poderei receber meus amigos, minha família. Quais serão os ganhos secundários, o que virá no pacote junto com essas conquistas? Somos movidos para obter prazer e evitar dor, e por isso só nos empenhamos verdadeiramente por algo, se associamos um prazer muito grande em fazê-lo ou para evitar uma dor insuportável ligada a tal situação. Portanto, se é preciso encontrar os ganhos que cada objetivo realizado irá nos trazer é igualmente importante definir a dor que teremos em não obtê-lo, para gerar energia e persistência.

Ótimo, agora você tem objetivos definidos, está bem claro onde deseja chegar, também entende por que isso é importante pra você, sabe o que irá ganhar com o esforço que empregar e sabe também do preço que irá pagar para obter seus desejos.

Vamos para a próxima etapa, que é o levantamento do que será necessário para conquistar seus planos. Quais serão os RECURSOS que precisará e como os utilizará para atingi-los. Comumente as pessoas acreditam que recursos e ações são simples de serem definidos, mas esquecem que os recursos internos são os mais importantes, pois a falta deles pode inviabilizar qualquer projeto. Não adianta planejar passar em um concurso se não é uma pessoa organizada, disciplinada e detesta ler. De nada adianta ser um advogado se não possui eloquência e facilidade de comunicação. Você terá que contemplar em seu planejamento habilidades e competências a serem desenvolvidas, terá de adquirir ferramentas internas para viabilizar seus objetivos. Aprender a ser e fazer algumas coisas que são os "fios condutores" de energia para que alcance a fonte geradora.

Finalmente, de posse de todas essas informações, vamos às ESTRATÉGIAS. Pense nos passos que terá que dar para chegar até o seu destino, como se fossem os degraus da escada, mas pense em tudo o que terá de fazer, começando pelos passos mais simples. Não seja ambicioso e apressado. Definir pequenos passos torna o objetivo mais próximo e alcançável e não se esqueça do plano B.

É mais fácil perder quinhentos gramas por semana do que dez quilos em um mês. Então vá ao médico, defina uma dieta, diminua a quantidade de uma refeição por semana e não restrinja o cardápio do dia todo de imediato, faça trinta minutos de caminhada nos primeiros dias e não três horas de academia nos dois primeiros. Utilize sua energia estrategicamente, vá com calma e consistentemente, sempre checando o que está dando certo e o que precisa ser ajustado.

Um exemplo de planejamento bem simples e funcional:

Coaching - A Solução

Objetivo O quê?	Valores Por quê?	Motivadores Ganhos	Sabotadores Perdas	Recursos Vou precisar de	Estratégias Ações
• Fazer faculdade de Direito	• Independência • Realização • Contribuição	• Trabalhar como autônomo • Ter um ganho X mensal • Ajudar a família, Comprar casa, Promover justiça, • Ter uma profissão de respeito	• Menos tempo com amigos para estudar • Diminuir gastos com lazer para pagar a faculdade • Dormir menos • Trabalhar mais	• Universidade • Transporte • Dinheiro • Tempo • Material • Bolsa de estudos • Disciplina • Organização • Paciência	• Estudar • Prestar ENEM • Prestar vestibular • Poupar dinheiro • Estudar na hora do almoço • Comprar uma agenda • Programar horários inegociáveis de estudo • Praticar atividade física

Não disse que seria simples e fácil, mas garanto que seja possível chegarmos onde desejamos de coração e se estamos dispostos a pagar o preço. Talvez o leitor diga: se desejo conforto material e realizar alguns sonhos que dependem de dinheiro, jogo na mega sena toda semana. Estou pagando o preço e fazendo a minha parte. Tudo bem, faz muito sentido e, se você acredita que pode ganhar na mega sena, já possui um grande trunfo para conquistar qualquer coisa em sua vida: FÉ. Existem pouco mais de 50 milhões de combinações possíveis para um jogo de seis números, isso significa que sua chance de acertar as seis dezenas é de 1 em 50.000.000. Uau! Também me surpreendi quando recebi essa informação e, pensando nas chances, parece bem difícil acertar. Difícil, mas não impossível. Quase todas as semanas recebemos a notícia de que um ou mais sortudos superaram 50.000.000 de chances contrárias. E por termos essas referências, muitos jogam acreditando que um dia podem ser eles os sortudos, pois possuem exemplos de que algumas pessoas superam milhões de improbabilidades.

Não utilizo esse exemplo para fazer apologia ao jogo, mas para mostrar como funciona mais um passo rumo ao sucesso: se deseja chegar a algum lugar, construa ou encontre REFERÊNCIAS positivas de que é possível conquistar o que deseja, encontre quem já chegou onde deseja chegar. Isso fortalece sua convicção e pode lhe fornecer ótimas ferramentas para sua jornada. Convença a si mesmo de que é possível fazer o que deseja, de que é viável e rapidamente sua mente encontrará caminhos possíveis. Outra ferramenta muito eficaz é a MODELAGEM. Procure histórias de pessoas bem-sucedidas, pessoas que tinham condições físicas, financeiras ou sociais parecidas com as suas e entenda como realizaram seus sonhos e desafiaram as probabilidades. Pesquise quais foram suas ações, as atitudes, decisões, a maneira como enxergam a vida e, até mesmo quais foram seus erros, com certeza encontrará dicas de como alcançar o sucesso também, poupando trabalho e tentativas inúteis.

Mas não se esqueça de dar um toque de personalidade ao seu planejamento. Não estamos aqui procurando a fórmula do sucesso, mas sim pensando numa maneira de tornar sua vida mais significativa, feliz e satisfatória. Uma maneira de tornar-se o agente do seu destino e sair da condição de vítima do acaso. Conheça a si mesmo, mapeie suas qualidades, o que sabe fazer bem, o que já aprendeu, já desenvolveu e encontre uma maneira de colocar seus talentos a favor dos seus planos. Tocar violão não parece ter muito a ver com se tornar um economista de sucesso, mas pode ser uma válvula de escape para sair do *stress* e voltar aos estudos, também pode ser uma maneira de pertencer a um grupo que o ajude ou apoie de alguma forma. Mapeie também suas fraquezas, as qualidades que lhe faltam e faça um planejamento de desenvolvimento, só assim pode alcançar resultados diferentes dos que vêm obtendo.

Agora sim temos um complexo e funcional sistema pronto para entrar em operação: você avistou uma fonte geradora, mandou uma mensagem, dizendo tudo o que deseja que essa fonte lhe forneça, percebeu que é possível alcançar essa fonte e de que é capaz de fazer isso por si mesmo. Também percebeu quais serão as ferramentas necessárias para construir a ligação, o que terá de aprender para fazer as conexões e também sabe os passos que terá que dar, onde irá colocar os postes de sustentação para que os fios cheguem até a fonte. Agora, é só caminhar, com coragem, determinação e persistência, dando um passo de cada vez, dia após dia e, quando chegar até a fonte e tomar em suas mãos todas as suas conquistas, se dará conta de que venceu não apenas porque é abençoado (e você é!), ou porque teve ajuda dos céus (e você teve!), mas porque teve coragem de caminhar e partir em busca dos próprios sonhos, contrariando a grande maioria que se esconde atrás de medos e fraquezas por ainda não terem se dado conta do potencial que tem.

Você será vitorioso não apenas pelos ganhos, pelas conquistas, pelas realizações. Será vitorioso por ter utilizado as dádivas que estão disponíveis a todos, por ter sido feliz e realizado, cumprindo o seu destino e ainda mais por ser um mensageiro de prosperidade e realização, servindo de exemplo e referência para muitos outros que ainda não descobriram seu poder pessoal.

Não há melhor motivador que esse. Então, mãos à obra!

29

O Gerente Coach

A tendência que se instaurou no mundo dos negócios de forma globalizada exige dos empreendedores e dos gestores novas técnicas de gestão que vão além dos recursos técnicos, e focam sim, nos recursos humanos. Gerente Google ou Gerente *Coach*, qual a sua escolha de ação?

Márcia Sessegolo

Márcia Sessegolo

Psicóloga e *Personal & Professional Coach* licenciada pela Sociedade Brasileira de Coaching. Atuou na área clínica por dez anos e com base na visão sistêmica migrou para a Assessoria em Gestão de Negócios, desenvolvimento de lideranças e equipes com foco em treinamento e desenvolvimento. É *Alpha Analyst* licenciada pela WorthEthic – USA. Atualmente atende inúmeras empresas com foco no desenvolvimento gerencial aliado às estratégias de negócio.

Contatos:
av. Getúlio Vargas, 901/803 – Bairro Menino Deus – Porto Alegre/RS
marcia@upcoach.com.br
(51) 9104-1341

Márcia Sessegolo

Na atualidade a "elite pensante" dos negócios estendeu-se além da visão empreendedora dos proprietários. Para tal desenvolvimento, tornou-se necessária a evolução dos funcionários não apenas como executores, mas sim como personagens ativos no processo de desenvolvimento da estratégia do negócio ao qual estão incorporados.

As mentes inovadoras de hoje são formadas pela união de colaboradores das gerações antigas (*Baby Boomers*) e as atuais, Y e Z. Essas últimas gerações são extremamente movidas pelo prazer de trabalhar, com necessidade de *feedback* constante e uma certa facilidade em trocar de trabalho por qualquer visibilidade de crescimento. Para lidar com essas gerações tornou-se necessário não só a contratação de uma mão de obra e sim dos corações dos novos funcionários.

Antigamente a contratação de colaboradores nas empresas era feita pelo RH, onde as entrevistas eram quase que unilaterais. A empresa perguntava, apresentava a vaga e ficava de dar a resposta (quando retornava). Nos dias de hoje o recrutamento é realizado por uma equipe, desde a área que está contratando em conjunto ao RH, e com a escassez de profissionais qualificados no mercado, esses novos gestores tiveram de desenvolver uma habilidade na contratação: A VENDA. Precisamos vender aos novos profissionais a ideia de que vale a pena trabalhar na empresa, seja por salário, benefícios, possibilidade de crescimento, desafios e demais atrativos.

E esses novos gestores deram-se conta de que nada adiantam modernas técnicas de gestão ou tecnologias de ponta se não tivermos cabeças motivadas e equilibradas para gerirem essas pessoas. Então nos perguntamos: quem faz esse equilíbrio emocional da nova geração que está no mercado? Nossos gerentes. E que competência gerencial é essa que estamos falando que torna a equipe de colaboradores capaz de exercer de forma funcional, focada em resultados e motivada, sua rotina operacional do dia a dia?

Em minha experiência como *coach* nas empresas tenho percebido um fenômeno que chamei de "Gerenciamento Google". Para explicar melhor esse fenômeno vou usar um exemplo de uma situação que vivi. Uma gerente com a qual fiz acompanhamento foi contratada pela eficiência operacional, disponibilidade de tempo, dedicação e comprometimento. A parte técnica poderia ser desenvolvida, desde que tivesse os requisitos básicos de conhecimento e força de vontade. Com o passar do tempo, adquiriu conhecimentos da operação do negócio, centralizou o conhecimento e continuou com a mesma disponibilidade e comprometimento. Chegava a cumprir até quatorze horas de rotina diária. Passaram-se dois, quatro, seis meses, um ano. O esgotamento chegou e o comprometimento com o resultado passou a decair. Criou-se uma crença de que os resultados financeiros eram consequência do mercado. E mais do que isso, a gerente precisava manter a equipe acessando-a como um servidor de informações para sentir-se sempre necessária e com utilidade na empresa. Na verdade, o que se criou foram cabeças preguiçosas, de funcionários que exerciam as mesmas funções dia após dia e que mesmo assim a cada vez que iam repetir uma operação perguntavam à gerente para economizar energia cerebral. E como essa gerente se sentia? Orgulhosa. A empresa precisava dela quase que 24 horas, "só abrem bem a loja se eu estiver, só fecham sem erro se eu estiver junto". E assim por diante nas frases de orgulho de como era necessária para o sucesso do negócio. Sucesso esse que estava decaindo, a rotatividade aumentando, a motivação das pessoas definhando.

Ao explicar sobre o porquê dos dados, era enfática ao responder que a culpa era do mercado ou da equipe que ao receber as ordens tinham dificuldade de segui-las. As operações não funcionavam se ela não estivesse ali. Ela havia se tornado o servidor interno de informações da empresa. A esse modelo gerencial chamei de "Gerenciamento Google".

Quais as consequências de uma empresa que tem um Gerente Google? Para pensarmos sobre isso, vamos pensar em nós mesmos usuários de internet e qualquer serviço de pesquisa. Antigamente usávamos mais nossa memória, seja para gravar números de telefones, endereços, caminhos etc. Hoje quando precisamos lembrar como chegar a um restaurante e esta informação não está em nossa memória recente, exigindo-nos mais energia para pensar, logo já acessamos nosso *smartphone* ou *tablet* para buscar a informação. Viramos preguiçosos do pensamento e já existem pesquisas na área da neurociência que comprovam mudanças até mesmo estruturais em nosso cérebro em decorrência dessa tendência dos chamados "*searchers*".

As empresas que estão sendo geridas por Gerentes Googles acabam por criar o mesmo sistema de aprendizagem focado na dificuldade de pensar, no imediatismo, na tendência à preguiça de pensamento e necessidade da presença do servidor de informações para poder funcionar na sua operação. De início, os colaboradores adoram esse sistema e alimentam o funcionamento com frases como "nosso gerente é muito disponível", "ele(a) está sempre disposta a me responder". Até que por consequência surgem frases como "ah, se tu não sabes deixa assim, depois a gerente arruma", ou, "vamos esperar a gerente chegar para fazer, ela que sabe como fazer direitinho". E os processos vão ficando paralisados. Até que, no cansaço do gerente de ser sempre solicitado, um dia ele responde de forma irritada por ter falado inúmeras vezes a mesma informação. A equipe vai estranhar - "Mas o que houve com o nosso gerente? Hoje não está em um bom dia", e se esse comportamento se repete a empresa passa a não ser mais a melhor empresa a se trabalhar e dá-se início à rotatividade.

Estamos aqui falando da visão do funcionário frente a esse modelo de gerenciamento. E a visão do proprietário? Até que as dificuldades e os resultados apareçam com o tempo, os empreendedores adoram este modelo de gerenciamento, pois os Gerentes Googles tendem a ser tão disponíveis libertando-os da parte executora do negócio. Ainda mais para os empreendedores com modelos de liderança mais visionária. No entanto, com o passar do tempo percebem que o necessário não é tanto a disponibilidade e o modelo servidor de informações e sim o gerente que foca no desenvolvimento e resultado.

Mas então o que seria hoje o modelo de gerente funcional? Cada negócio exige um modelo de gerenciamento que só o proprietário sabe dizer. O empreendedor deve ter um autoconhecimento de suas competências e de seus *gaps*, para poder assim definir o modelo de gerente que vai poder suprir e complementar a gestão do seu negócio.

Mas um fato é devido, independente do negócio e estilo de liderança do empreendedor, cabe ao gerente então, dentro do enfoque moderno de gestão, auxiliar a equipe de colaboradores a desempenhar atribuições que agreguem valor ao negócio, e desenvolver seu banco de talentos. Para tal, é preciso, antes de qualquer coisa, que o gestor esteja aberto ao autodesenvolvimento.

Autodesenvolvimento inclui o fator de desenvolvimento pessoal, profissional e gerencial. Entramos aqui no conceito que chamo de Gerente *Coach*. Essa modalidade de gerenciamento foca no desenvolvimento de seus funcionários. Ensinar a pensar, acompanhar o processo de aprendizagem e estar disponível para ajudar a encontrar o caminho certo. O Gerente *Coach* se orgulha quando a empresa caminha sozinha, sem a sua ajuda por alguns dias ou horas. O gerente *coach* se orgulha do crescimento de seus funcionários e esse desenvolvimento de forma alguma lhe gera insegurança (medo de perder o cargo), e nem medo de perder o funcionário por desenvolvê-lo. Com a facilidade de troca de emprego de hoje em dia perdemos o funcionário por não desenvolvê-lo ou por desenvolvê-lo tão bem a ponto do mercado ficar de olho.

Mas se corremos o risco de perder o funcionário para o mercado, porque investir no seu desenvolvimento? Nessas duas visões, buscar o aprimoramento do colaborador ainda é a melhor forma de gerenciamento porque:

1. Aumenta o tempo de retenção do funcionário: o sentir-se não apenas um colaborador a mais na empresa, perceber que a sua importância é tão grande a ponto da empresa destinar tempo e investimento nos seus funcionários gera um ambiente agradável e de confiança no trabalho. Para as novas gerações o sentimento de valorização é um foco essencial na escolha da empresa a se trabalhar.
2. Aumenta o foco em resultados: o funcionário percebe-se parte integrante dos resultados da empresa, motiva-se pela possibilidade de estar fazendo a diferença nos resultados, orgulha-se perante os colegas e do gestor, além de acreditar que o bom desempenho é um investimento no futuro.
3. Aumenta o rendimento financeiro: se unirmos os itens anteriores, o resultado financeiro fica muito diferenciado, e com uma boa estratégia de premiação, a empresa e o funcionário confirmam e validam suas participações.
4. Diminuição de rotatividade: o funcionário que tem consciência que ainda tem muito a aprender e se desenvolver na empresa, permanece quando percebe a valorização.

5. Diminuição de risco de processos trabalhistas: ao sair da empresa, se o colaborador percebe que a mesma teve um impacto grande no seu desenvolvimento, na maioria, tende a sair com um sentimento de gratidão.

As pessoas que estão hoje com um modelo de liderança baseada no Gerenciamento Google e querem desenvolver a capacidade de Gerenciamento *Coach* precisam estar atentas ao autoconhecimento dos riscos e pontos fortes dos perfis pessoal e profissional.

Dentro dos riscos pessoais, precisa-se atentar à autoestima e acreditar que se é capaz de ir além. Aprender a conquistar o espaço dentro de uma organização pela sua competência e tornar os demais competentes. Entender que o brilho da competência de um bom gerente não é direto, não é pelo o que executa, mas pelo que ele consegue fazer com que a sua equipe desempenhe.

Já no que se refere às questões profissionais, quando estamos em uma carreira em ascensão, a cada passo que subimos, existe um *gap* de conhecimento que precisamos suprir. Quando chegarmos a gerente devemos ter em mente quais são os desafios que este cargo vai proporcionar, que oportunidades de desenvolvimento terei a minha frente, sejam elas emocionais ou técnicas.

Entendida a necessidade de adaptar o estilo de gerenciamento, a próxima questão que devemos levantar é como fazer essa adaptação.

Na prática, os Gerentes Googles devem buscar elevar sua autoestima e ter um maior entendimento do que é esperado desse cargo na empresa em que trabalha. Como fazer isso? Esteja aberto(a) a *feedback*. Peça *feedback* do seu superior, esteja atento(a) aos *feedbacks* da equipe e aos resultados que a mesma está proporcionando. Utilize de algumas perguntas poderosas para ter como referência de auto-avaliação:

1) Os processos da empresa acontecem sem a minha presença?

2) A minha equipe sente-se parte do processo de melhoria dos processos?

3) Como posso fazer com que a minha saia da zona de conforto do pensamento?

4) O que ganho e o quais os meus riscos ao ter uma equipe mais estratégica?

5) Essa minha linha de pensamento e gestão está gerando que tipo de resultados na empresa?

Com essas perguntas, pode-se ter uma avaliação do quanto estamos como gestores na nossa zona de conforto.

Para tornar essa visão mais concreta, podemos nos apropriar neste momento do modelo de competências gerenciais explicado por Quinn (2003) que consegue de uma forma didática mostrar os papéis de um gerente, dividindo-os da seguinte forma:

Papel Gerencial	Competências necessárias
Mentor	Compreensão de si mesmo e dos outros
Mentor	Comunicação eficaz
Mentor	Desenvolvimento dos funcionários – compreende desde a delegação da ação, porém não da responsabilidade que será avaliada pela supervisão dos resultados e avaliação de desempenho visando *feedback*
Facilitador	Construção de equipes – papéis, missão e objetivos claros baseados no treinamento, supervisão e incentivo
Facilitador	Tomada de decisões
Facilitador	Administração de conflitos
Monitor	Monitoramento do desempenho individual
Monitor	Monitoramento do desempenho coletivo
Monitor	Administração de informações
Coordenador	Gerenciamento de projetos – definição da meta, recursos e estratégia de monitoramento
Coordenador	Planejamento do trabalho – etapas do processo e necessidades individuais e coletivas
Coordenador	Gerenciamento multifuncional
Diretor	Desenvolvimento e comunicação de uma visão: clareza de objetivo, meta. Deve ser exemplo e focar no resultado
Diretor	Estabelecimento de metas e objetivos
Diretor	Planejamento e organização
Produtor	Trabalho produtivo – metas
Produtor	Ambiente de trabalho desafiador
Produtor	Administração do tempo e estresse
Negociador	Construção e manutenção da autoridade
Negociador	Negociação de acordos e compromissos – base diálogo
Negociador	Apresentação de ideias – objetivo e clareza – pontualidade
Inovador	Convívio com a mudança
Inovador	Pensamento criativo
Inovador	Gerenciamento da mudança

Olhando esse quadro, percebemos a magnitude do papel gerencial e suas competências. A conclusão que podemos ter frente a essa realidade é de que o gerenciamento requer o estabelecimento do vínculo do empreendedor com o funcionário, necessitando de muito desenvolvimento e disponibilidade à mudança.

O Gerente Google fica limitado nesse desenvolvimento, estagnado na operação e no papel de servidor de informações, demonstrando assim, uma grande dificuldade na criação de estratégias de negócios. Já o Gerente *Coach* desenvolve a equipe e acaba por ficar com mais energia flutuante para o desenvolvimento de estratégias para cada um de seus papéis citados por Quinn (2003).

Quais são os comportamentos clássicos de um Gerente *Coach*?

1. Autoconfiança: o crescimento dos demais funcionários não é uma ameaça.

2. Orgulho da equipe: o reconhecimento é proveniente do reflexo do brilho da equipe.

3. Atitude questionadora: o Gerente Google não entrega ao funcionário a solução, mas provoca seu funcionário a pensar constantemente, devolve a pergunta.

4. Transforma a equipe em parte integrante do processo de melhoria;

5. Treinamento: o Gerente *Coach* foca no treinamento contínuo como uma forma de desenvolver a equipe.

6. Responsabilidade: talvez uma das atitudes mais admiráveis de um gestor *Coach* seja a capacidade de, frente a um resultado não esperado, se questionar, onde ele mesmo teve falha como gestor para que tal resultado fosse alcançado. Frente ao resultado não esperado ele se questiona "Onde falhei, e o que posso aprender com isso?", ao invés de delegar a culpa para a equipe.

Seja você, caro leitor, um empreendedor, um gerente ou um colaborador, daqui para frente você tem uma escolha de desenvolvimento no modelo de gerenciamento. Gerente Google ou Gerente *Coach*, qual a sua escolha?

Busque *feedback*, faça um mapeamento de perfil de liderança, busque uma ajuda externa que te ajude a sair do ponto cego do autoconhecimento e que te leve para a grandeza do desenvolvimento.

Está dada a largada para o desenvolvimento!

Referências

QUINN, R. E. et al. *Competências Gerenciais:* princípios e aplicações. Rio de Janeiro: Elsevier, 2003.

30

Aplicação da teoria U e do presencing no coaching e mentoring

As metodologias inovadoras da Teoria U, de Otto Scharmer, e do Presencing, de Peter Senge, podem ser aplicadas no processo de *coaching*, *mentoring* e holomentoring®, permitindo a criação imediata do futuro emergente, superando a visão projetiva e linear de passado – presente – futuro

Marcos Wunderlich

Marcos Wunderlich

Presidente Executivo do Instituto Holos. *Master Coach* e *Mentor* ISOR®. Ministra cursos de Liderança-*Coach* e Formação em *Coaching* e *Mentoring* do Sistema ISOR® com abordagem holístico-sistêmica e complexa em cursos abertos e em empresas. É filiado ao ICF – International Coach Federation e seus cursos tem a chancela de qualidade desta organização no programa CCE-Continuous Coaching Education. Filiado ao IBCO – Instituto Brasileiro de Consultores de Organização, Consultor CMC – Certified Management Consultant pelo ICMCI – International Council of Management Consulting Institutes. Formado em *Coaching* por Tim Gallwey na escola *The Inner Game*. Criador do Sistema ISOR® de *Coaching, Mentoring Counseling* e *Holomentoring*® para Desenvolvimento de Pessoas e suas Organizações.

Contatos:
www.holos.org.br
diretoria@holos.org.br
(48) 3235-2009
(48) 3338-1218

Marcos Wunderlich

Participei recentemente durante quatro dias de um evento sobre a Teoria U com seu autor Otto Scharmer e sua equipe de consultores do Presencing Institute, que tem sede nos Estados Unidos e atuação em diversos países.

Além da Teoria U, Otto Scharmer, Peter Senge, Adam Kahane e Joseph Jaworski gestaram ao longo dos últimos anos as técnicas do *Presencing*, que tem o intuito de fornecer para a humanidade metodologias mais avançadas e profundas para resolução de questões complexas, cada vez mais presentes e desafiadoras no mundo atual.

Segundo Peter Senge, "Uma aprendizagem baseada no passado é suficiente quando o passado é um bom guia para o futuro. Mas o passado nos deixa cegos à renovação profunda quando surgem forças totalmente novas dando forma à mudança." Presença: propósito humano e o campo do futuro. Peter Senge (pg. 89).

Ao tomar contato com estas duas metodologias, imediatamente tracei paralelos e conexões interessantes com as atividades de *coaching* e *mentoring*, e pude constatar que a Teoria U, aliada com a prática do *Presencing*, pode inovar a visão e revolucionar a atuação de um *coach* e/ou mentor, em especial nas questões complexas onde é necessária a obtenção de soluções inovadoras e criação do futuro promissor.

A maior inovação de Scharmer é, sem dúvida, a criação do novo a partir do futuro emergente, e não a partir do passado, de históricos, simulações, diagnósticos, *brainstorming* e criação de cenários futuros da forma como conhecemos atualmente.

A aplicação da Teoria U e do Presencing exige a aquisição de uma nova visão e compreensão mais profunda da mente humana, o que pode significar um novo desafio a *coaches* e mentores que necessitam lidar com situações complexas, superando o uso de paradigmas da terceira dimensão da era industrial com conceitos e ferramentas de cunho mecanicista dentro da lógica linear passado - presente - futuro.

Coaching e *mentoring* também estão vinculados à criação do novo, do diferente, do inovador, da mudança, nas melhorias, em novas metas ou alcance de resultados futuros. Este é o principal ponto de conexão onde podemos aplicar as ferramentas da Teoria U e do Presencing. A proposta é ir além do conhecido e utilizar elementos e paradigmas da quarta dimensão, onde passado, presente e futuro se unem e se tornam uma só Unidade. Neste espaço, reside a profunda sabedoria interior em cada ser humano e o futuro emergente já perfeitamente pronto e elaborado.

A Teoria U preconiza percepções e atividades em diferentes níveis de profundidade, utilizando integradamente a Mente, o Coração e a Vontade. O uso da letra U significa pararmos em nossa caminhada cotidiana e abandonarmos o conhecido e, a partir daí, descer pelo lado esquerdo da letra, alcançar a base para então se dedicar à prática meditativa do Presencing. Nesta etapa, o objetivo é acessarmos a nossa fonte inata de sabedoria e regeneração, lugar especial onde o futuro emergente se revela para nós. Em seguida, o caminho segue em crescimento através da subida pelo lado direito da letra U, cristalizando e consolidando experimentalmente o novo ou futuro emergente que se revelou a nós.

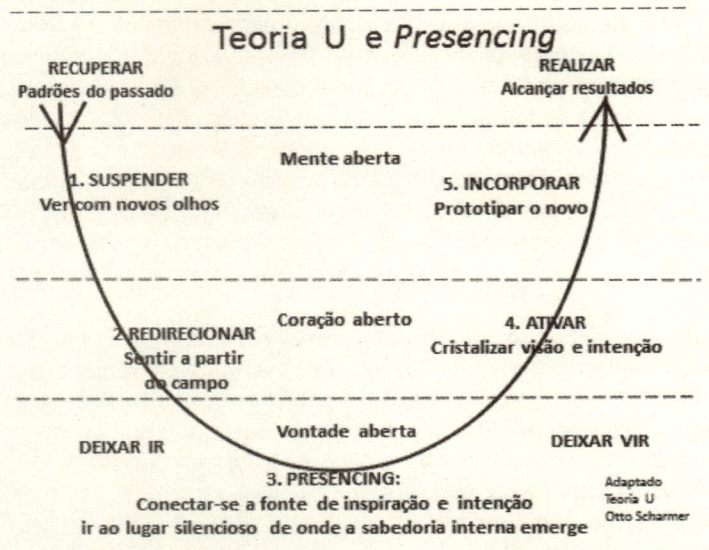

Teoria U e *Presencing*

RECUPERAR — Padrões do passado

1. SUSPENDER — Ver com novos olhos

Mente aberta

5. INCORPORAR — Prototipar o novo

REALIZAR — Alcançar resultados

2. REDIRECIONAR — Sentir a partir do campo

Coração aberto

4. ATIVAR — Cristalizar visão e intenção

DEIXAR IR

Vontade aberta

DEIXAR VIR

3. PRESENCING: Conectar-se a fonte de inspiração e intenção ir ao lugar silencioso de onde a sabedoria interna emerge

Adaptado Teoria U Otto Scharmer

A Teoria U foi concebida na busca da resolução de questões complexas, em diferentes níveis das atividades humanas, com foco principal nas questões sociais. Tem sido empregada também em organizações e grupos gerenciais, e também pode ser aplicada individualmente.

Para facilitar a percepção da Teoria U, pretendo aqui listar os passos de forma sucinta para, em seguida, relativizar a proposta e sua aplicação nas atividades de *coaching* e *mentoring*.

As etapas do processo não tem uma duração predefinida; o tempo de aplicação pode variar entre poucas horas a um processo extenso de meses ou anos, de acordo com a complexidade das questões a serem abordadas.

Nível comum: recuperar

Ao iniciarmos o processo da criação do novo, a parte mais superficial do U corresponde ao nosso cotidiano e é onde devemos fazer para perceber todos nossos padrões de conduta atuais, nossos conhecimentos e paradigmas, nosso modo de atuar. Neste momento podemos, inclusive, recuperar aspectos esquecidos dentro de nós. Isto cria o estado mental mais adequado para iniciarmos a jornada mais profunda.

Nível mente aberta: suspender

Nesta fase suspendemos efetivamente todos os julgamentos, modos de pensar e agir, nossos paradigmas, e assim abrimos a mente a todas as possibilidades. O objetivo nesta fase é adquirir um novo olhar isento, sem apego e rejeição.

Nível coração aberto: redirecionar

Inicia-se então a abertura para uma nova direção, a partir da conexão racional e percepção sensitiva e intuitiva com o campo da realidade. Esta etapa significa contatos com as várias pessoas envolvidas, obtenção de dados, conhecimentos, e tudo o mais que estiver inserido no campo, de forma compreensiva e amorosa, sem avaliações e julgamentos, apenas para sentirmos profundamente o que somos. Na linguagem do Sistema ISOR® de *Coaching & Mentoring*, o campo é denominado de Tensor por se tratar de um sistema que tem energia dinâmica e cuja principal propriedade é orientar (dar direção e sentido) os acontecimentos, a ordem interna dos eventos.

Nível vontade aberta: deixar ir e presencing

Este nível é o mais profundo e desconhecido para pessoas sem familiaridade com processos contemplativos ou meditativos. É o mundo sutil da sabedoria, da inspiração e da intenção profunda e livre do Ser, área onde tudo é Uno e onde não há tempo.

O primeiro passo é "Deixar Ir": nesta etapa deixamos desaparecer em nossa mente todos os passos anteriores da descida do lado esquerdo do U e ficamos literalmente vazios. Nenhum julgamento, avaliação ou significados mentais. Apenas o vazio. Pensamentos não devem ser seguidos; eles vem e vão naturalmente, mas não nos agarramos a eles e nem criamos significados mentais a partir deles.

Esta é a condição do Presencing, que significa simplesmente estarmos presentes, vivos, atentos e vazios frente à nossa fonte primordial de sabedoria, que assim passa a ter espaço para agir e permitir que surjam naturalmente os *insights* e o futuro emergente.

O futuro se apresenta já perfeitamente pronto e delineado para nós, ou seja, ele já existe, apenas permitimos que estas informações ou *insights* se revelem para nós.

É importante esclarecer que a sabedoria interna, nossa Fonte primordial, é inata, e não devemos confundi-la com conhecimentos, raciocínios, saberes ou explicações. A Fonte só pode ser vivenciada e não pode ser explicada ou realizada pelo campo racional da mente comum.

Para praticar o *Presencing*, vamos a um local silencioso e livre de interferências para ativar a contemplação e meditação e entrar em contato profundo e sutil com a sabedoria que transcende os conhecimentos comuns. Simplesmente deixamos, sem expectativas, que o futuro emergente se manifeste. Este é o momento que na Teoria U se denomina "Deixar Vir".

Uma forma de entender este processo é assistir ao filme Lendas da Vida (*The Legend of Bagger Vance*). Três cenas impecáveis são representativas para este processo: duas sobre a percepção do campo e outra sobre a recuperação da fonte, que temos desde nosso nascimento. Uma das cenas mostra um jogador de golfe entrando em contato intuitivo com o campo, e a partir deste contato, ele espera que a única tacada perfeita o encontre, dentro de milhares de outras possíveis. E assim o jogador simplesmente espera e deixa que seu corpo, reservatório da sabedoria, dê a tacada, sem a interferência da mente racional comum.

Processo semelhante foi desenvolvido por Timothy Gallwey, considerado o pai do *coaching* e autor do livro O Jogo Interior de Tênis (Gallwey, W. Timothy - O jogo interior de tênis (título original) The Inner Game of Tenis - São Paulo,: Textonovo, 1996), entre outros. Neste livro você encontrará uma maravilhosa descrição do uso da Sabedoria Interior.

É importante registrar que *Presencing* é um processo muito antigo pertencente à milenar sabedoria humana e que advém das tradições meditativas de geração do vazio e acesso direto à sabedoria transcendental presente em todos nós.

A sabedoria transcendental é aquela que está além dos conhecimentos e raciocínios do mundo comum. É onde está a nossa fonte original luminosa, ilimitada, sem começo e fim, onde tudo é Uno – onde passado-presente e futuro estão unidos – e dá origem a todos os fenômenos e aparências que percebemos. Todos nós somos uma expressão desta Fonte.

O mérito de Otto Scharmer e Peter Senge e seus consultores parceiros foi de trazer a sabedoria transcendental para nosso cotidiano.

Para os leitores e *coaches* que não conhecem estes métodos, sugiro que realmente aprendam métodos meditativos com bons mestres.

Não temos mais tempo a perder com metodologias mecanicistas e projetivas ainda advindas da era industrial e cujos prazos de validade estão perto do fim. Modelos organizacionais e empresariais precisam ser revistos e reinventados para atender aos anseios de pessoas que agora vivem numa era complexa, onde metodologias mais avançadas e mais humanas são necessárias. Não é possível resolver ou abordar situações complexas com visão simplista ou com paradigmas da terceira dimensão. Questões complexas só podem ser abordadas com ferramentas oriundas do mundo complexo.

Aplicação em coaching e mentoring

A Teoria U e o *Presencing* são metodologias que podem ser utilizadas - em parte ou no todo - em atividades de *coaching* e *mentoring*, seja aplicado por um *coach* ou mesmo sendo um processo de *Self-coaching*. Muito recomendado em situações onde há necessidade de aplicação de metodologias eficazes para situações de maior complexidade ou mudanças mais profundas e consistentes.

Assim encontramos um caminho novo que pode superar a necessidade de gerar diagnósticos, fazer *brainstorming*, criar cenários futuros para a tomada de decisões.

Ativar

Esta fase representa a saída ou ascensão a partir da base do U. Trata-se de trazer à tona os *insights* e o futuro emergente e buscar cristalizá-los ou torná-los mais palpáveis e conhecidos na mente.

Isto permite a formulação clara de uma nova visão e o estabelecimento de uma intenção clara. As bases que criam um novo campo tensorial serão a base sutil da nova realidade.

O aspecto mais profundo do Ser é sua intenção, que decorre da inspiração obtida na prática do *Presencing*.

Incorporar

Este é o momento de testes, de experimentos, da utilização de protótipos. É o momento que antecede a implantação da nova realidade no cotidiano. Aqui devem ser realizados os ajustes necessários.

E talvez este seja o momento de novos arranjos pessoais, profissionais, organizacionais ou sociais necessários para a sintonia com a nova visão e futuro emergente.

Realizar

Nesta fase do processo estaremos de volta à parte superficial, ao nosso cotidiano, onde tocamos a vida em frente em nova realidade.

Conclusão

Este capítulo descreveu de forma resumida os principais passos da Teoria U e do Presencing e teve como principal objetivo abrir as mentes de *coaches* e mentores para aspectos que podem ser inovadores e revolucionários na atuação destes profissionais.

Para uma implantação real, é necessário estudar com maior profundidade as obras de Peter Senge, Otto Scharmer, Adam Kahane e Joseph Jaworski, ou participar de cursos e seminários que abordem estes temas. As formações em *coaching* e *mentoring* do Sistema ISOR® também fornecem referenciais e instrumentais compatíveis para a transição da terceira para a quarta dimensão em atividades desta natureza.

Referências

JAWORSKI, J. *Sincronicidade:* o caminho interior para a liderança. Rio de Janeiro: Best Seller, 2010.

KAHANE, A. *Como resolver problemas complexos:* uma forma aberta de falar, escutar e criar novas realidades. São Paulo: Senac, 2008.

SENGE, P.; SCHARMER, C. O.; JAWORSKI, J.; FLOWERS, B. S. *Presença:* propósito humano e o campo do futuro. São Paulo: Cultrix, 2007.

SCHARMER, O. *Teoria U:* como liderar pela percepção e realização do futuro emergente. Rio de Janeiro: Elsevier, 2010.

WHITMORE, J. *Coaching para aprimorar o desempenho:* os princípios e a prática do coaching e da liderança. São Paulo: Clio, 2012.

31

Coaching e resiliência: comportamento de alta performance

Comunicação, resiliência e inteligência emocional. Estas competências estão em alta em todos os setores da sociedade. O mercado paga ao profissional, com estas características, seu peso em ouro. O profissional com alta taxa de resiliência é mais feliz, focado, produtivo e líder. Com criatividade, ele responde mais rapidamente às crises, enquanto outros ficam a lamentar o momento. O resiliente renova-se para atingir o propósito maior

Marinaldo M. Guedes

Marinaldo M. Guedes

Executive e *Life Coach* com formação pela Sociedade Brasileira de Coaching. É o pioneiro no Brasil em aplicação de *coaching* para líderes indígenas, de etnias consideradas extintas e que se encontram em grau de autoafirmação social. Tem MBA em *coaching* pela FAPPES/SBCoaching, MBA em Gerenciamento de Projetos pela UFAM. Atua intensamente como *coach* de oratória e mídia. É palestrante motivacional, de inteligência emocional, de comunicação verbal, de responsabilidade social e de *coaching*. Entre seus clientes estão Abrasel, Sebrae, IEL, Governo do Amazonas, Sesc, Fundação Muraki, Fundação Rede Amazônica, igrejas, empresas e universidades. Atua com desenvolvimento de pessoas desde 1996. É jornalista, radialista e especialista em empreendedorismo. Trabalha o *coaching* em atendimento de executivos e com times de alta performance. Suas palestras e cursos proporcionam aprendizagem acelerada e bem-estar imediato. É autor do livro "Arte de falar em público" – Editora Semente de Vida – é coautor do "Capital Intelectual: A Fórmula do Sucesso", da Editora Ser Mais.

Contatos:
marinaldomatos@gmail.com
(92) 8111-4546

Marinaldo M. Guedes

Silie é uma palavra latina que significa saltar, o "re" é um prefixo que significa novamente. Portanto, dar um novo salto. No Brasil, chegou sendo comparada à característica física de alguns materiais: bambu, borracha, silicone, pontes. Corpos e estruturas que voltam ao estado natural, mesmo após terem passado por forças, pressão, energia e misturas. As ciências comportamentais passaram a focar estudos nessa área. Logo foi observado que havia equívoco de comparações. Sob pressão, estresse e adversidades, pessoas estavam virando reféns de pseudos conhecedores da resiliência. Ao menor sinal de reclamação, logo se disparava "olha a resiliência...". aos poucos esse autoflagelo está sendo elucidado por pesquisadores. A resiliência em questão é mais simples. É quando, mesmo diante das adversidades, se consegue encontrar alternativas, enxergar oportunidades para alcançar o propósito.

Assim como outras competências da vida é preciso motivação para o uso da resiliência. A motivação vem dos seus valores, conceitos, interesses pessoais e profissionais, uma vontade de sobreviver sem perder sua essência, é uma escolha de atitude diante de situações de distúrbios emocionais. Os mais comuns são cobranças e pressões em cima de prazos e ações. Com poucos recursos, o resiliente se arma de criatividade e força de vontade para ultrapassar a barreira da estagnação e do ostracismo. Uma boa notícia é que é possível desenvolver essa competência humana que consolida a performance profissional.

Paulo Yazigi Sabbag, professor da FGV de São Paulo, reuniu informações de 3.707 alunos do curso de Administração em um estudo inédito. Com uma escala específica mediu a resiliência de cada um deles, envolvendo os fatores autoeficácia, temperança, proatividade, tenacidade, competência social, empatia, flexibilidade mental, solução de problemas e o otimismo. Na visão do professor Paulo, esses fatores auxiliam e se relacionam para proporcionar a tomada de decisões e a resolução de problemas. O resultado é que 16% dos alunos foram classificados como de baixa resiliência, 40% elevada resiliência e os 44% últimos alunos foram considerados de resiliência moderada.

Essa é mais uma pesquisa que mostra o grande desafio deste início de século e que pode durar mais uns 50 anos. A baixa resiliência é a causa esmagadora das demissões, em todas as áreas, gerando a máxima "admitido pelo currículo e demitido pelo comportamento". E com essa constatação, as empresas passaram a investir alto para sair do dilema "ele é bom no que faz, mesmo não tendo um comportamento legal. É melhor aguentar esse cara que vê-lo atuando na concorrência".

Uma dúzia de autores reforçam o coro dos que afirmam que essa é uma competência adquirida, desenvolvida e amadurecida no seio familiar e nos arroubos das fases infantil e adolescência. Outro grupo prefere não vaticinar o caos. E é nesse grupo que me incluo. Acredito no homem metamorfoseando-se para resistir ao ambiente. Mudando continuamente para sobreviver no espaço onde está posicionado.

Algumas empresas estão abrindo espaço para que executivos e outros funcionários de alto escalão tenham acesso a novas habilidades, principalmente artísticas, de modo a poderem ampliar aspectos de resiliência, adquirindo novas experiências de vida. A experiência traz resultados bem interessantes. Os profissionais passaram a ter comportamentos mais criativos na tomada de decisões, aproximou membros e aumentou a sensação de desenvolvimento da equipe. Por outro lado, inserindo esporte e *hobbys* que levam à ação e aventura, observou-se o aumento da performance na tomada de decisões em situações difíceis.

A proposta não é ser bom em todos os aspectos da resiliência, e sim desenvolver alguns deles, acelerando o crescimento profissional e o equilíbrio na vida. E o *coaching* tem essa envergadura, aprendizagem acelerada para o aumento da performance.

A resiliência, longe de ser um comportamento compacto, praticado por seres de espírito elevado, é de fácil prática quando esmiuçada de forma didática. Compreendendo melhor, é possível usá-la com mais frequência, mesmo que um tópico ou outro. E em dado dia, a gente se vê usando a maioria, acumulando vantagem competitiva, conquistando muito mais satisfação e realizações pessoais e profissionais e, acima de tudo, sendo mais feliz. A pesquisa da FGV destaca nove passos que avaliam o nível de resiliência dos profissionais:

- **Autoeficácia:** é acreditar na capacidade de desenvolver atividades necessárias para a produção de resultados almejados. Quando somada à autoconfiança apresenta resultados substanciais para a solução de problemas, que conhecemos como proatividade. No processo de *coaching* podemos adquirir a autoeficácia percebendo situações comuns ao nosso dia a dia, aumentando a percepção do conceito próprio e quais os padrões de atitude que tomamos diante das missões que nos são passadas. Desenvolver atividades, pensando minuciosamente cada passo a ser desenvolvido, cria habilidades de percepção do comando da situação.

- **Competência Social:** é uma forma de perceber que você não está só no mundo. Que há pessoas que podem ajudá-lo em momentos oportunos e de alto estresse agregado. O indivíduo passa a estar aberto ao apoio, ou ainda, buscar esse apoio em alguém mais capacitado tecnicamente ou emocionalmente. Outra forma é exercitar melhor o ouvir. Experimente ouvir uma pessoa por cinco minutos, sem emitir juízo de valor, sem bloquear o entendimento com seus filtros mentais. É difícil, mas possível. Outra atitude é relacionar-se melhor, participar de treinamentos comportamentais e de liderança, focar e desenvolver atividades que podem auxiliar outras pessoas, como projetos sociais. Doar parte do seu tempo e competência vai fazer um bem enorme a pessoas que necessitam, mas o bem maior ficará com sua consciência. Experimente, curta o novo. Milhões de pessoas estão fazendo isso pelo mundo.
- **Empatia:** é posicionar-se no lugar do outro para entender melhor a sua visão. É ter um novo ângulo para observar e entender melhor a perspectiva. Novamente, envolver-se em práticas sociais de apoio humanitário consolida esse sentimento. E são nestes lugares que você exercita o *feedback* de estar fazendo algo sem pretensões outras, que não a de sentir-se bem em fazer o bem a quem mais precisa. Outro exercício proposto é ocupar-se de leituras de biografias de pessoas que se destacaram em seu tempo e em suas funções. Nestas leituras, de alguma forma, você se modela em alguém ou em muitos personagens.
- **Flexibilidade:** é ter várias formas de agir ou se manifestar diante das circunstâncias que se apresentam, ao longo do dia, ao longo da vida. Não é questão de agir de acordo com o humor da hora, mas deixar fluir a criatividade. É ser otimista na medida certa e em todas as direções, seja qual for o caminho que tome para resolver a questão. Uma mente aberta à diversidade fica menos vulnerável à pobreza de atitudes. É bom lembrar que, por mais fina que seja a fatia, sempre haverá dois lados. Com as ferramentas de *coaching* adequadas e um *coach* experiente, você consegue elevar sua flexibilidade à potência máxima que o seu comprometimento permite.
- **Tenacidade:** é manter-se firme no propósito, independente da pressão do meio, adversidades circunstanciais e até pelo incômodo da negatividade dos colegas. Para auxiliar nesta cami-

nhada, pense em algo que você persistiu e foi vitorioso, trouxe orgulho a você. Outra forma de ampliar a tenacidade é distanciar-se daqueles que põem você para baixo, mesmo que não seja uma distância geográfica. Martinho Lutero dizia "você não pode evitar que pássaros voem sobre sua cabeça, mas pode evitar que façam ninho". A prática de esporte, desafiador dos seus limites e ao mesmo tempo prazeroso, também vai trazer uma boa dose de resistência ao meio e, de quebra, amplia sua qualidade de vida. Você mata vários coelhos com uma só cajadada. Anime-se. Mexa-se.

- **Solução de Problemas:** parece óbvio, mas resolver problemas, mesmo que rotineiros, não é o forte das pessoas. Tendemos a procrastinar alguns itens ao longo das horas. Por vezes até resolvemos as questões, mas é de uma forma automática, não desafiadora. E assim caímos na rotina, no estresse mental. Para adquirir o tônus da solução dos problemas é preciso realçar as estratégias e aguçar a autovisão do "modus operandi". Com um razoável domínio sobre a forma como você resolve os pequenos problemas, parta para resolver problemas maiores, só pelo desafio.

- **Produtividade:** é posicionar-se de forma proativa, com iniciativas certeiras. Os reativos, diante da obscuridade, imprecisões e incertezas do momento, preferem receber o impacto do problema para, em seguida, culpar o chefe, a pressão e a carga de trabalho. Para obter produtividade, o *coachee* reordena seus pensamentos e amplia o foco nos resultados macros, sem deixar de comemorar os micros resultados. Toma para si a responsabilidade dos seus atos e a consciência de que é dono dos seus resultados. Essa sinergia em avaliar cada resultado traz agilidade na busca de respostas mais assertivas.

- **Temperança:** qualquer animal reacionário tende a ser menos visado. Um leão furioso em briga com outro macho é algo pavoroso, mesmo estando preso em jaula. Já o mesmo animal namorando ou pacientemente sendo alvo das brincadeiras dos filhotes, é algo prazeroso, digno de bons momentos de contemplação. Assim é vista a temperança, o controle das emoções diante de situações difíceis. Ela blinda você de explosões violentas de raiva e impulsos indesejáveis. Só existe uma forma de evitar isso, antecipar-se ao momento e sabendo o que dispara este gatilho. Em *coaching* são trabalhadas estratégias de manter a calma por alguns segundos e tirar o foco da situação, pensando e descrevendo algo inusitado por seis segundos. Essa ferramenta é das mais simples e poderosas. O que se busca não é ignorar a raiva ou a irritação, mas ter controle do comportamento indesejado. Tendo opção, podemos escolher como reagir diante dos estímulos externos. Estourar antes e se desculpar depois é uma armadilha que deve ser evitada a todo custo. O *coach* experiente observa logo qual é a característica do *coachee*, e, sem fazer juízo de valor, promove o autoconhecimento e a aceitação dessa característica. É assim que a mudança começa, e por vezes é imediata.

- **Otimismo:** na escala da FGV, esta competência é o resultado da união da proatividade, a autoeficácia e a competência social. O otimismo pode ser adquirido no exercício de pensar o melhor das pessoas e da vida. A melhor atitude é sempre a mais esperada. Reportagens, programas policialescos e de cunho bizarro devem ser evitados, por mais que sejam uma proposta de realidade. A realidade é composta de muito mais cores que o sangue pode proporcionar.

No *coaching*, a resiliência é uma garantia a mais de sucesso no processo. Para o *coach*, é um diferencial. Quanto mais se desenvolve essa característica, mais preparado vai estar para encarar os desafios. E são os desafios humanos que aquecem essa profissão tão requisitada nos dias de hoje. Em princípio, todos são competentes, mas a resiliência salta aos olhos do cliente quando ele a reconhece no *coach* que vai atendê-lo. A confiança robustece a parceria das sessões.

A performance da empresa também precisa ser avaliada. Muitos funcionários de alto escalão se espelham na imagem institucional da companhia. A rapidez e a eficácia com que responde aos acontecimentos de crises e imprevistos, de como avalia riscos. São em momentos difíceis que visualizamos melhor as diferenças entre uma empresa que só pendura quadros com belas palavras e outra, que compartilha a vida da organização entre os funcionários e consolida o espírito de time, levantando o moral e a união, que pratica a missão, a visão e os valores.

E você é resiliente? Essa pergunta não poderia faltar neste texto. É fácil descobrir. Você já passou por uma grande dificuldade na vida? Imagino que sim. Todos passam. Lembre-se de detalhes desse momento. Como você se sente? Tem algum ressentimento ou ficou angustiado? Há algum aspecto positivo nisto tudo? Apoio dos amigos, a forma como você encarou e resolveu a situação. Ou você só lembra daquilo que lhe causou sofrimento e decepção? Qual a lição que você tirou disto tudo? Você é uma pessoa mais humana e sensível ou perdeu algo de bom que havia em você? As respostas que deixam você orgulhoso de ter vivido esse momento são as que fazem de você uma pessoa resiliente.

O *coach* tem a função de tornar o *coachee* consciente de suas emoções e do modo como elas afetam a ele mesmo, aos outros e à sua organização. Mas a responsabilidade de lidar com elas é exclusiva e intransferível do *coachee*. Tomar conhecimento, exercitar novos sentimentos e aprimorar comportamentos é o caminho mais seguro para ampliar a resiliência e ter sucesso na vida pessoal e profissional.

Um dia de cada vez. Sinta-se confortável nas mudanças e gere aprendizado nas melhorias, consolide a nova forma de agir e comemore o novo comportamento.

32

Coaching: transformando a gestão organizacional

"Não há maior sinal de loucura do que fazer a mesma coisa repetidamente e esperar a cada vez um resultado diferente."
Albert Einstein

Nara Müller

Nara Müller

Coach profissional formada pela Sociedade Gaúcha de Coaching, em parceria com a Associação Brasileira de Coaching e Behavioral Coaching Institute. É administradora, registrada no CRA-RS, sob número 18.245 e mestre em Engenharia da Produção. Atua na Educação Superior como professora de Administração Geral, Recursos Humanos e Gestão de Serviços. Foi coordenadora de Trabalhos de Conclusão, durante dez anos, nas Faculdades Integradas de Taquara/FACCAT e coordenadora de Cursos de Administração, Recursos Humanos e Gestão Comercial, durante dois anos, na Faculdade FISUL, de Garibaldi. Atualmente, é coordenadora acadêmica na Faculdade Luterana São Marcos, em Alvorada, RS. Atua como *coach* profissional, especialmente com jovens universitários que buscam ampliar suas possibilidades de carreira.

Contato:
naram.muller@gmail.com

Nara Müller

Mudar para transformar

Tanto no ambiente organizacional quanto no educacional, uma das palavras mais mencionadas e vividas nos últimos anos é a MUDANÇA, definida por algumas pessoas como: "ou muda ou dança". Na realidade, somos seres tementes a mudanças, embora saibamos que mudar é preciso. Somente mudando crenças e comportamentos é que conseguimos atingir alvos inimagináveis e objetivos almejados. A tão desejada transformação de vida, aquilo que, no nosso íntimo, todos desejamos, pode ser alcançada por mudanças de atitudes, que para alguns é mais fácil e para outros parece impossível.

Somos seres muito presos a nossos valores e crenças que muitas vezes nem reconhecemos. É preciso buscar dentro de nós mesmos o que tem valor para nós, no que acreditamos e por que acreditamos e, em seguida, descobrir em que esses valores e crenças influenciam positiva ou negativamente nos resultados esperados.

A frase de Albert Einstein, proferida no início do século passado, demonstra que essa necessidade da mudança sempre foi percebida pelos mais sábios, mas, infelizmente, as pessoas comuns não tinham sequer condições de entender do que se tratava. As pessoas eram subjugadas a seus superiores – pais, professores, chefes, orientadores espirituais – a seguir ritos, obedecer e executar o que lhes era imposto.

Muitos anos antes de Albert Einstein, outros pensadores, como o filósofo Sócrates, tentavam instigar o uso da inteligência inerente a cada ser humano. Mas, já naquela época, as pessoas não tinham liberdade de pensamento e não podiam se imaginar grandes. Hoje, cada vez mais pessoas têm acesso à informação e sabem que podem atingir seus sonhos – mesmo aqueles que nem sabem que os têm – através de processos tão surpreendentes e, ao mesmo tempo simples, como o *coaching*, por exemplo.

Coaching: mistério ou oportunidade?

Embora bastante divulgado, o *coaching* ainda parece um mistério para a grande maioria das pessoas. Quando me apresento como *coach*, várias pessoas não se manifestam e poucos são os que se arriscam a dizer que já ouviram falar. Outros desviam o olhar para não terem que responder alguma coisa, com vergonha de afirmar que não conhecem a expressão. Gosto de falar sobre *coaching* em sala de aula, entre amigos, entre colegas – este último grupo parece ser o mais resistente a falar sobre o assunto. Gosto de desafiar meus interlocutores a se expressarem sobre o que conhecem sobre *coaching* e, na maioria dos casos, pouquíssimas são as pessoas que entendem algo sobre esse processo de transformação de vidas.

Enfim, o que percebo é que *coaching* ainda é um mistério e, de certa forma, isso se torna uma grande oportunidade para a atuação dos *coaches*.

"A messe é grande e poucos são os operários." A frase, proferida por Jesus Cristo e apresentada no Evangelho segundo Lucas: 10, 1-9, explica o quanto havia para ser ensinado e quão poucas eram as pessoas aptas a realizarem a tarefa Divina. Assim também nós, *coaches*, temos uma grande tarefa a cumprir ajudando muitas pessoas a transformarem suas vidas, através de seu autoconhecimento e da busca por suas respostas em si mesmas.

Coaching é um processo que visa ajudar pessoas a definir onde querem chegar e encontrar os meios para chegarem ao seu objetivo. Os *coaches* auxiliam as pessoas a encontrarem as respostas para seus questionamentos, para suas dúvidas e as ajudam a resolver seus problemas.

Mas não é dando as respostas que um *coach* vai ajudar seus *coachees*, e sim, através de perguntas instigadoras e poderosas, que os farão refletir e buscar essas respostas dentro de si próprios.

A Sócrates é atribuído o título de primeiro *coach* da humanidade, visto que o grande filósofo não respondia com afirmações, mas com perguntas dirigidas a seus discípulos e aos que vinham em busca de sua sabedoria.

Coaching: um processo transformador

Decidi me tornar, oficialmente, uma *coach* a partir de um programa desenvolvido por uma Instituição de Ensino Superior, no interior do Rio Grande do Sul, que, aqui, chamarei de Faculdade EFE.

O programa iniciou no segundo semestre 2011 e o primeiro passo foi a capacitação de um grupo de professores para serem *coaches* e atenderem alunos de graduação de todos os cursos da Faculdade EFE. O passo seguinte foi oferecer, aos alunos, uma palestra sobre o *coaching*, com abertura de inscrições para participarem do programa. Limitamos em dois, o número de alunos – *coachees* – que cada *coach* atenderia naquele semestre.

Minhas duas *coachees* preencheram formulários de autoavaliação e pediram a pessoas de seus relacionamentos (profissionais, familiares, amigos) avaliações a respeito de suas diversas competências. Assim, cada uma delas definiu quais competências eram tidas como fortalezas e quais precisariam ser mais desenvolvidas.

Eu já trabalhara, durante dez anos, como orientadora de Trabalhos de Conclusão e sentia necessidade de aperfeiçoar minhas próprias habilidades para poder ajudar meus alunos a encontrarem o melhor tema e a melhor forma de atingir seus objetivos no âmbito educacional e profissional.

Depois da experiência, quase superficial, como *coach*, naquele programa da Faculdade EFE, resolvi que faria uma formação em *Coaching* Profissional. Foi aí que conheci a Sociedade Gaúcha de Coaching, de Porto Alegre. Inscrevi-me na turma VI, cujas aulas estavam previstas para o período de férias. E me formei em março de 2012.

Desde minha formação em *coaching*, tenho utilizado meus conhecimentos nesse processo com alunos, colegas de trabalho e outras pessoas de meu relacionamento, mesmo que muitas delas nem se apercebam disso. Acho fantástico conseguir a cooperação das pessoas e ver os resultados da aplicação do *coaching* em suas vidas e, consequentemente, no ambiente em que vivem.

A transformação prometida pelo processo de *coaching* aconteceu na minha própria vida, de forma surpreendente. Meu principal objetivo era o de me tornar uma pessoa melhor, que pudesse ajudar mais as pessoas ao meu redor. Naquele período, em que ingressei na formação em *coaching*, eu tinha me desligado da Faculdade EFE, em razão da distância que se havia estabelecido depois de uma mudança de endereço e de cidade. Algumas possibilidades começaram a surgir ao mesmo tempo em que algumas portas se fechavam. Decidi investir na carreira de *coach*.

Mas a surpresa veio durante minha formação em *coaching*: descobri uma vaga para a coordenação acadêmica de outra Instituição de Ensino Superior, que ora denominarei Faculdade EME. Inscrevi-me e passei a concorrer com outros candidatos, alguns com mais e outros com menos experiências do que eu. Confesso que eu não tinha muita esperança em conseguir a vaga, visto que não tinha obtido êxito em outras disputas. Foi numa das aulas, em que exercitávamos o uso da ferramenta "ganhos e perdas", que eu identifiquei onde estava a razão para que eu não obtivesse êxito em algumas tentativas de alcançar objetivos: eu mesma estava sabotando meus objetivos, através de expectativas negativas em relação a certas circunstâncias. Por exemplo: "Se eu conseguisse aquele emprego teria que abrir mão de estar mais tempo em casa", ou então: "Se eu não conseguisse o emprego, teria uma vida mais tranquila."

Esse tipo de questionamento é importantíssimo para descobrirmos o que podemos perder conquistando o objetivo almejado e o que ganharemos se não o alcançarmos. A simplicidade dessa ferramenta descortina a grandeza de seu resultado, assim como tudo em *coaching*. Situações particulares requerem uma ou mais ferramentas e o *coach* tem que saber identificar qual delas melhor se aplica em cada momento.

Coaching como ferramenta de gestão

Como gestora acadêmica, preciso administrar as relações entre professores e alunos, alunos e pessoal técnico-administrativo, professores e pessoal técnico-administrativo, além do meu próprio relacionamento com essas dimensões, mais a direção e a comunidade externa.

Nessa trajetória descobri que, usando o *coaching*, essas tarefas ficam bem mais fáceis. No momento em que se faz uma pergunta, se coloca, no outro, a responsabilidade de pensar e propor soluções. Isso lhes proporciona um sentimento de poder, de aumento da autoestima e os estimula a compartilhar ideias e a contribuir na construção do resultado institucional desejado.

Atualmente, estou empenhada em oferecer, aos professores, um programa de capacitações que serão propostos por eles mesmos. A partir de uma ferramenta utilizada em *coaching*, a **roda das competências**, pretendo descobrir quais aspectos deverão ser mais desenvolvidos a fim de qualificar as aulas e facilitar a interação com os alunos da faculdade.

Há algum tempo, pedi que cada professor respondesse a duas perguntas e me enviasse por e-mail. As perguntas eram:
1. O que significa, para você, ser um professor de sucesso?
2. De acordo com suas experiências, quais são os atributos que facilitam o sucesso de um professor universitário?

As respostas foram muito positivas e, junto com elas, vieram agradecimentos, por parte dos professores, pela oportunidade de pensarem no seu próprio ser e fazer docentes. Isso me fez acreditar, ainda mais, que perguntas poderosas são geradoras de efeitos impressionantes, quase milagrosos e confirmou minha convicção de que o *coaching* é a solução para qualquer situação, quando houver aceitação das partes envolvidas.

Entre as respostas para a questão 2, onde procurei descobrir os atributos de um professor universitário de sucesso, cito algumas: "Ser ético, ser transparente, justo, impessoal no tratamento com os alunos, ter conhecimento do assunto ministrado, mas também conhecimento sistêmico e holístico, ensinar a pensar, ter humildade, bom humor, ser um bom contador de história, dar exemplo de conduta profissional, exercer liderança, ter boa comunicação, saber balancear teoria e prática, ideias e experiências, saber multiplicar metodologias inovadoras em seu agir pedagógico, saber e estar aberto a aprender sempre".

Com a ajuda de um amigo, também *coach*, estou desenvolvendo, a partir dessas respostas, a roda das competências do professor universitário e pretendo enviá-la a todos os professores da Faculdade EME para que, individualmente, se situem nessa roda. A terceira pergunta, portanto, será: como você se enxerga em cada um desses atributos? (De zero a dez, pontue e localize onde você está em cada um desses raios da roda das competências).

Depois disso, a quarta pergunta será: qual, ou quais são os dois atributos que você considera aperfeiçoar, em primeiro lugar e que poderão alavancar a melhoria dos demais?

O resultado que espero dessa atividade será a definição dos pontos fortes e das possibilidades de melhoria para oferecer as capacitações mais adequadas.

Coaching: a solução

Apesar de muitas pessoas ainda não conhecerem o *coaching*, tem aumentado o número de empresários que proporcionam, aos seus executivos, capacitações nesse processo tão espetacular, especialmente, na área de vendas, para que os gestores e equipes aprendam a arte da moderna negociação, onde os vendedores perguntam e quem fala são os clientes.

Quanto a mim, não tenho dúvidas de que obterei êxito na aplicação do *coaching* na gestão acadêmica, pois, trabalhando com as ferramentas básicas, já tenho colhido bons frutos.

Este artigo não se conclui, portanto, mas abre possibilidades para a geração de novas teorias, baseadas nas experiências empíricas da aplicação do processo de *coaching*.

Se *coaching* é solução para tudo, não se pode afirmar, mas não tenho dúvidas de que essa solução depende de duas variáveis básicas: a habilidade dos *coaches* e a reciprocidade dos *coachees*.

Finalizo com mais uma frase de Albert Einstein, citada por um dos professores que responderam às minhas duas perguntas:

> *"Mais importante que ter sucesso na vida, é ser uma pessoa de valor". Para mim, ser uma pessoa de valor, pode ser chamado de sucesso e o coaching eleva as possibilidades de obter esse sucesso. Quem procura conhecer o coaching já demonstra ser uma pessoa de valor, que busca*
> *o aperfeiçoamento pessoal e das pessoas que a cercam.*

33

O que você procura?

Quantas vezes você já fez promessas a si mesmo e não cumpriu, quantas vezes você se pegou perseguindo um objetivo que não faziam o menor sentido para você, o que você procura afinal? Por que é tão difícil alcançar um objetivo que agregue um significado à sua vida? Como saber se a sua meta o fará feliz de fato? Por que às vezes você tem a sensação de estar caminhando na esteira (movendo-se sem sair do lugar)? O artigo a seguir é uma reflexão dessas e de outras questões que farão a diferença em sua vida

Nelson Vieira

Nelson Vieira

Certified Advanced Master Coach Sênior pela Graduate School of Master Coaches (EUA/UK/Austrália), ICI – International Association of Coaching Institutes (EUA), ECA – European Coaching Association (Alemanha/Suíça), GCC – Global Coaching Community (Alemanha) e Metaforum International - Academia Mundial de Competências (Itália/Alemanha). *Associed Certified Coach* junto ao ICF – International Coach Federation. Empresário, diretor executivo da Quantum Solutions, Psicólogo Clínico e Organizacional, especializado em Gestão de Pessoas pela FGV, *Advanced Coach Sênior* pelo BCI (Behavioral Coaching Institute) e pela ICC (International Coaching Council), *Master Coach Trainer* do Instituto Brasileiro de Coaching com ampla experiência em RH estratégico. Tem obtido destaque em programas de Desenvolvimento Comportamental em todo o Brasil. Escreve artigos para diversos sites e revistas especializadas e é coautor do Manual Completo de Coaching e do livro Master Coaches, ambos pela Editora Ser Mais.

Contatos:
www.nelsonvieira.com.br
contato@nelsonvieira.com.br
(21) 4062-7504
(11) 4063-7017

– Menina: E agora? Que caminho eu devo seguir?
– Coelho: Onde você quer chegar?
– Menina: Eu não sei onde quero chegar.
– Coelho: Ora, se você não sabe aonde quer chegar, então qualquer caminho serve.

O diálogo acima retrata uma reprodução aproximada de um diálogo entre a personagem Alice e o coelho na história contada por Lewis Carroll, "Alice no País das Maravilhas".

Já parou para pensar como existem pessoas nesse mundo que passam pela vida sem saber exatamente aonde ela as levará simplesmente por não terem definido exatamente aquilo que procuram? Resultado: passam pela vida como se esta fosse um ciclo vicioso, no qual entra ano, sai ano e continuam do mesmo jeito, fazendo as mesmas coisas, obtendo os mesmos resultados e ficam entediadas, por que a zona de conforto uma hora incomoda, e é justamente nesse momento que as pessoas entram em movimento; algumas vezes o fazem de forma desordenada e ocupam o seu tempo com coisas e atividades sem sentido, apenas para terem a pseudo-sensação de estarem correndo atrás de alguma coisa. Embora não saibam bem o que é isso que as coloca em movimento, o impacto de suas ações é neutro, levando-as assim, a ficarem somente mais ansiosas, tristes e incomodadas, podendo esses sentimentos evoluírem até para uma depressão.

Outras pessoas, no entanto, têm objetivos em demasia, que acabam por tomar todo o seu tempo, levando-as a se dedicar apenas 20% ou menos em cada um, mas sem focar em nenhum deles, como consequência atribuem a culpa de não conseguirem obter resultados positivos em suas vidas às inúmeras tarefas dos seus "vários objetivos", que são simultâneos e concorrentes entre si, o que serve como pretexto para não serem bem-sucedidas.

É importante ressaltar, que em ambos os casos, trata-se de uma forma sutil de autossabotagem e que este, provavelmente é um padrão de comportamento que já as acompanha ao longo de sua existência. Para sair desse ciclo, procuram um *coach* que as ajude a mudar o seu padrão comportamental, definindo um objetivo e promovendo ações que realmente tenham um significado maior e agreguem sentido para suas vidas. Ou seja, traçar um objetivo é a parte mais simples de todo o processo; levar as pessoas a serem verdadeiramente felizes, serem a melhor pessoa que podem ser, é o maior de todos os desafios do *coach*, que, no primeiro caso, ajudará o *coachee* a encontrar um objetivo e a se manter focado no mesmo, acompanhando sistematicamente os resultados obtidos e inspirando-o a entrar em ação. E para o caso de o *coachee* ter vários objetivos simultâneos, utiliza-se como recurso a técnica da alavancagem, já bastante difundida no meio: "– Em qual desses objetivos você acredita que se dermos mais atenção impactará positivamente nos demais?". Seria um equívoco sem precedentes trabalhar mais de um objetivo simultaneamente, por que teoricamente, o *coachee* iria continuar obtendo os mesmos resultados de sua vida inteira e certamente não era isso o que ele desejava ao procurar um *coach*. Desse modo, é imperativo que o *coach* abrace um objetivo por vez para evitar o risco de "ajudar" o *coachee* em seu processo inconsciente de autossabotagem.

Assim, existem várias formas de se estabelecer um objetivo, porém, uma regra é comum a todas, salvo uma ou outra variação, que é a meta **SMART**, que traduzindo literalmente para o português significa esperto/inteligente, no entanto, aqui funciona como um acrônimo conforme ilustração abaixo:

e **S** Pecífica

M ensurável

A lcançável

R elevante

T empo limite

Específica

Quantas vezes você já ouviu alguém declarar: "Um dia eu compro um carro"? Provavelmente você mesmo ou alguém do seu círculo de amizades em algum momento da vida já deve ter dito isso. Tranquilize-se, não há nada de mal em fazer tal declaração, pelo contrário, ela pode até ser útil, pelo menos já sabemos que ela não está interessada em um apartamento, uma casa ou um imóvel na praia, ela quer mesmo é um carro!

Contudo, assim como o cérebro não consegue distinguir o que é real ou imaginário, logo reage à estrutura do pensamento e não da realidade, ele (o cérebro) trabalha melhor quanto mais específicos somos em relação aquilo que queremos. Portanto, não é suficiente saber que se quer um carro, é necessário especificar modelo, marca, cor, ano, opcionais, enfim, definir detalhes que possibilitem ao cérebro formar a imagem correta daquilo que se deseja concretizar.

Interessante é que ao fazermos isso, adotamos intuitivamente a lei da atração do Brian Tracy, na qual passamos a enxergar o objeto desejado em cada lugar por onde passamos como se tivessem sido criados após o definirmos, alguns até dizem: "Só porque eu decidi ter esse carro todo mundo o comprou", só que na realidade, tais veículos já existiam e muitos já tinham seus donos, só que a pessoa não se dava conta por que não o havia especificado em detalhes, quando assim o fez, o cérebro passou a chamar a sua atenção para cada objeto idêntico que visse pela frente como uma forma de alertá-lo para o seu objetivo. É a "Substância Reticular Ativadora", segundo Anthony Robbins, que atua no sistema límbico do cérebro despertando emoções positivas cada vez que ele reconhece o objeto desejado tal qual foi especificado.

Mensurável

Toda meta tem que ter parâmetros de mensuração, quais sejam: medidas de peso, comprimento, altura, distância, velocidade, custo, valor financeiro (expectativa de retorno sobre investimento) e outros. Por exemplo: até quanto se deseja investir na compra do carro especificado no presente objetivo?

A ausência de mensuração torna o objetivo mais lúdico e difícil de concretizar pela dificuldade em se definir a real diferença entre o seu estado atual e o estado desejado, inviabilizando o seu acompanhamento sistemático para avaliar sua performance em relação ao objetivo a ser alcançado.

Alcançável

Neste ponto, há dois riscos bem claros: um é o de superestimar e outro o de subestimar a meta, o que em ambos os casos, pode ser altamente prejudicial para a motivação e autoestima. Então, para que a meta tenha relevância, ela precisa ser possível de ser atingida em sua plenitude, afinal, não há nada mais desmotivador do que correr atrás de um resultado e jamais alcançá-lo, dada a sua impossibilidade e tampouco definir objetivos fáceis demais, que não exijam um esforço maior de quem os define que não imponham um desafio na medida exata.

Aqui é importante deixar claro que cada pessoa conhece intimamente suas capacidades, portanto, jamais subestime o potencial de alguém para alcançar determinado objetivo. Se ela disse que vai alcançá-lo, acredite, se o objetivo for verdadeiramente relevante, ela irá, no mínimo, concentrar toda a sua energia nele!

No entanto, alguns objetivos são definidos tendo como base apenas os sonhos de quem os define, mas sem nenhum critério mensurável; é quando se exige toda a habilidade e maestria do *coach* em fazer perguntas assertivas que o levem à uma visão mais realista do seu objetivo possibilitando-o definir acerca da viabilidade ou não do seu objetivo, para que o mesmo faça as suas próprias escolhas sem nenhuma interferência do meio. Nesse caso, cabe ao *coach* seguir os quatro passos para aproximar o objetivo à realidade de cada pessoa:

1. Estabelecer quantitativamente o objetivo final a ser alcançado dentro de um período de tempo.
2. Segmentar a meta, desmembrando-a em objetivos menores, também chamados de metas de performance. Por exemplo: para se atingir um determinado objetivo financeiro em um ano, quanto precisaria ter de lucro líquido todo mês? Por semana? Por dia? Por membro da equipe?
3. Após, deve-se confirmar com a pessoa se atualmente é possível atingir a meta de performance diária conforme definição anterior.
4. Em caso de resposta positiva por parte do *coachee*, seguir adiante com o objetivo estimulando-o a entrar em ação. Caso contrário, adota-se uma das duas alternativas: ou amplia o prazo definido no objetivo ou reduz a meta a ser alcançada.

Relevante

Para se definir o quão relevante é um objetivo, é necessário ter bastante sensibilidade para não correr o risco de a pessoa correr atrás de algo que não tenha um real significado ou que venha a se chocar com o seu critério de valores, pois, os objetivos devem dar sabor à vida e nos colocar em movimento para nos conduzir à felicidade plena.

Portanto, é fundamental se estabelecer um alinhamento entre os seus objetivos e o seu critério de valor:

- Quanto vale para você alcançar tal objetivo?
- Qual a sua verdadeira importância?
- Qual o impacto disso em sua de vida? E na das pessoas mais próximas e que você mais ama?

- Como se sentiria tendo-o alcançado?
- Qual o significado dele para a construção do seu legado?

Tempo Limite

É impossível traçar um objetivo sem definir um prazo final para a sua realização. Isso levaria o cérebro a um relaxamento e, consequentemente, à zona de conforto – que depois de algum tempo, incomoda – e, possivelmente, a um desvio de foco. Assim, segundo Timothy Ferriss, todos deveriam exercitar a arte de definir prazos mais curtos para promover maior agilidade nas ações importantes que o conduzirão ao alcance do objetivo proposto, o que ajudaria também no condicionamento do cérebro para agir sempre de forma mais imediata, seja para atender metas de curto prazo ou demandas do cotidiano dentro de um tempo proposto. Desse modo, uma meta só tem validade quando tem data e, em alguns casos, até hora para terminar.

Redigindo o objetivo

Normalmente aprendemos a redigir um objetivo colocando o verbo de ação do início da frase conjugando-o no infinitivo, tipo: fazer, coordenar, tabular, executar, dentre outros. Essa conjugação pressupõe uma obrigação e, por conseguinte, impõe uma certa distância do objetivo proposto o que, embora não seja via de regra, pode gerar dor e sofrimento simplesmente por "ter que fazer tal coisa". Ora, todos sabem que o ser humano apresenta uma enorme tendência a fugir da dor e a se aproximar do prazer. Assim, para uma maior proximidade com o objetivo, bem como para minimizar o impacto gerado pelo peso da obrigação, estabelecemos o objetivo iniciando-o com o verbo de ação no futuro do presente, o que daria ainda a sensação de já ter conquistado o seu objetivo.

Vejamos um exemplo comparativo de redação do objetivo:

Com o verbo de ação no infinitivo:

"Viajar de férias para a cidade de Turim na Itália no período de 01 a 15/07/2013, investindo o valor máximo de US$ 6.000,00".

Com o verbo de ação conjugado no futuro do presente:
"No período de 01 a 15/07/2013 terei viajado de férias para a cidade de Turim na Itália investindo o valor máximo de US$ 6.000,00".

O próximo passo é definir o plano fragmentando o objetivo em ações sucessivas a serem adotadas antes da viagem, tais como: juntar o dinheiro, pesquisar agências de viagens, monitorar preços de passagem, definir roteiros, checar o clima, organizar a mala com roupas apropriadas e outros, com prazos determinados para cada uma, sendo que todas devem ser concluídas antes da data determinada no objetivo maior, respeitando assim o prazo final e o orçamento especificados.

No mais, uma vez tendo definido o seu objetivo, acredite na sua infinita capacidade realizadora, declare-o, estimule todos os seus canais sensoriais: visualize o seu objetivo como se ele já tivesse sido realizado, ouça o som da vitória, sinta em cada parte do seu corpo a sensação de já tê-lo alcançado, sinta-se merecedor, comemore cada pequena conquista, autocongratule-se, presenteie-se, adquira resistência à frustração, supere todos os obstáculos que lhe aparecerem, faça valer a pena. Encontre o que você procura e seja feliz!

Referências

FERRISS, T. *Trabalhe 4 horas por semana*. São Paulo: Planeta do Brasil, 2008.

ROBBINS, A. *Unleash the power within (CD áudio)*. New York: Simon & Schuster, 2012.

TRACY, B. *Metas: como conquistar tudo o que você deseja...* Clóvis Marques (trad.). Rio de Janeiro: Best Seller, 2005.

_____. *As leis universais do sucesso.* Teresa Bulhões (trad.). Rio de Janeiro: Sextante.

WHITMORE, J. *Coaching para aprimorar o desempenho*. Henrique Amat Rego Monteiro (trad.). São Paulo: Clio Editora.

34

Coaching como ferramenta para capacitação das equipes de vendas

O propósito deste artigo é propor algo novo para a capacitação das equipes de vendas. A proposta é a utilização das modernas técnicas de *coaching* que propiciam maior foco, alinhamento de valores, consciência das escolhas e estímulo à ação. Estes fatores são fundamentais para as equipes venderem mais e melhor, buscando satisfação e fidelização dos seus clientes

Nilson Redis Caldeira

Nilson Redis Caldeira

Diretor da Reconectar Desenvolvimento Humano e Organizacional, consultoria especializada em vendas, negociação e liderança. Possui experiência no desenvolvimento e aplicação de programas de treinamentos para profissionais de todos os níveis. Como diretor da Megadealer Network Development tem atuação focada em soluções para rede de distribuição de veículos e desenvolve programas técnicos e comportamentais. Executivo com trinta anos de experiência, possui as seguintes certificações: MBA Executivo Internacional pela USP, Add Value Road Map - Tilburg University, Holanda, International Competitiveness - Vanderbilt University, EUA, Doing Business in Europe - EM Lyon, França. *Leadership and Human Capital* - Cambridge University, Inglaterra. *Coach* - International Coaching Community. Eneagrama - Enneagram Worldwide. Certificado 101 - Análise Transacional,UNAT. *Practitioner* e *Master Practitioner* em PNL. Pós-graduação em Marketing- ESPM. Graduação em Publicidade-FAAP. Colunista de nas revistas "Grandes Formatos" e "Revenda Fenauto".

Contatos:
www.reconectar.com.br | www.megadealer.com.br
nilson@reconectar.com.br | nilson@megadealer.com.br
(11) 99222 0922

Nilson Redis Caldeira

> *"Entender o que fazemos pode não ser suficiente para iniciarmos uma mudança de comportamento"*
> **A. Freeman**[1]

A grande questão que mobiliza indivíduos dos mais diversos campos de atuação é como realizar mudanças para uma melhor performance tanto profissional quanto pessoal.

Como destacado pelo professor A. Freeman na frase que inicia o artigo, o entendimento que precisamos mudar um comportamento normalmente não é suficiente para impulsionar os indivíduos em direção às mudanças.

O *coaching* surgiu como uma técnica que contribui de forma efetiva para ajudar nos processos de mudança. Sua aplicação em equipes de vendas ainda é restrita a poucas organizações e, por isso, representa uma oportunidade para empresas que buscam a capacitação e melhoria das suas equipes comerciais.

Com uma metodologia prática que propicia maior foco, alinhamento de valores, consciência das escolhas e estímulo à ação, o *coaching* se tornou um aliado estratégico para o desenvolvimento das equipes comerciais e contribui de forma significativa para as corporações atingirem seus objetivos.

Vejamos a seguir em detalhes como o *coaching* pode contribuir com as equipes comerciais.

Autoconhecimento do profissional de vendas para descoberta de pontos fortes e oportunidades para melhoria

O *coaching* dispõe de ferramentas poderosas para que o vendedor possa se conhecer melhor e, a partir daí, direcionar de forma mais adequada seus esforços. Vamos destacar três ferramentas que podem ser usadas para atingir estes objetivos:

1. Avaliação de potencial e desempenho

Esta ferramenta permite que o profissional a partir dos seus objetivos e metas reflita em quatro pontos básicos:
- Como está seu desempenho hoje em relação à meta.
- Possui potencial para realizar a meta.
- Quais as interferências que podem ocorrer (ou já ocorrem) que limitam sua ação na busca do objetivo.
- Identificação clara dos GAPs.

---

[1] PhD em Psicologia. Professor de Psicologia na Governors State University – Illinois e Psicólogo Chefe e Diretor de Treinamento da Sheridan Shores Care and Rehabilitation Center - Illinois, EUA.

2. Inventário de ganhos e perdas

Com base em uma análise deste inventário, o profissional da área comercial tem oportunidade de identificar os fatores motivadores e sabotadores.

Os fatores motivadores muitas vezes podem estar ocultos atrás de crenças limitantes que impedem uma boa performance do profissional. Entretanto, a maior contribuição destes inventários vem da identificação de fatores sabotadores que agem de forma ostensiva no dia a dia dos profissionais.

É comum vendedores descobrirem as verdadeiras razões por que não visitam determinados clientes, ou por que têm "medo" ou dificuldade de negociar com certas empresas.

Trata-se de uma oportunidade única dos profissionais reverem seus comportamentos e identificarem os "ganhos secundários" ou "perdas" que possuem quando limitam suas ações.

Modelo gráfico: Inventário de ganhos e perdas

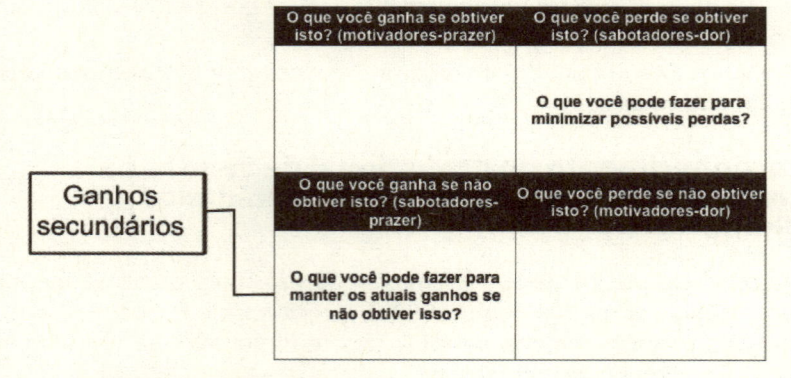

	O que você ganha se obtiver isto? (motivadores-prazer)	O que você perde se obtiver isto? (sabotadores-dor)
		O que você pode fazer para minimizar possíveis perdas?
Ganhos secundários	O que você ganha se não obtiver isto? (sabotadores-prazer)	O que você perde se não obtiver isto? (motivadores-dor)
	O que você pode fazer para manter os atuais ganhos se não obtiver isso?	

3. SWOT análise pessoal

Uma ferramenta muito comum no meio empresarial, a análise SWOT é também uma ferramenta muito boa para o autoconhecimento.

As iniciais têm o seguinte significado:
- S - *Strengths*: pontos fortes.
- W - *Weakness*: pontos fracos.
- O - *Opportunities*: oportunidades.
- T - *Threats*: ameaças.

Durante a utilização desta ferramenta o profissional deve considerar que os pontos fortes e fracos, respectivamente "*Strengths*" e "*Weakness*" são forças ou fraquezas internas, ou seja, estão dentro dos seus domínios e desta forma podem ser gerenciadas pelos profissionais com mais facilidade.

Já as oportunidades e ameaças, respectivamente "*Opportunities*" e "*Threats*", estão relacionadas ao ambiente externo e por isso devem ser identificadas e trabalhadas com constância. Os profissionais bem-sucedidos são aqueles que mantêm uma constante consciência destes quadrantes e trabalham no sentido de efetivamente gerenciá-los de modo efetivo.

	Pontos fortes	Pontos fracos
Análise interna		
	Oportunidades	Ameaças
Análise Externa		

Habilidades pessoais para vendas

Muitas vezes, profissionais da área de vendas buscam os segredos de colegas mais bem-sucedidos. O *coaching* revela esses segredos de uma forma simples e prática, pois não são apenas segredos de alguns profissionais, são práticas de comportamento que tornam os relacionamentos, sejam eles comerciais ou pessoais muito mais efetivos. Vamos a estes segredos.

Rapport - empatia total com o cliente

No processo de vendas *rapport* significa criar uma relação de confiança e harmonia na qual o cliente fica mais aberto a trocar informações e aceitar sugestões do profissional de vendas.

Os profissionais de venda que sabem usar estas técnicas criam relacionamentos saudáveis e duradouros que se tornam barreiras de entrada a outros, os concorrentes.

Posições perceptivas - sentindo como o cliente pensa

Posição perceptiva é uma perspectiva particular ou ponto de vista a partir do qual a pessoa percebe uma situação ou um relacionamento. O ideal é circular pelas posições para ter uma visão diferenciada e contribuir de uma forma mais efetiva para a negociação.

A 1ª posição é a sua posição ou a posição do vendedor. Aqui ele enxerga a sua própria realidade, não a realidade do cliente. Se ele se fortalecer demais nesta posição, só pensará em si, no seu produto, na sua empresa. Se tiver uma 1ª posição fraca, aceitará facilmente as objeções dos clientes.

A 2ª posição é a posição do cliente. Quanto mais empatia e *rapport* ele tiver, melhor será sua capacidade de sentir esta posição. Nesta posição ele poderá pensar como a pessoa pensa, suas ideias, opiniões, valores etc. Se o vendedor tiver uma 2ª posição forte será capaz de identificar claramente as necessidades do comprador e endereçar propostas mais eficazes. Uma 2ª posição fraca significa que ele não entende claramente as necessidades dos clientes.

A 3ª posição é uma visão distanciada das duas posições onde você poderá enxergar o relacionamento entre os dois pontos de vista. Nesta posição, o vendedor terá condições de ver claramente quais os efeitos dos resultados da sua negociação e como isto pode impactar no processo.

Já a 4ª posição perceptiva é uma posição em que se está associada com todo um sistema. É o ponto de vista, por exemplo, "qual o impacto desse negócio no mercado", fundamental em grandes ciclos de vendas. A 4ª posição tem um aspecto de gestão muito forte, por isso é essencial para a liderança efetiva, para a formação de equipes e para o espírito de grupo.

Sistemas representacionais - falando da forma que seu cliente entende melhor

Todas as informações que chegam ao nosso cérebro são captadas pelo sistema **visual** (olhos), pelo sistema **auditivo** (ouvidos), pelo sistema **cinestésico** (olfato, paladar, tato e sensações) e pelo sistema **digital** (ou auditivo digital que é a maneira de pensar usando palavras e falar consigo mesmo).

Normalmente privilegiamos um destes sistemas e o usamos como principal. Se soubermos qual o sistema representacional preferido do nosso cliente será muito mais fácil manter o *rapport* e usar de forma adequada os argumentos de venda. Vejamos alguns exemplos de como podemos perceber isso na prática:

Um cliente visual pode se expressar da seguinte forma:

"Se você examinar com atenção a nossa proposta, verá que temos que conciliar o seu ponto de vista e o nosso."

Já um cinestésico:

"Acho que vamos defrontar com um problema difícil de carregar nos ombros. É hora de manter os pés bem firmes no chão e ficarmos juntos."

Um auditivo:

"Esta sua proposta vai gerar ruído. Para mim soa grego. Acho melhor você ouvir o que tenho a dizer."

Um cliente digital:

"Hum... Preciso refletir a respeito desta proposta."

Agora imaginem se o seu cliente é extremamente digital, uma pessoa lógica que tem seu processo de compras estruturado de uma forma totalmente detalhada e o profissional de vendas atua sob pressão tentando tirar o pedido? Já imaginaram o resultado?

Backtraking - a arte de usar as próprias palavras do cliente

Somente um bom ouvinte poderá ser um bom vendedor. *Backtraking* é uma técnica de reforçar os pontos-chaves do cliente usando os principais conceitos elaborados por ele mesmo. Isto significa ter uma escuta ativa para repetir exatamente as palavras importantes que ajudam o profissional de vendas em sua negociação.

Articulação - a habilidade de resumir e conduzir uma negociação

Ao usar com maestria a a articulação, ou seja, a capacidade de captar as expectativas do cliente e colocar de forma clara para ele, o profissional de vendas conduz o cliente durante a negociação clarificando a situação atual e servindo como ponte para planejar o fechamento do negócio.

Tarefas - ter sempre um próximo compromisso

Da mesma forma que o *coach* estabelece de comum acordo com o cliente uma tarefa em direção ao objetivo do processo, durante uma negociação é fundamental deixar sempre um próximo compromisso agendado, seja uma visita, um telefonema ou uma demonstração, onde o cliente se comprometa de forma bem específica e com prazo determinado.

Perguntas, uma habilidade socrática para levar à reflexão

As modernas técnicas de vendas trabalham muito bem as perguntas.

O *coaching* tem uma estrutura de perguntas totalmente adequada aos processos de negociação de vendas com valor agregado. A metodologia é totalmente focada na meta, ou seja, orientada em uma direção, mas sem se tornar agressiva. Aliás, pelo contrário, explora valores e através de perguntas torna o cliente responsável pelo sucesso do negócio.

Com perguntas sempre embutidas com pressupostos da negociação, essas técnicas têm o mérito socrático de levar o cliente a refletir sobre todos os benefícios da sua solução. Vejamos alguns exemplos de técnicas de perguntas de *coaching* em vendas:

Orientadas para fechamento da negociação:
"Quando você fechar este negócio que benefícios sua empresa terá?"
Perguntas que levam à ação:
"Qual seria nosso próximo passo?"

São focadas em objetivos não em problemas:
"Nosso trabalho ajudará sua empresa atingir sua meta de faturamento?"
Pergunta com pressuposição proveitosa:
"De todos os recursos que você dispõe, qual a seu ver seria mais efetivo em melhorar esta situação?"
Relacionar a negociação com a missão e visão da empresa:
"Este projeto deixará a empresa mais alinhada com seus valores?"
"Estamos efetivamente trabalhando dentro da missão da sua empresa?"

Então, qual o próximo passo?

Esta junção das técnicas de vendas com *coaching* se justifica em função que, tanto vendas como o *coaching*, trabalham a interação e relacionamento entre pessoas. Esta interação é bem-sucedida quando é formada pelo interesse genuíno das necessidades da outra pessoa, seja um cliente de *coaching* ou um cliente de uma negociação. E como afirma Neil Rackham, criador do SPIN, "vender ainda se baseia como um vendedor e um cliente trabalham juntos". (pg.10)

Voltando à reflexão provocada pela frase inicial do professor A. Freeman, "Entender o que fazemos pode não ser suficiente para iniciarmos uma mudança de comportamento" (Frase mencionada pelo Prof. Dr. Arthur Freeman durante Workshop "Terapia cognitiva comportamental" em 02 de maio de 2009, São Paulo), podemos complementar que uma metodologia focada na ação como o *coaching* com certeza poderá trazer excelentes resultados para as equipes comerciais.

Que tal experimentar algo novo com sua equipe de vendas para ter a oportunidade de ter resultados diferentes?

Referências

RAKHAM, Neil; *Alcançando a excelência em vendas*: SPIN Selling. Construindo relacionamentos de alto valor agregado para seus clientes. São Paulo, McGraw-Hill, Inc, pg. 10.

35

O poder da liderança servidora

Todo ser humano possui dentro de si a capacidade de liderar, a liderança não está ligada à personalidade do indivíduo, tenho visto pessoas tímidas e introvertidas exercerem sua liderança, influenciando centenas de pessoas. Todos nós podemos ser líderes de sucesso, podemos desenvolver nossa liderança a ponto de inspirar pessoas a nos seguir em nossa visão

Oswaldo Neto

Oswaldo Neto

Coach, Palestrante e Consultor Empresarial. Formado em gestão de negócios, *Professional & Self Coaching* pelo Instituto Brasileiro de Coaching e Coaching ISOR pelo Instituto Holos. Autor do Livro: "O Segredo do Sucesso dos Empreendedores do Reino" Líder do Projeto Tsaleah para Jovens Empreendedores. Nasceu na cidade de Campo Grande-MS, veio de uma família de empreendedores desde sua adolescência se mostrou interessado pelo mundo dos negócios, passando a estudar a vida de vários empreendedores e homens de negócios, tanto do mundo secular como do mundo cristão.

Contatos:
www.oswaldoneto.com.br
contato@oswaldoneto.com.br
oswaldoneto@tsaleah.com.br
twitter.com/oswaldoNeto12

Quero deixar bem claro que existe um líder preso dentro de você que precisa ser solto e apresentado ao mundo. Em nossas vidas sempre estamos em contato com liderança, ou somos liderados, ou somos líderes e, às vezes, as duas coisas ao mesmo tempo, somos liderados e lideramos. Essa capacidade de liderar pode ser aprendida e ensinada, mas o que realmente irá despertar sua liderança será sua atitude.

A atitude controla sua reação no presente e determina o seu futuro. A sua atitude cria o seu mundo e o seu futuro. Atitude é um comportamento mental que determina a nossa interpretação ou reação ao nosso meio ambiente. É importante entendermos que a atitude é um produto da integração de nosso valor próprio, autoimagem, autoestima e senso de propósito.

O ser humano não foi designado para ser dominado e sim influenciado, o mundo em que vivemos hoje não suporta mais líderes dominadores e controladores. O método de liderar manipulando pessoas, através do medo e da repressão ficou no passado, os resultados obtidos com equipes que sofrem assédio moral através de chantagem são irrisórios se comparados ao resultado de equipes que têm líderes servidores.

O retrato da liderança controladora e de poucos resultados é este: líderes que possuem poder sem propósito, dinheiro sem significado, possuem posições sem entusiasmo, possuem imóveis e não lares, eles protegem animais e matam seres humanos por nascerem, trocam a integridade por prazer momentâneo.

Não seja um líder manipulador que todos temem, por que o dia que o medo acabar você está fora. Risque do seu vocabulário as frases: "o erro foi da equipe", "se não sou eu nessa empresa as coisas não acontecem", "não preciso valorizar eu já pago o seu salário", etc.

Tire o seu foco do gerenciamento, processos e sistemas e se concentre nas pessoas. Seja o líder que todos querem seguir, inspire confiança, tenha empatia e seja duro quando tiver que ser.

Mas afinal, o que é liderança servidora?

A liderança servidora nada mais é do que uma liderança baseada em servir as pessoas e ajudá-las a conquistar os seus objetivos; liderança servidora é conceder às pessoas uma causa para viver (ou trabalho) e um sentimento de valor que lhes dá sentido à vida e as tornam necessárias.

A verdadeira liderança não é um método que aprendemos em um curso e nem uma técnica que lemos em um livro, porém liderança é simplesmente uma ATITUDE. O que difere grandes líderes de pessoas comuns são suas atitudes em relação ao mundo, os líderes de atitude nunca olham para as circunstâncias como algo definitivo, mas como uma situação passageira. Estão sempre buscando novas maneiras de resolver problemas, usando sua criatividade e inovação, eles encontram-se na vanguarda do seu tempo.

A liderança servidora é a disposição interior da pessoa, a qual está ligada a um senso de propósito, de autovalor e de autoimagem. Os verdadeiros líderes inspiram as pessoas a perseguir algo mais elevado e melhor do que aquilo que elas têm experimentado.

> *"A liderança servidora significa usar a si mesmo para aumentar o valor de outros"*
> **Myles Munroe.**

Invista em pessoas, ajudando-as a encontrar o seu sentido de vida e propósito, encaixando-as nas posições e carreiras mais adequadas para o seu perfil, fazendo assim com que as organizações ganhem pessoas mais engajadas com suas atribuições, e produzindo mais, aumentando a lucratividade e fazendo com que o indivíduo seja automotivado e feliz, fazendo o que gosta da melhor maneira possível.

A liderança tem muito pouco a ver com o que você faz ou com o cargo que ocupa, ela está intimamente ligada com o que você se torna. Literalmente você deve ser um modelo a seguir para os seus liderados. Os verdadeiros líderes servidores nunca desejam liderar, mas servir.

Você pode, a partir de hoje, decidir tornar-se um líder servidor de sucesso, basta apenas que tome a atitude correta, não seja uma cópia de outros líderes, seja original, ou melhor, seja você mesmo e transforme sua vida em uma biografia de sucesso através de uma liderança que não vê os seus próprios interesses, mas busca o interesse coletivo das pessoas e organizações, levando em conta os objetivos individuais.

A essência de um verdadeiro líder é conhecer e tornar-se ele mesmo, manifestando quem é em vez de provar o que é, indo na contramão da sociedade que pretende que todos sejam iguais. O líder servidor não chama atenção para si próprio, mas para o projeto e propósito em que está engajado.

Como se tornar um líder servidor?

- Deixar de lado o orgulho, o egoísmo e a falsidade.
- Importar-se com as pessoas.
- Não criticar, não condenar e não julgar.

- Deixar bem claro suas expectativas em relação aos seus liderados.
- Ajudar a equipe a atingir suas metas.
- Ser paciente, honesto, gentil e humilde.
- Liderar pelo exemplo, falar não é fazer.
- Liderança é uma responsabilidade, não seja imaturo;
- Seja disponível, construa pontes e destrua paredes;
- Entenda que seu sucesso passa pelo sucesso de muitas pessoas.

Ser um líder servidor não quer dizer ser um líder "bonzinho" ou mesmo um herói. Em poucas palavras, a característica mais marcante do líder servidor é jamais colocar os seus interesses acima dos interesses daqueles que são liderados por ele e daqueles que lhe confiaram a responsabilidade do cargo.

Todo líder servidor é um mestre, que ensina princípios e valores através de suas atitudes. A humildade é necessária e deve ser a tônica, pois esse tipo de liderança se opõe ao reconhecimento individual. Ao contrário, visa a duplicação, a continuidade e o aperfeiçoamento de seus poderes, com a formação de novos líderes tão capazes ou melhores que seus antecessores.

O objetivo da liderança servidora é maior que a própria existência do líder servidor. É contribuir com o sucesso da causa, hoje e sempre. Por isso, se alguém melhor preparado se apresenta para qualquer função, ele transfere seus poderes de bom grado. O projeto é comunitário e deve continuar também na sua ausência.

Cultive isso

- Resistência: encarrar o fracasso como temporário.
- Coragem: transformar o temor em motivador.
- Paciência: saber esperar por mudanças.
- Compaixão: sensibilidade pelo valor de outros.
- Estratégia: planejar em vez de aterrorizar.
- Diversidade: reconhecer as diferenças.

Finalizando, para se tornar um líder servidor é necessário atitude:

- A sua atitude controla a maneira como você age.
- A sua atitude determina a maneira como você responde à vida.
- A sua atitude pode abrir ou fechar portas de oportunidades.
- A sua atitude determina as suas limitações.

Mude sua atitude e torne-se um líder que todos querem seguir!

Ferramentas de Coach Para o Líder Servidor

Um líder que deseja ser mais assertivo e influente com sua equipe precisa desenvolver habilidades e competências de *coach*, quero apresentar algumas ferramentas que podem auxiliar o líder a descobrir e maximizar o potencial humano escondido em cada indivíduo:

1) Não Julge: você precisa respeitar a visão de mundo do seu colaborador, quando agimos com julgamentos e condenações corremos o risco de deixar os membros de nossa equipe ainda mais na defensiva, e torna-se difícil entendê-los e promover mudanças satisfatórias.

2) Faça Perguntas Poderosas: desenvolva a habilidade de ouvir as pessoas na sua essência através de perguntas abertas. As perguntas são ferramentas poderosas no processo de *coaching*, pois através delas extraímos a verdadeira essência. Faça perguntas que estimule a reflexão, exemplo:

- Como você pode mudar essa situação?
- Como você pode agir diferente de como sempre agiu?
- O que você acredita que trouxe esse resultado?
- O que deseja melhorar em você?
- O que você pode fazer para que o seu objetivo seja alcançado?

3) Lidere Pelo Exemplo: "suas atitudes falam tão alto que eu não consigo ouvir o que você diz." Essa frase escrita pelo filósofo Ralph Waldo Emerson é uma verdade que todo líder servidor precisar carregar consigo, não fique somente na força do discurso, mas principalmente mostre o caminho e ensine.

4) Individualize as Pessoas: quanto mais você tratar as pessoas como genéricas e meramente números em uma planilha, menos engajadas as pessoas estarão na sua equipe. Ajude as pessoas a descobrirem seus talentos e passe a tratá-las individualmente, encaixando-as em posições nas quais terão a possibilidade de liberar o seu potencial ao máximo, trazendo assim um resultado extraordinário para a equipe e para a organização, lembre-se você é o maestro e deve colocar cada integrante da orquestra em seu devido lugar, trazendo assim harmonia para o todo.

5) Comunique Suas Expectativas: ao lidar com equipes, às vezes caímos na armadilha de esperar que as pessoas correspondam às nossas expectativas, sem mesmo comunicá-las dessas ex-

pectativas. Você enquanto líder tem o papel de orientar seus liderados e deixar bem claro o que você espera deles.

6) A Arte do *Feedback*: um *feedback* tem o poder de provocar uma mudança significativa quando é bem aplicado. O erro mais comum entre líderes é chamar a atenção dos seus liderados na frente de toda a equipe, de forma grosseira e muitas vezes pejorativa. Quando for aplicar um *feedback* comece elogiando os pontos positivos, depois deixe bem claro o que está errado e como pode ser solucionado, ouvindo as justificativas e sugestões do liderado, e encerre mostrando os pontos fortes da pessoa e da situação e diga quais suas expectativas em relação a ele.

7) Viva o Agora e Seja Feliz: viva um dia de cada vez, não estrague o seu presente lamentando de coisas do passado, e nem aumente o seu nível de preocupação e ansiedade vivendo no futuro. Tenha o seu foco sempre no positivo, encarre as situações de forma responsável e busque sempre uma forma de resolver os problemas, veja o lado bom das coisas. Crie uma blindagem em volta de si mesmo, que permita reduzir as preocupações e evitar o negativismo.

36

Coaching aplicado à educação de nível superior no Brasil

Nas páginas adiante trataremos das primícias da construção de uma carreira profissional, através da inserção do processo de *coaching* no ambiente de ensino de Nível Superior no Brasil. Logo, considerando a carreira uma longa jornada faz-se primordial um preparo inteligente que proporcione ao estudante um ambiente de definição de sua própria identidade profissional e suas conclusões sobre carreira

Renato Brasil

Renato Brasil

Palestrante, Consultor e *Coach* Organizacional, certificado em *Personal Professional Coaching* e *Executive Coaching*, membro da Sociedade Brasileira de Coaching (SBC), apto a atuar com as mais recentes metodologias na formação de líderes. Graduado em Administração de Empresas e especialista em Gestão de Recursos Humanos. Idealizador da Planejarh Consultoria, que aproxima pessoas e organizações de seus objetivos, usando metodologias desenvolvidas pelo Behavorial Institute, International Coaching Council e SBC. Criador dos Programas de T&D: Aprendendo a Liderar; Líder Mais; Líder *Coach*; Gestão Estratégica de Vendas; Comunicação de Alto Impacto; Inteligência Social; Gestão do Tempo e Resultados; Planejamento Estratégico de A-Z; Equipes de Alta Performance; Competências Gerenciais; Consultoria Organizacional; *Coaching*: O Sucesso Está em Você; Auditor da Metodologia 5 e 8S's.

Contatos:
www.planejarh.com.br
renatobrasil@planejarh.com.br
(17) 96230183

Antes de entrarmos no assunto principal, a construção de uma carreira através da inserção do processo de *coaching* no ensino de nível superior no Brasil, é necessário primeiramente responder a algumas interrogativas de aspectos mais técnicos como segue:

O que é Coaching?

É um processo visionário para alavancar a Performance na busca por resultados mais concretos e positivos. Através de uma metodologia de construção de um foco que dê às organizações e indivíduos específicos a condução ao resultado desejado, além de ser um processo de melhoria contínua, ou seja, por ser visionário é também um processo construtivo e constante, onde a interrupção dos sonhos não é uma opção.

O que é Carreira?

É a trajetória por onde o homem escolhe por qual caminho ele se orientará durante sua vida profissional, logo carreira não é profissão, pois em uma profissão pode haver diversas carreiras.

Porém, em uma síntese menos teórica, carreira é o processo onde o profissional consegue dispensar o máximo de suas potencialidades, talentos, habilidades e competências, além do fato de percorrer um caminho que embora exija esforços, transformações, renúncias e resiliência, há também a satisfação do profissional pelo sentimento do cumprimento de um papel social como agente de mudança, capaz de transformar a trajetória de pessoas e organizações, sendo participante ativo de uma humanidade melhor, a isso também podemos chamar de sucesso profissional.

Mas, qual é a ligação do Coaching com a Educação de Nível Superior no Brasil?

A ligação não é uma linha tênue, apesar de não ser ainda tão comum ao sistema de educação superior no Brasil, porém não podemos generalizar a ideia de que a ligação que abordamos está desacautelada em todo o sistema educacional, pois há Instituições de Ensino Superior que transcendem o simples papel de formar profissionais, já que suas metodologias são processos de construção de carreiras dentro das mais variadas profissões afetadas.

É neste diferencial de transcender ao trivial que o *coaching* se encaixa, como sendo parte do processo de construção de carreiras durante a vida acadêmica dos alunos, logo isto exige dos docentes uma visão mais estruturada do seu papel junto às Instituições de Ensino Superior como agentes construtivos de uma geração altamente capaz de superar as expectativas do mercado através da consolidação e aprofundamento dos conhecimentos adquiridos, a fim de aprimorar o desenvolvimento dos educandos ao alto nível de formação, ética e autonomia nas esferas intelectual e de pensamento crítico, na busca pela resposta de perguntas simples à construção de uma carreira, tais como:

- Quem sou e onde chegar?
- Quais ações devo ter na construção de uma carreira?
- Se tenho de fazer escolhas, por onde começar?
- Como aproveitar minhas vivências na construção do futuro?
- Que habilidades e competências me tornam mais competitivos no mercado?
- Meu conceito de sucesso, bem como, os valores que adoto me permitem caminhar por quais oportunidades percebidas no mercado?
- Quais as carreiras que mais me identifico em minhas escolhas profissionais?
- Posso criar algo inovador no mercado?

Para estas e muitas outras perguntas é necessário que tenhamos nas estruturas da Educação de Nível Superior, e porque não dizer, nas de formação técnica, de base, profissionais capazes não só de dotar seus alunos de conhecimento, mas também de conduzi-los a processos de construção de carreiras sólidas, através da aplicação máxima do que compreende os conceitos de desenvolvimento do potencial humano.

Imaginemos agora que mudanças teríamos no nível de formação profissional e humana de futuros talentos construindo carreiras, onde poderiam explorar ao máximo sua capacidade criativa, cada qual na sua individualidade mas no mesmo propósito social de cidadão do mundo.

Contudo, os ganhos e resultados abrangem também o cenário das instituições de Ensino Superior que vivem hoje em um cenário de incertezas e mudanças, regados pela alta concorrência do segmento, a educação mediava por tecnologia, as dificuldades apresentadas pela aceleração do conhecimento, gerando a dificuldade de atualização que, por muitas vezes, demanda altos investimentos.

E quando falamos em investimentos, muitas Instituições de Ensino Superior, públicas ou privadas, esbarram na carência de recursos, o que ocasiona a evasão de alunos, que segundo dados do segmento, ultrapassa nas instituições privadas a casa dos 20,0% dos alunos, o que não é diferente nas instituições públicas, causando grande dispêndio de verba pública. Esta realidade é bem diferente em países que investem em um acompanhamento mais focado no desenvolvimento da carreira de seus alunos, como se vê no Japão, Finlândia e Suécia.

Obviamente a evasão não está ligada tão somente à visão sugerida neste artigo, pois há situações atreladas a condições financeiras, pessoais e tantas outras, contudo não a estas abordagens que debruçaremos nossa reflexão, mas na importância de imergimos nos benefícios futuros que o processo de *coaching* pode agregar à educação de nível superior, através de docentes e outros profissionais envolvidos em um sistema educacional que leve o discente a descobrir sua identidade profissional, suas conclusões sobre carreira e seus fatores de sucesso durante este processo de construção e aprendizado dentro das profissões escolhidas, a fim de que se tenha mais realizações e menos frustações no futuro.

Em suma, é necessário construir nas instituições de ensino superior um ambiente que não seja apenas transmissor de informações e conhecimentos, mas ambiente com profissionais centrados no potencial dos discentes, nas suas carências e necessidades, conduzindo assim um processo de aprendizado, descobertas e *insights* além de gerar a capacidade de ligar os pontos específicos de vivências anteriores às escolhas de quais ações são necessárias no presente e futuro. Todo este processo exige dos profissionais de educação a sensibilidade da necessidade de novas competências, já que a concepção de um processo de *coaching* pode ser adotado como uma estratégia institucional de larga diferenciação na competitividade das Instituições de Ensino Superior e também de seus formandos frente ao mercado, isto significa pensar muito além das salas de aula.

No entanto, quais prelúdios devem ser adotados para transformar um sistema educacional tradicional que lança no mercado milhares de formandos em um sistema que transforme a inspiração e orgulho do ingressante na universidade em um aluno construtor de uma carreira promissora?

As primícias a esta indagação é o ponto que nos remete a estruturação do processo de *coaching* aplicado às Instituições de Ensino Superior, onde docente posiciona-se como coautor de novas descobertas junto ao discente, conduzindo este ao primeiro passo que é o seu autoconhecimento e a como aprender melhor sobre nós mesmos quando ainda estamos no início de uma trajetória e sem a certeza plena do que nos aguarda no futuro.

Coaching - A Solução

Neste processo inicial, o aluno é o protagonista de sua história, porém deve compreender que a velocidade da construção de carreiras normalmente é diferente da que almejamos e que, apesar de sermos uma geração capaz de transformar o tradicional a uma velocidade impressionante, não se deve esquecer que as gerações passadas nos têm muito a ensinar.

Assim, encerro as últimas linhas deste artigo, com o sentimento de ter ao final delas, seja ao aluno ou professor, coordenador ou diretor, ter sensibilizado à necessidade de mudança na forma de como estamos transformando a vida de outras pessoas, através da construção de suas carreiras.

Portanto não esqueça:
- Aumente seu foco na construção de carreira
- Trace objetivos claros e alcançáveis
- Tenha motivação para mover-se rumo ao sonho
- Busque enxergar alternativas de sucesso
- Para encontrar soluções tire o foco do problema
- Sonhe, mesmo que digam que é impossível
- Tenha ação, ação e mais ação
- E por último: felicidade e sucesso

Agora, obrigado pela leitura, pois ao ler cada linha você fez parte da construção de uma carreira, um sonho, do qual você é participante.

37

Coaching de produtividade corporativa e relações interpessoais

Conquistar os melhores resultados, desprendendo menos energia do que o habitual, é possível, desde que as ações eficazes e produtivas sejam identificadas e focadas. Afinal, grande parte das atividades exige empenho e dedicação, mas nem sempre essas ações são proveitosas. Então, como quebrar o paradigma da visão moderna e concentrar esforços para obter excelentes resultados em um curto espaço de tempo?

Renata Burgo & Renato Rodrigues

Renato Rodrigues & Renata Burgo

Renato Rodrigues
Formado em Eng. Civil e Administração, MBA – Ger. Empresarial e Negócios, Pós em Adm. e Mkt. Esportivo e Mestrado em Ciências Ambientais, atuou como Prof. Universitário durante anos, em diversas disciplinas nas áreas de administração e gestão. *Master Coach* Esportivo, também trabalha com *Life* e *Executive Coaching*. Formado pela Sociedade Brasileira de Coaching, tem certificações nacionais e internacionais pelo BCI e ICC. Empresário, palestrante e agente de atletas credenciado, é sócio-diretor da empresa RENDOR Gestão de Negócios, especialista em cursos, treinamentos e intermediações.

Contatos:
www.rendor.com.br
renato@rendor.com.br
(12) 7811-0149

Renata Brugo
Formada em Psicologia e Pós-Graduada em Administração de Empresas com ênfase em RH, pela FAAP, com mais de 15 anos de experiência em todos os subsistemas de Recursos Humanos, ocupando posição de destaque em organizações multinacionais de grande porte. Como *coach*, possui grande experiência na área e adquiriu diversas certificações nacionais e internacionais, pela Sociedade Brasileira de Coaching, pelo BCI -Behavioral Coaching Institute e ICC - International Coaching Council.

Contatos:
www.potens.com.br
burgo.renata@gmail.com
(11) 99395-9677

Renato Rodrigues & Renata Burgo

Na era da informação, podemos perceber que o mundo exige de nós um aprendizado constante e contínuo; a cada dia surgem novas teorias, conceitos, descobertas e tecnologias capazes de questionar nossos padrões e certezas. Precisamos estar receptivos a essa tendência, contudo, o fundamental é alinharmos nossos valores e crenças e, assim, sermos coerentes com nosso propósito maior.

A economia globalizada, o capitalismo selvagem e o desenvolvimento dos meios de comunicação provocaram e ainda hoje provocam mudanças constantes na nossa maneira de pensar, sentir e agir, seja na vida profissional ou pessoal; exigem cada vez mais pessoas "antenadas", capazes de aprender, desaprender e reaprender na busca do conhecimento, como forma de se diferenciar, obter melhores resultados e sobreviver em um mercado cada vez mais competitivo.

No mundo empresarial, essa transformação se refletiu na mudança de visão das organizações acerca de seu capital humano. A premissa está em que toda empresa é formada por pessoas (mesmo as que utilizam tecnologia de ponta capazes de substituírem o trabalho das pessoas, ainda precisam delas para operar as máquinas e administrar os recursos), e a atuação delas é que faz a diferença no resultado da empresa.

Isso porque, num mercado tão dinâmico e de competição acirrada, onde a presença da tecnologia e acesso às informações são facilitados, os produtos e serviços estão cada vez mais semelhantes. E a maneira mais eficiente de se destacar nesse mercado é investir no capital humano, o grande diferencial das organizações.

Por isso, o *coaching* se apresenta como uma efetiva metodologia de desenvolvimento pessoal e organizacional, e uma consagrada ferramenta de gestão da atualidade, pois visa o aperfeiçoamento e a superação profissional e pessoal, na obtenção de melhores resultados em todos os âmbitos da vida.

Por que coaching? Quais os benefícios nas relações interpessoais?

O *coaching* busca o desenvolvimento de novas maneiras de ser e estar, e, assim, interromper os processos condicionantes que limitam nossa atuação na vida. Visa a criação de novos significados através de um questionamento adequado de nossas construções internas; permite-nos o autoconhecimento e, a partir dessa informação, direcionar nosso olhar para novas possibilidades.

O processo de *coaching* se constrói no encontro e na "troca" entre o *coach* e seu *coachee*. O foco do *coaching* não se limita apenas em atingir resultados, está voltado também para o desenvolvimento do *coachee* como um todo, ou seja, seu aperfeiçoamento e realização.

Dessa forma, o aprimoramento do relacionamento interpessoal torna-se condição "sine qua non" para levar à frente os projetos de *coaching*, pois não é possível apoiar, conduzir ou trocar experiências se não houver confiança e um bom relacionamento entre as partes envolvidas.

Entretanto, é essencial que o *coach* saiba entender e gerir o chamado "tempo certo" de cada *coachee*: agir impacientemente para resolver o assunto antes do tempo certo fará com que a conquista não tenha valor, tendo como resultado a perda de horas e momentos preciosos; por outro lado, não se deve aguardar demais sob o risco de perder um tempo demasiado e que talvez não possa ser recuperado lá na frente.

Uma das formas de mensurar e gerenciar esse tempo é através da elaboração de um assertivo processo de *feedback*, que concederá ao *coachee* uma oportunidade de analisar seu comportamento, seus hábitos e suas crenças.

Como o autoconhecimento pode auxiliar no desenvolvimento pessoal e profissional?

Quando a pessoa tem um autoconhecimento apurado e consegue identificar seus comportamentos e emoções, a sua produtividade é alavancada, pois foca no que realmente importa para aquele momento, na execução das atividades e não em seus sentimentos ou problemas pessoais.

Empresas que estimulam o autoconhecimento e o bom relacionamento interpessoal, através de cursos, programas e atividades, obtêm melhorias significativas no foco e na produtividade.

O autoconhecimento é um fator essencial no desenvolvimento do ser humano e, para tanto, muitas empresas vêm investindo em processos de *coaching* de times, com o intuito de disseminar o propósito comum entre as equipes e proporcionar maior comprometimento, relacionamento, alta performance e satisfação.

Podemos constatar os inúmeros casos de sucesso que o processo de *coaching* traz para as organizações e observamos que a partir do momento que uma pessoa, uma equipe ou organização começam a se descobrir, muitas possibilidades começam a surgir.

Hoje em dia é notório que as empresas buscam profissionais mais bem preparados para atuar como diferenciais nas suas organizações.

Aspectos técnicos são relevantes, mas não mais imprescindíveis para a contratação de novos profissionais. As empresas buscam por profissionais que possuam competências comportamentais alinhadas aos seus objetivos estratégicos.

Qual a importância do coaching organizacional?

O *coaching* organizacional aflora o potencial de cada indivíduo e equipe; é uma descoberta, funciona como um catalisador de possibilidades que contribui para transformação e reprogramação do pensar e do agir. O processo libera os sonhos e os objetivos de cada profissional e os alinha com os objetivos da organização, possibilitando o aprendizado de novas competências.

Quando o propósito dos colaboradores, da equipe e da organização está alinhado e conectado, "as engrenagens" se encaixam e a empresa começa a funcionar em um outro nível de eficácia e performance. As pessoas trabalham com mais engajamento, comprometimento e entusiasmo. O ambiente se torna mais agradável e propício para o aprendizado e a produtividade aumenta consideravelmente.

Coaching organizacional como instrumento de gestão da mudança e de melhoria da performance

O *coaching* organizacional é considerado um importante instrumento de gestão de mudança, atuando no aumento da performance, de desempenho e sobre a cultura da organização.

O processo de *coaching* empresarial, além de muito utilizado, é estrategicamente prédefinido como uma metodologia de mudança organizacional em que a integração entre liderança, gestão e equipe é primordial. Ele é considerado um poderoso instrumento de desempenho e de mudança organizacional, pois transforma objetivos da empresa, alinhados com os objetivos pessoais em ações concretas.

O *coaching* é um processo contínuo de intervenção focada, que permeia a organização de forma customizada e elabora suas ações de acordo com as diferentes necessidades de atuação.

Quando falamos em mudança organizacional, as intervenções de *coaching* contribuem para impulsionar pelo menos três resultados importantes e mensuráveis: benefício pessoal, a ação coletiva e uma espiral de sucesso onde a mudança é constantemente reforçada por resultados concretos.

Num sistema que prima pela coerência entre a liderança, a gestão e o *coaching*, o produto sinérgico das várias interações de *coaching* contribui para a criação de uma organização que é mais autodirecionada, mais autocorrigível, mais autotransformável e mais autossuficiente.

O *coaching* organizacional atua como um poderoso e energizante processo para as empresas que procuram integrar liderança, gestão e aprendizagem num todo coerente, além de um grande diferencial no aumento da performance e produtividade.

Produtividade

Pessoas

Ser produtivo é uma palavra de ordem nos dias de hoje, já que somos bombardeados com informações, novas tecnologias surgem a todo o momento e precisamos nos adaptar a um estilo de vida dinâmico, exercendo inúmeros papéis na sociedade.

Na tentativa de serem cada vez mais produtivas, ironicamente, as pessoas estão perdendo o foco no que realmente é importante. Vivemos em um cenário de profissionais insatisfeitos, frustrados e que não conseguem dar conta de suas agendas. A grande maioria desses profissionais está estressada, acumula tarefas diariamente e está nos limites de suas capacidades psíquicas.

Entretanto, as empresas buscam cada vez mais profissionais informados, proativos, dinâmicos e equilibrados emocionalmente.

Organizações

O atual cenário de competitividade, globalização e diversidade faz com que as empresas, mais do que nunca, invistam na produtividade de suas organizações, como peça fundamental de sobrevivência nesse mercado.

O perfil do consumidor mudou, ele acessa as informações sobre os produtos e serviços que pretende consumir de forma rápida e decide pela melhor opção. Hoje, esse consumidor dita regras e tendências no mercado em alta velocidade.

Quando pensamos em produtividade, imaginamos equipes altamente motivadas e comprometidas com o sucesso do negócio. E esse pode ser um bom termômetro para aferir a questão. No entanto, com o intuito de mudar o clima organizacional e gerar maior produtividade nas organizações, as empresas, geralmente investem de maneira equivocada em programas motivacionais para os seus colaboradores.

Palestras e programas motivacionais não costumam serem soluções eficientes e sustentáveis para as adversidades causadas pela baixa produtividade. São soluções paliativas, que agem somente no sintoma da questão.

Podemos observar na atualidade excelentes palestrantes motivacionais que conseguem inspirar e dar uma injeção de ânimo aos participantes, no entanto, esse "gás instantâneo" é momentâneo; ao longo dos dias, os problemas voltam como eram antes, a rotina e a acomodação não deixam as pessoas agirem, voltando ao mesmo estado em que estavam.

Empresas desejam implantar programas eficientes, que visam o aumento da produtividade e da qualidade. E para atender as demandas desse novo mercado, organizações buscam times estratégicos que tragam soluções empresariais velozes e eficazes, e o **coaching de produtividade** vem para suprir essa necessidade, melhorando a performance da empresa e de cada profissional envolvido no processo.

A Solução
Coaching de produtividade

O *coaching* de produtividade é um processo que visa desenvolver e potencializar as competências dos profissionais e da empresa, com o objetivo de obter resultados mais satisfatórios, de maneira equilibrada e sustentável.

Esse processo atua sobre as premissas que tornam a empresa e os ativos humanos produtivos e competitivos. Trabalha com o intuito de transformar aspectos negativos que influenciam diretamente nos resultados, em soluções estratégicas e duradouras.

É fundamental que todo o processo de *coaching* mensure as dificuldades da situação atual e identifique o estado desejado. A partir daí, o processo começa a se desenvolver em prol do objetivo desenhado. Todo o processo é realizado com o envolvimento de cada colaborador, incentivando-o a ser o agente da transformação e da mudança.

Com a participação do time e o trabalho contínuo do *coach* de produtividade, o comprometimento começa a aumentar, o foco e o objetivo são amplamente trabalhados, e as soluções, para o então problema, começam a surgir de forma concreta e efetiva. Os colaboradores encontram o seu propósito dentro da organização e se identificam com a missão da empresa, agindo para atingir os objetivos comuns.

O resultado deste processo é uma equipe preparada, motivada, comprometida e com alto grau de envolvimento com os objetivos, metas e filosofia da empresa, fazendo toda a diferença na obtenção do sucesso.

Princípio de Pareto

Com o objetivo de identificar e focar no mais importante, o processo de *coaching* de produtividade pode se basear, por exemplo, no princípio de Pareto que explica que 80% dos resultados alcançados é consequência de apenas 20% dos esforços empregados. Isso quer dizer que determinadas ações estratégicas podem oferecer um retorno muito maior.

Vilfredo Pareto foi um economista francês que em 1897 pesquisou e difundiu esse conceito, conhecido também como 80/20. O mais interessante desse estudo é que o desequilíbrio representado nele pode ser observado em diversas outras relações de causas e efeitos do cotidiano.

Esse princípio é amplamente reconhecido no mundo dos negócios e pode ser usado para controlar a qualidade de produtos e serviços, todavia, nosso foco aqui é a produtividade.

Pensando sob essa perspectiva e parafraseando Richard Koch, um estudioso do princípio de Pareto, é possível melhorar qualquer coisa na vida e o modo de fazer esse processo, basta focar no que pode ser feito para alcançar maior resultado em um curto espaço de tempo.

Assim, os participantes desse processo de *coaching* são convidados a olhar para os resultados por outro ângulo, priorizando e focando as mudanças, para que 20% dos seus esforços sejam responsáveis por 80% dos resultados, concentrando-se neles.

Mas e você, sabe como obter 80% dos resultados focando 20% das tarefas?

Consciente ou inconscientemente pensamos que para conseguir melhores resultados precisamos trabalhar de forma dura e desgastante. No entanto, é bom você saber que esse princípio válido para a humanidade é muito útil para você também, em qualquer área da sua vida.

Entenda, pessoas bem-sucedidas trabalham sim, para a concretização dos seus objetivos, contudo, elas identificam e focam 20% dos seus esforços para obter 80% dos seus resultados.

Aplicando esse princípio na sua vida, você pode fazer uma autoanálise profunda das suas decisões, ações e relacionamentos e distinguir as coisas que são valiosas e importantes e as que podem ser descartadas, já que trazem um maior esforço e pouco resultado.

Foque no que realmente importa para você. Avalie e planeje suas ações para fazer coisas extraordinárias a um custo baixo, obtendo resultados extraordinários.

Neste caso, o *coaching* de produtividade foca no desenvolvimento das competências, para que as pessoas e as empresas consigam obter mais resultados com o menor esforço (baseado no princípio 80/20). Com esse método é possível identificar o que é prioridade e acrescentar mais valor em sua vida pessoal e profissional.

Dê um grande salto mental: dissocie esforço de recompensa. Focalize os resultados que deseja e descubra o meio mais fácil de alcançá-los com menos esforço, menos sacrifício e mais prazer. O Princípio pode se aplicado a qualquer situação e a qualquer pessoa.

Concentre-se no que produz resultados extraordinários, sem esforço extraordinário. Seja eficaz, mas mantenha-se tranquilo. Primeiro pense nos resultados. Depois, conquiste-os com um mínimo de energia.

38

Coaching - A solução para seu planejamento de ação e metas

O sucesso e o fracasso não acontecem por acaso. Há inúmeros exemplos onde os bem-sucedidos apontam que o resultado positivo ocorreu em função de um bom planejamento aliado ao autoconhecimento, aprendizado, identificação das qualidades, disciplina de sua execução. Portanto, planejar é preciso. Executar o planejamento com disciplina e flexibilidade também. Busque no *coaching* as alternativas para um bom planejamento de vida e carreira

Rodney Melo

Rodney Melo

Coach Especialista - *Business and Executive Coaching e Professional & Self Coaching* pelo IBC - Instituto Brasileiro de Coaching, e ICI – International Association of Coaching - Institutes (EUA), ECA – European Coaching Association (Alemanha/Suíça), GCC – Global Coaching Community (Alemanha) e Metaforun International. Também é Analista Comportamental e *Leader Coaching Training* – ambas pela Behavioral Coaching Institute, Graduado em Administração de Empresas, Consultor Empresarial, Coautor, Facilitador e Palestrante, Especialista na área de Vendas e Carreira, Atualmente é CEO da Focoaching – Centro de Capacitação e Treinamento Desenvolvimento Humano e Empresarial Ltda., localizada em Manaus-AM.

Contatos:
www.focoaching.com.br
facebook.com/focoaching
Skype: rodneymello
atendimento@focoaching.com.br
rodneymelo@yahoo.com.br
(92) 3877-2571
(92) 8162-4928.

As razões pelos quais precisamos de coaching

De uma forma bem congruente, o *coaching* sempre foi um personagem importante em sua existência ao longo de anos, não por sua melhoria ao longo dos tempos, mas, de uma maneira mais evidente e clara a sua eficácia, e por que sempre foi necessário. Aprendi com meu mentor que *coaching* vai muito além, que uma ciência, Teoria ou Metodologia, para mim, *coaching* tornou-se uma filosofia de vida.

As pessoas precisam do *coaching* por várias razões e vou citar algumas delas.

Identificando alguma necessidade
- Falhando constantemente em alguma situação.
- Buscando melhorar para obter benefícios futuros.

Outras pessoas identificaram alguma necessidade
- Estão causando problemas inconscientemente.
- Fazem parte de problema comum (todos neste nível recebem *coaching*).
- Foram identificadas a passar por avanços.

Condições que precisam de mudança
- São redundantes.
- Decidem mudar de empresa ou carreira.
- Adquirir novas habilidades e comportamentos.

Não houve mudanças:
- Não sabem o que não sabem (recém-formados).
- Não terão sucesso a menos que recebam o *coaching* que outras estão recebendo.

Existe um desejo humano inato de melhorar e superar
- Estão insatisfeitas com suas condições atuais.
- Buscando garantias de que não estão perdendo nada.
- Querem ser absolutas e completas (em jogos, em concursos).
- Gabando-se, gratificando e aumentando seu ego.

São elas, essas pessoas que.
- Precisam permanecer na ponta do processo.
- Querem criar excelentes modelos de referência.

Buscam autentificar e validar seu valor e seu sucesso
- Precisam de validação externa para provar seu valor.
- É claro que, de uma forma generalizada, mas existe *coaching* para vida profissional e pessoal, para organizações e grupos. E se você se identifica com uma destas, realmente você precisa de um *coaching*.

Imaginando para a realidade

Sonhos existem e fazem parte de nossas vidas. Quando estamos dormindo ou trabalhando, passeando com nossos amigos, com as pessoas que amamos, às vezes sonhamos acordado... quem não sonha em ser mais feliz? quem não sonha em ter um bem valioso, ou estar num estado de espírito maravilhoso, que engrandeça a satisfação em viver, não só para si mas para os seus filhos também? Então, você já sonhou com uma linda casa ou carro novo, uma lancha, propriedade rural, um novo emprego ou em ser um presidente de uma multinacional, em viajar para exterior, em ser alguém reconhecido por seus talentos ou ser famoso? A nossa mente é confundida constantemente com a nossas experiências vivenciadas e frustrações que temos no presente com as que gostaríamos que fossem, assim são as reflexões e emoções que sentimos. E o que o *coaching* tem a ver com os nossos sonhos? *Coaching* é mudança, é transformação, é quebra de dogmas; *coaching* é a mudança de regras do jogo, mudança de paradigmas. A mudança faz parte do sonho - algo vai mudar, vai ser melhor. Mas e o profissional de *coaching*, o que faz?

Ele o conduzirá para a transformação de seus sonhos e desejos em realidade, e por meio de técnicas, ferramentas e planejamento, o conduzirá do ponto em que você se encontra atualmente - ponto A - para um estado desejado - ponto B -, lidando com suas potencialidades e limitações. Você verá a seguir o que o *coaching* faz por você e por suas metas.

A metodologia do "F.A.S.E.R"

F = Foco: o *coach* e o cliente têm que estar completamente focados no processo.

A = Ação: só existe aprendizado e mudança se houver ação. A ação é disparada pelas tarefas do processo de *coaching*.

S = Supervisão: no processo que existe *feedback* e supervisão, com mensuração a todo momento.

E = Evolução contínua: o processo só fornece resultados extraordinários se o cliente evoluir de maneira contínua. Ousar fazer diferente.

R = Resultados: "*coaching* só é *coaching* se tiver resultado".

O poder das perguntas

Perguntas são o canal principal explorado ao máximo pelo *coach* para ajudar a resolver as questões do *coachee*, com intuito de saber qual é a verdadeira intenção por trás das respostas. Perguntas eficazes precisam ser precisas; vejamos como, por exemplo, que perguntas o *coach* fará para descobrir o valor existente por trás de uma meta:

- "Se você alcançar esta meta, o que ela trará de benefícios para você?"
- "Quando alcançá-la o que ela significará para você?"

- "Depois que você me disse o que esta meta e seu resultado lhe causaram o que ela vai proporcionar para seu futuro?"

E assim, o *coaching* vai ser direcionado conforme as perguntas sejam respondidas, já que essas proprocionarão a visão estratégica do desejo do *coachee* e quão forte esse desejo está materializado na mente dele.

A maioria das perguntas inicia com "O quê?","O que você quer?", "O que poderia impedi-lo de alcançar sua meta?". As perguntas que se iniciam com a expressão "o quê?" são menos eficazes pelo fato de não estarem a proporcionar o seus valores, mas uma pergunta utilizando "o que é?" mudando seu propósito" seria assim: "O que é importante para você sobre isso....?". O objetivo é instigar profundamente o *coachee* para fazê-lo pensar, projetá-lo para aquele estado onde ele possa autoavaliar--se, onde possa identificar qual sentimento identificar qual sentimento lhe trará mais conforto em comparação a situação exigida, o quanto seria importante aquele determinado resultado em sua vida.

Eu costumo chamá-las de "**Perguntas inteligentes**", elas têm um propósito tão importante que elas ao chegarem ao seu íntimo podem gerar ação imediata; até Jesus Cristo respondia as perguntas que lhe faziam com outra pergunta!, estas mesmas perguntas inteligentes são direcionadas para sua meta e não para seus problemas, as perguntas inteligentes fazem você ir buscar dentro si o seu futuro e não retroceder e buscar respostas no passado; por isso as perguntas inteligentes têm em sua conotação o ingrediente de hipóteses sólidas para um presente com o futuro positivo.

As três dimensões de coaching

Via de regra o processo de *coaching* envolve três principais dimensões: preparação, implementação e acompanhamento.

Preparação

Trabalhar com o *coachee* (cliente) para chegar a um acordo sobre as abordagens de implementação. Ela pode incluir:

Data de início da primeira sessão, Frequência de visitas, Frequência de acesso a distância, Confidencialidade, Envolvimento de outras pessoas (por exemplo: avaliações 360), Data de finalização pretendida, Tipos de *Feedbacks*, Trabalho *in-loco* ou externo.

Implementação

Como o próprio nome diz, nesta etapa o *coach* busca implementar as ferramentas necessárias, conforme o encontrado nas conversas junto ao *coachee* e as escolhe de acordo com as condições de seu ambiente e aquela que lhe faz mais sentido para buscar o resultado esperado. Nesse ambiente o *coach* vai buscar incluí-los em um **rapport** com a intenção de gerar confiança e confidenciabilidade. Fazer *rapport* é muito mais fácil do que escrever sobre ele. *Rapport* é uma palavra de origem francesa que significa literalmente "relação". No processo de *coaching*, *rapport* significa criar uma relação de confiança e harmonia na qual o *coachee* fica mais aberto e receptivo para trocar informações, e a ser desafiado a aceitar mudanças.

Ao *coachee* deve ser dado tempo para perceber a si mesmo e para ouvir o *feeedback* do *coach*; por isso algumas sessões devem ser mais demoradas, precisam de tempo para que ocorram as repetições e para que o *coach* se certifique do poder de percepção do *coachee*.

O *coach* sempre se certificará da medição e do avanço gradual do *coachee*, onde nas sessões seguintes ele analisará a inclusão ou a exclusão de alguma ferramenta conforme evoluem as entrevistas, e tenderá fortemente a um corte preciso e realista no comportamento de seu *coachee*, mas sempre lhe dará reforço positivo nos momentos importantes.

Acompanhamento

Embora alguns destes assuntos possam parecer absurdos, a maioria das pessoas adora falar de seu trabalho e comentar as fofocas empresariais, gostam de falar que sua empresa quer melhorar com os funcionários, no futuro quer incluir novos benefícios, e assim por diante. Assim, o *coachee* segue conversando e o seu *coach* vai inquiri-lo com perguntas provocativas para que busque a resposta ou caminho dentro de si. Avaliará seu desempenho e o corrigirá quando necessário para mantê-lo no foco. Com intuito de descobrir fatos, crenças e valores do *coachee*, pesquisará a fundo o modo como o *coachee* pensa, o que ele quer, a razão de querer aquilo e o que poderia estar impedindo-o de obtê-lo.

Uma das ferramentas[1] mais utilizadas no coaching para planejamento de metas

Um profissional especialista de *coaching* é munido de uma enorme gama de ferramentas para *Life Coaching* (*Coaching* de Vida), e no *Business Executive Coaching* (*Coaching* de Executivos e de Negócios). Uma ferramenta mais indicada no processo *Coaching* de Vida é a **Roda da Vida**, utilizada para montar seu planejamento de metas na sua vida, constituída de doze momentos ou as doze áreas que envolvem a sua vida, e você tem que dar uma nota de zero a dez para o estado em que você se encontra atualmente; a diferença que faltar para se chegar ao dez é considerada a sua meta para a sua realização pessoal.

O que se esperar de processo de coaching e seus benefícios

Em algumas áreas específicas:

---

[1] *Caso você deseje obter esta ferramenta para conhecimento das áreas de sua vida solicite-me por e-mail, terei o prazer em enviá-la e discutiremos o seu planejamento de metas numa primeira sessão totalmente FREE.

Felicidade e prosperidade
- Aumento do nível de conquistas, performance, felicidade e plenitude.
- Aumento de realização e satisfação pessoal e profissional.
- Melhoria nos resultados financeiros e de prosperidade.

Qualidade de vida, saúde e diminuição do stress
- Aumento do equilíbrio e harmonia interior.
- Melhoria na qualidade de vida.
- Melhor uso qualitativo do tempo.
- Equilíbrio entres as áreas pessoal, profissional e relacionamento.
- Aumento de congruência interna e externa.
- Diminuição do stress e preocupação desnecessária.
- Aumento de disposição, energia e saúde.

Relacionamento e comunicação
- Melhoria no relacionamento e comunicação.
- Melhor entendimento e aceitação das outras pessoas.
- Resolução de conflitos, dúvidas e problemas.

Autoconhecimento e emoções
- Aumento da autopercepção e autoconhecimento.
- Melhoria da autoestima e autoconfiança.
- Aumento da responsabilização pela mudança e autoliderança.
- Melhoria no controle das emoções.

Planejamento e habilidades
- Melhoria no foco, planejamento, e administração do tempo.
- Alinhamento de missão, valores e crenças.
- Aumento da percepção, criatividade e intuição.
- Melhoria no processo de aprendizado e melhoria contínua.

Suas habilidades e potencial para alcançar suas metas

Você ficaria surpreso em saber o quanto as pessoas não se conhecem, pois para tal elas precisam saber quem são, o que elas são capazes de fazer e resistir. O *coaching* vai ajudar você a encontrar estas habilidades e talentos, assim ficará mais fácil aprimorar os pontos fortes e potencializar os pontos fracos, montar estratégias para melhor auxiliá-lo no seu planejamento. O *coaching* detém de uma ferramenta eficaz e poderosa: o **"Coaching Assessment"**, um sistema de avaliação comportamental que vai lhe dar mais de cinquenta informações de como você é, age, e suporta, na sua vida e no seu trabalho. Essa ferramenta caracteriza quatro perfis: executor, planejador, analista e comunicador. Essa ferramenta só pode ser aplicada por analista comportamental certificado.

Engajamento

Até agora o *coaching* tem feito a maior parte do seu trabalho sozinho. Nas etapas finais entra o **engajamento**. Aqui, *coachee* e *coach* esclarecem claramente entre si que estão comprometidos em atingir o resultado no processo de *coaching* – pois o comprometimento de um só não é suficiente para o resultado eficaz, e extraordinário – também trata-se de discutir quais os potenciais obstáculos para a obtenção do resultado, e aqui, o *coach* vai referir-se às avaliações feitas em atividades complementares. Ao lidar com obstáculos difíceis e pertinentes ao processo, é perfeitamente aceitável retroceder e mudar; mas é preciso que fique claro que será necessário discutir novamente e esclarecer tais obstáculos. A partir daí, dar-se-á prosseguimento para que os três tópicos – **Resultados, Compromisso Mútuo e Obstáculos** – formam os alicerces para as conversas na elaboração do seu planejamento de ações e metas. O *coach* pode oferecer ao cliente informações logísticas que ajudam no engajamento e comprometimento, como por exemplo: quanto tempo uma atividade pode durar ou em que lugar é possível comprar um livro em particular.

A noção do comprometimento

No processo de *Coaching* esse compromisso com si mesmo e seu desenvolvimento é fundamental. Sem compromisso, sem comprometimento real, a pessoa não avança e volta para o mesmo lugar de antes. O sucesso em *Coaching* e na vida como um todo depende da consciência que se tem sobre suas próprias responsabilidades e consequências dos seus atos e de quão a sério você levou seus compromissos na vida.

> *"Existe uma diferença entre estar comprometido e interessado. Interessado significa que você vai fazer o que for conveniente, enquanto comprometido significa que você vai fazer acontecer CUSTE O QUE CUSTAR!"*
> **John Assaraf**

39

Transformar é preciso

O ser humano é capaz de absolutamente tudo o que acredita que possa fazer ou alcançar, desde que tenha consciência de onde está, de onde quer chegar com riqueza de detalhes e que dedique o máximo esforço, comprometimento, disciplina, foco e ação

Sheyla Lages

Sheyla Lages

Bacharel em Administração de Empresas & Análise de Sistemas, MBA em Tecnologia da Informação pela USP, *Professional Coach* pela Academia Brasileira de Coaching e Behavioral Coaching Institute. *Master Practitioner* pela SBPNL; especialista em linguagem Ericksoniana; formação internacional pela The Society of NLP™ com Dr. Richard Bandler, criador da PNL. *Head Trainer:* Treinadora Comportamental pelo IFT, escritora, palestrante e Educadora Financeira. Profissional trilíngue na área de Tecnologia de Informação, com certificações em ITIL 3.0 pela Exin e *Managing IT Projects* pela George Washington University com mais de 25 anos de experiência; sendo mais de 15 anos liderando, atraindo, contratando e desenvolvendo talentos. Desafios apresentados em sua vida pessoal a tornaram um exemplo a ser seguido em superação de obstáculos, otimismo, ir além, fazer a diferença, praticar e propagar a corrente do bem.

Contatos:
www.sheylalages.com.br
www.sheylalages.blogspot.com.br
sheyla_lages@hotmail.com

Sheyla Lages

A motivação interior alinhada ao processo de coaching tornando-o o melhor que só você pode ser, rumo a um mundo melhor.

> *O mito do uso de 10% do cérebro é uma lenda urbana que afirma que só se utiliza um décimo da capacidade do cérebro, de modo que grande parte dele é inativa. Segundo a crença popular, se todo o cérebro fosse utilizado, o indivíduo desfrutaria de habilidades sobre-humanas.*
> **Wikipedia**

O que não falta é literatura disponível sobre o poder do pensamento positivo na vida das pessoas e suas consequências; pesquisas científicas também relatam a influência do pensamento positivo na saúde física. Entretanto, é mais comum para as pessoas em geral divagar em seus pensamentos, ver uma coisa e imediatamente viajar para outro lugar, sentir um cheiro e se perder em suas memórias ou ainda ouvir uma música e sem perceber estar sorrindo lembrando de uma experiência que tenha vivido.

Escolher o que pensar exige muito mais esforço do que ter pensamentos involuntários. Cada um de nós desenvolve ao longo de nossas vidas diversos filtros. Esses filtros vão sendo criados desde nossa concepção, nossa experiência no útero materno, nosso relacionamento com os pais, irmãos, amigos ou não, professores, pessoas em geral, local onde vivemos, escolas que frequentamos, coisas que aprendemos, que vimos, presenciamos, a forma como fomos e somos tratados, amados ou até mesmo julgados, nossos conhecimentos, experiências, formação, religião, nosso caráter, valores, princípios e convicções, absolutamente tudo no contexto denominado "existência". Daqui se entende a razão pela qual as pessoas são, pensam e agem de forma tão distinta umas das outras; mesmo irmãos, convivendo num mesmo ambiente, escola etc., se tornam seres individualmente únicos, pela forma como veem e sentem o mundo ao seu redor.

E são esses filtros os responsáveis pela nossa visão de mundo. Esses filtros são os grandes contribuidores da formação de nosso "mapa mental", que nada mais é do que a forma como cada pessoa vê o mundo, interpreta cada coisa que acontece e cria uma imagem única e exclusiva do que experiência através de seus sentidos: do que vê, ouve, cheira, toca e degusta.

Talvez já tenha ouvido falar da expressão "mapa não é território", mas afinal o que isso significa? Ao pé da letra quer dizer que um mapa definindo latitude, longitude, tamanho, distância, fronteiras é apenas um simbolismo do que é, na verdade, o território. Quando você olha um mapa, não está olhando para a terra e suas divisões, os relevos, o espaço geográfico, mas apenas uma representação do território propriamente dito. Você já deve ter ido a um restaurante e recebido o menu para escolher o que vai pedir. Quando olha para o menu, provavelmente, cada palavra que lê, deve de alguma maneira se transformar em uma imagem, cheiro, ou gosto (muitas vezes só de ler o nome ficamos com água na boca, não é mesmo?); estamos usando nossos filtros, nossas experiências anteriores para "entender" o menu e fazer a nossa escolha. Estamos utilizando nosso mapa mental para tomar nossa decisão.

E o mesmo acontece em cada uma das diversas situações em nossas vidas. Cada uma das experiências vividas foram sendo associadas de certa forma em nossa mente, criando conexões (ou sinapses).

Quanto mais somos expostos a determinadas situações, mais vamos reforçando esses caminhos (ou mielina). Chegamos num ponto que já nem pensamos para agir, é como se tivéssemos entrado no "modo automático", vemos algo e já imediatamente interpretamos da maneira como aprendemos, tornou-se um hábito. Mas seria possível mudar um hábito? Não é tão fácil assim, mas é possível. Criar novas conexões cerebrais, conscientizar as escolhas, passar a ver sob um ponto de vista diferente, interpretar de uma nova maneira, desenvolver um novo caminho cerebral e reforçá-lo (velocidade e repetição), este até que se torne o nosso novo modus operandi.

O desafio é que o jeito antigo de pensar e agir é como uma autoestrada: pavimentada, de alta velocidade, enquanto que a nova conexão é apenas um novo caminho que acabamos de trilhar, ainda desconhecido, até meio assustador. Quanto mais passarmos pelo novo caminho, mais ele irá se sedimentar, até se tornar também uma autoestrada de alta velocidade e na qual confiamos. As duas estarão disponíveis, a escolha de qual usar, de qual caminho trilhar é nossa, sempre. A escolha parece ser mais um dos ingredientes substanciais que distingue e até destaca um ser humano da população geral.

O ser humano é um ser complexo; cada uma das partes influenciando no que lhe convém, e quando falo de partes, não quero dizer somente nossos órgãos, mas também nosso diálogo interno, aquelas "vozes" que vêm de dentro e que muitas vezes ouvimos "Vá lá, coragem!", "Não vá não, teve gente que não conseguiu...", "E se der certo, imagina!"; há ainda aqueles casos onde nossos órgãos se indispõem com nosso diálogo interno: o estômago roncando quase que dizendo: "Nossa, que fome!", enquanto outros participantes entram na discussão: "Você não precisa disso", "Este alimento não é saudável", "Você merece!", "Olha que pode faltar...", "Vai pôr tudo a perder?".

Você deve se lembrar de ter visto num filme ou imagem que mostrava uma reunião de alta liderança de uma empresa: uma mesa enorme, numa sala maior ainda e todos discutindo, cada um colocando seu ponto de vista, mas não necessariamente entrando em consenso. E normalmente no final, o presidente, sentado à cabeceira da mesa dá a palavra final, algumas vezes influenciado por alguns a quem possui um certo respeito, outras vezes ouvindo cada uma das partes, ampliando sua análise sob perspectivas diferentes e decidindo que ações tomar a partir de então. Podemos utilizar esta analogia para entender como funcionamos. Cada uma das nossas partes profere opiniões distintas, na intenção de conseguir o que for melhor para si, defender "seu pedaço", não necessariamente pensando no todo. Mas cabe a nós a função do presidente: ouvir e avaliar cada parte, em direção ao positivo, e/ou evitando o negativo, colocar nosso ponto de vista e tomar a decisão final.

A origem de nosso comportamento está em nossos sentimentos, que por sua vez são provenientes de nossos pensamentos. Então, se pudermos controlar nossos pensamentos, o curso de nossas vidas pode ser de prosperidade e felicidade; sim é verdade se assim você acreditar.

"Se você pensa que é um derrotado, você será um derrotado
Se não pensar: quero a qualquer custo, não conseguirá nada.
Mesmo que você queira vencer, mas pensa que não vai conseguir.
O sucesso não sorrirá para você.
...
Mais cedo ou mais tarde, quem cativa a vitória é aquele
que crê plenamente: Eu conseguirei!"
Napoleon Hill, Filosofia do Sucesso

Coaching: a solução

Olhar para o todo pode parecer algo impossível de ser atingido. Devemos nos lembrar que uma grande jornada se inicia pelo primeiro passo. E por incrível que pareça muitas pessoas continuam onde estão por que não dão o primeiro passo. Grande parte da energia a ser dispendida é investida no início, o que faz toda a diferença, depois é apenas um passo após o outro. Admitir que necessita de ajuda para chegar lá e procurar um *coach*, será o grande diferencial em sua jornada, vai ajudar você a sair do lugar em que está e caminhar em direção a uma vida que faça sentido, que seja congruente com o que busca e que valha a pena.

O processo de *coaching*, através do uso de técnicas, ferramentas, experiência e sensibilidade do *coach* (profissional que conduz o processo), ajudará o *coachee* (ou cliente) no processo de autoconhecimento, na busca do "quem sou", "onde estou", "para onde estou indo", a identificar oportunidades de melhoria, desenvolver e/ou aperfeiçoar uma ou mais competências, a definir metas, um propósito, e em alguns casos até mesmo uma missão de vida, a razão pela qual está aqui.

Algumas pessoas confundem os termos *coaching*, *mentoring* e *consulting*. Cada um deles tem uma função distinta. Exemplificarei para explicar cada um deles de uma forma bastante simplificada: "Imagine-se perdido em uma floresta".

O mentor, profissional especializado em "sair de florestas quando se está perdido", compartilharia com você a experiência que ele teve e muito provavelmente faria você segui-lo até encontrar a saída.

O consultor, por sua vez, diria que você está perdido, muito provavelmente lhe daria um mapa e você o interpretaria para encontrar a saída.

Imagine-se agora se perdendo em outra floresta, diferente da anterior... sem mentor por perto e considerando que muito provavelmente o mapa da outra floresta não lhe ajudaria muito a encontrar o caminho de volta desta.

Claro que cada uma das abordagens são importantes e válidas, dependendo de cada situação.

O *coach* por sua vez, neste mesmo cenário "perdido na floresta", lhe ajudaria a aprender com a situação: pensar, observar o que está a sua volta, perceber a posição do sol, a altura das árvores, a umidade do solo, o som da natureza, as pegadas, as trilhas já utilizadas e seguir até encontrar o caminho de volta. Independente de qual floresta na qual você venha a se perder (se é que isso voltará a acontecer), lembrar-se-á de cada um destes pontos e certamente o ajudarão a encontrar o caminho de volta em situações similares.

O *coaching* possui uma abordagem moderna, diferenciada e que agrega valor, se distinguindo das demais em função de sua aplicabilidade não só no "aqui e agora", mas na criação de novas percepções, na construção de novas maneiras, no desenvolvimento e aperfeiçoamento de novas competências, habilidades e atitudes que o ajudarão no processo de melhoria contínua.

A pessoa que vivencia o *coaching* se sente como numa viagem: começa a pensar a respeito, pesquisar, planejar e finalmente inicia sua jornada em direção ao seu destino. A cada passo que dá, mais próximo estará do lugar onde deseja estar, pode haver intempéries pelo caminho, obstáculos, pode chover, o pneu furar, mas o foco continua no seu objetivo, todo o restante é muito menor; quanto mais foca e continua caminhando, mais próximo fica, e a energia proveniente de cada passo percorrido retroalimenta sua motivação para que cada vez mais seu destino pareça mais colorido, com sons, cheiros e imagens, cada vez mais real até que finalmente alcance o local tão sonhado e planejado. Desfrutando então de tudo o que estiver à sua disposição, por que escolheu, batalhou, superou, conseguiu e merecidamente venceu.

O processo de *coaching* pode levar entre dez e quinze sessões, de cinquenta minutos a uma hora e trinta minutos. Pode ser mais, pode ser menos; lembrando que cada caso é um caso, e é com muito respeito que entendemos que pessoas e situações diferentes devem ser tratadas de forma distinta, com muita competência do *coach* para direcionar cada *coachee* de uma forma única, já que cada ser humano difere dos demais, a sensibilidade e o cuidado durante o processo farão toda a diferença.

No primeiro encontro ocorre o que chamamos de *coaching education*, a oportunidade de apresentar como funciona o processo, combinar como este ocorrerá, conhecer um ao outro, definir responsabilidades, buscar comprometimento, e se possível já definir o ponto de partida e o destino. O caminho a ser seguido será trabalhado em cada um dos encontros, onde serão definidas tarefas, medido o progresso e combinado os próximos passos, retroalimentado pelo *feedback*, para que cada vez esteja mais próximo do resultado desejado.

É fator crítico de sucesso o comprometimento e a atitude do *coachee* para alcançar o resultado desejado. É preciso foco e ação para atingir o objetivo.

A batalha para a consecução do triunfo está meio vencida, logo que o indivíduo sabe perfeitamente o que quer, e está quase terminada, quando ele sabe o que quer e está disposto a obtê-lo por qualquer preço.
Napoleon Hill (A Lei do Triunfo, 28. ed. lição 6ª Imaginação)

Qual a razão então que faz com que muitas pessoas "se percam" pelo caminho, desistam de seus sonhos, esqueçam de seus objetivos e façam apenas o que "têm que fazer", vivam cada dia conforme o planejamento de outrem, abram mão do que buscam e acreditam, se deixam levar... e somente muito mais tarde, infelizmente muitas vezes já em seu leito de morte, conjecturam e se lembram de tudo o que deixaram para trás, do que deveriam ter feito, do que gostariam de ter alcançado, do quanto dariam por mais uma oportunidade para voltar e fazer a vida valer a pena, acreditar, lutar, persistir e vencer.

A imaginação pode ser um aliado para fazer uma viagem até aquele ponto onde parece não dar mais tempo, deixar a nostalgia tomar conta e então virar o jogo, reciclar este sentimento e transformá-lo em energia, voltar para a realidade e usar este combustível combinado com a oportunidade do "aqui e agora" para mudar o curso de sua vida e reescrever a sua história, deixar seu legado, viver exatamente como você gostaria de viver, estar onde você gostaria de estar, e ser exatamente a pessoa que você gostaria de ser: a melhor pessoa que somente você pode ser em sua vida.

Há uma tendência de as pessoas terceirizarem a responsabilidade pela situação em que se encontram. Pode até ter ocorrido que a mãe ou o pai quisessem que fosse feito isso ao invés daquilo; que a esposa tenha ficado com ciúmes e "não deixou" você se inscrever naquele curso, ou que o marido ou os filhos pesaram na decisão de não concluir a sua graduação. Outros ainda costumam atribuir à má sorte a falta de oportunidade na vida...

A grande diferença entre as pessoas que desistem e as que persistem é de onde vêm a sua motivação, o que as impulsiona, a consciência do que ganham quando atingem um determinado objetivo, o que as move adiante ou faz abandonar tudo pelo caminho, independente da distância percorrida. Adversidades ocorrem para qualquer um, mas a forma como reagimos diante delas pode mudar nosso destino.

"Nós não podemos mudar nosso passado...
Não podemos mudar o fato de que as pessoas irão agir de determinada maneira...
Nós não podemos mudar o inevitável...

Tudo o que podemos fazer é com aquilo que temos: com nossa atitude.

Eu acredito que a vida é 10% o que acontece comigo e 90% como eu reajo a isso.
E o mesmo é com você!"
Charles Swindoll, Atitude

Obviamente não podemos mudar escolhas ou decisões tomadas, aliás é com muito respeito que devemos olhar para o passado e saber que elas foram a melhor que poderíamos ter feito com o conhecimento, experiência e aprendizado que tínhamos na época. Por outro lado, caso você entenda que ainda tenha algo mais à sua frente, é hora de assumir o controle da própria vida.

Ontem é história, amanhã é mistério, e hoje é uma dádiva, e é por isso que chamamos de "presente". A partir de agora é com você, a decisão do que fazer, como fazer, para onde ir, onde chegar é 100% sua. Certamente o processo de *coaching* é o primeiro passo para a mudança, fazer a transformação acontecer.

Hoje é o primeiro dia do resto de sua vida. A partir deste momento, cada sonho, cada objetivo, cada meta devem ser vistos sob um ponto de vista diferente, talvez de uma maneira que ainda não tenha considerado, de uma forma que possivelmente não tenha imaginado:
- O que você faria se soubesse que a única possibilidade fosse vencer?
- Qual seria o grande sonho que perseguiria?
- Qual o grande objetivo que lutaria para alcançar sabendo que o sucesso é o único resultado possível?

Referências

HILL, N. A Lei do Triunfo. 28. ed. São Paulo: José Olympio, 2006.

Acesso ao site, poema de Charles Swindoll. <http://www.reference.com/motif/arts/attitude-poem-by-charles-swindoll>

40

Coaching para a indústria da hospitalidade

Clientes que voltam e funcionários felizes
O turismo de negócios e entretenimento se tornou uma grande fonte de investimentos e negócios. Só para termos uma ideia, os habitantes da União Europeia fizeram cerca de 1,2 bilhões de viagens de turismo e 144 milhões de viagens de negócio em 2011, gastando um total de 312 bilhões de Euros. Cidades sem importância no passado, através de planejamento e investimentos, tornam-se núcleos de turismo e negócios e recebem visitantes do mundo inteiro. Dentro deste conceito, hotéis e restaurantes são elementos estratégicos no desenvolvimento de cidades e regiões

Svenja Kalteich

Svenja Kaiteich

Nascida na Alemanha, vive no Brasil há dezessete anos. Formada em Etnologia, História da Arte e Arqueologia na LMU, Universidade Ludwig-Maximilian de Munich, Alemanha. Hoje atua como palestrante, *coach* e treinadora. Possui certificações internacionais em *Coaching*: *Professional Life Coaching, Business & Executive Coaching*, reconhecidas pelo Instituto Brasileiro de Coaching, ECA (European Coaching Association), ICI (International Associacion of Coaching Institutes), Metaforum (Alemanha) e GCC (Global Coaching Community). Formada como *Master Coach Senior* com certificação internacional reconhecida do BCI (Behavioral Coaching Institute). Pós-graduação em Gestão de Pessoas: "Aumentar a eficiência em equipes multiculturais com *Coaching* Intercultural". Cursou Desenvolvimento Gerencial na FGV, Fundação Getulio Vargas. Treinadora em PNL (Programação Neurolinguística). Trabalha atualmente como *Master Coach Senior* na área de *Coaching* de Vida e *Coaching Business&Executive*, especializada em *Coaching* Intercultural, *Coaching* de Liderança e *Coaching* para Emagrecimento. Parceira e facilitadora do novo treinamento LCT, *Leader Coach Training*, do IBC, Instituto Brasileiro de Coaching. Coembaixadora do grupo InterNations (www.internations.org), que apoia a comunicação, o entendimento e a interação entre culturas.

Contatos:
www.svenjacoachingsolutions.com.br
svenjacoachingsolutions@hotmail.com
(19) 8175-1545

Svenja Kalteich

Vale a pena investir em *coaching* para uma melhor performance dos funcionários da indústria da hospitalidade? Sem dúvida, vale a pena investir, ou melhor: é fundamental!

Cada contato interpessoal decide se os hóspedes e clientes irão sentir-se confortáveis em um hotel ou restaurante, o quanto eles gastam, se eles recomendarão a empresa para amigos e conhecidos, e se retornarão ao estabelecimento com frequência e regularidade.

Além de um ambiente agradável, limpo, organizado e adequado, é essencial que exista um time organizado, bem treinado e motivado, para garantir o conforto e bem-estar dos clientes. Estes funcionários são o cartão de visita de um hotel ou restaurante e precisam de treinamento técnico para conseguir um bom desempenho. Por mais lindo ou aconchegante que um hotel seja, ou maravilhosa a comida que o restaurante sirva, esse hotel ou restaurante ficará mais aconchegante e a comida mais saborosa, caso o atendimento seja personalizado e acolhedor. Isso pode ser atingido através de um *coaching* direcionado à indústria da hospitalidade.

Um serviço e atendimento excelente pode remediar um problema pontual da cozinha ou do quarto de hotel, mas não o contrário. Isso mostra com clareza qual deve ser o foco da empresa: **investir nos funcionários para oferecer um atendimento perfeito, tanto eficiente quanto agradável.**

As estatísticas demonstram que hotéis e restaurantes acabam fidelizando sua clientela pelo serviço que praticam e 85% dos clientes não voltam se o serviço foi ruim. Ou seja, um lugar lindo e uma comida saborosa são essenciais, contudo, não é o suficiente para reter seus clientes.

Fazendo uma conta simples: imaginemos que em um restaurante ou hotel dez clientes recebam um serviço ruim durante um dia. Estatísticas mostram que estas dez pessoas em média contam essa experiência negativa para oito pessoas. Estas oito pessoas contam o fato para mais quatro pessoas. **Em resumo, o estabelecimento perdeu 410 possíveis clientes por atos de funcionários não capacitados adequadamente.**

No setor de hotelaria, os funcionários são o verdadeiro e maior patrimônio da empresa. Funcionários felizes proporcionam felicidade aos hóspedes, e essa felicidade torna a visita inesquecível. A escassez de trabalhadores qualificados, a alta rotatividade de pessoas e outros custos elevados apresentam novos desafios para a empresa no seu dia a dia.

Resumo: hoje em dia, os estabelecimentos, restaurantes e hotéis são cada vez mais intercambiáveis. Hotéis de alto nível cada vez mais oferecem os mesmos serviços e atividades: mini-bar, WI-FI, academia no hotel; a reserva via internet, um drinque de boas-vindas etc. Toda empresa pode ter um ambiente chique com *design* contemporâneo, um cardápio elaborado,

Coaching - A Solução

preços aceitáveis, mas só com uma equipe entusiasmada, qualificada e dedicada a empresa poderá se destacar da concorrência para tornar a visita do cliente inesquecível. Na indústria da hospitalidade o "fator humano", os funcionários, fazem toda a diferença. Investir neles é fundamental. Não me refiro a um treinamento técnico neste momento, falo de um investimento que faz o funcionário se identificar com a empresa: **o coaching.**

O cliente do restaurante ou hotel não difere entre o supervisor e o estagiário ou outro ajudante fixo ou temporário. Cada funcionário representa a empresa, cada funcionário precisa ser motivado, responsável, trabalhando com orgulho na empresa, enfim... se identificar.

Bons exemplos desta política:
- A rede **RITZ-CARLTON**, reconhecida mundialmente por um serviço perfeito, vê o funcionário como cliente, chamando-os de "clientes internos".
- O **HYATT REGENCY ORLANDO AIRPORT** tem a fama de tratar funcionários como clientes e vários funcionários trabalham lá há décadas.

Trate os seus funcionários bem e eles vão tratar os seus clientes bem.
Bill Marriott, chairman do MARRIOTT INTERNATIONAL

O investimento num processo de *coaching* dos funcionários garante um nível elevado e desejado de desempenho, identificação e felicidade. Automaticamente, a empresa fica fortalecida e poderosa, consequentemente consegue se manter com sucesso no mercado, lucrando cada ano mais. Hoje a competição não significa só atrair novos clientes e manter os velhos, mas também ter os melhores funcionários. O desenvolvimento pessoal de cada funcionário virou um ponto crucial. As empresas precisam enxergar que isso não acontece automaticamente, e que o investimento em *coaching* dos funcionários faz a diferença. Os funcionários querem se desenvolver - tanto profissionalmente como pessoalmente. O *coaching* individual ou em grupo apoia cada um a crescer para enfrentar novos desafios, sozinhos e com a equipe. As pessoas entendem melhor a natureza dos seres humanos, aprendem a ser mais condescendentes, superar conflitos e contribuir com ideias próprias para a empresa. Com tudo isso, aumenta-se o desempenho individual, e em seguida o trabalho da equipe atinge a excelência. Para cada empresa na indústria da hospitalidade o processo de *coaching* é um parceiro competente que tem o poder de formar pessoas responsáveis, motivadas, e equipes vencedoras e unidas. Cada processo de *coaching* é diferente, individual ou em grupo, é feito especialmente para as necessidades específicas da empresa, trabalha temas e perguntas atuais, analisa pontos fortes e de melhoramento, sempre com foco no resultado desejado pelo cliente. Sabemos que o mesmo comportamento traz sempre o mesmo resultado. Assim sendo, se queremos atingir novos e melhores resultados, temos que mudar e melhorar nosso comportamento.

Temas fundamentais e resultados esperados

Autoconhecimento

Não podemos subestimar a importância do autoconhecimento para garantir uma abordagem profissional conosco, com clientes e colegas. Autoconhecimento é a base de tudo. Só quando eu me conheço e me aceito, eu consigo conhecer e aceitar os outros. O *coaching* trabalha intensivamente o autoconhecimento e assim o próprio comportamento. Automaticamente o *coaching* influencia a relação com o cliente ou hóspede, aumenta a sensibilidade para as necessidades e desejos dos outros no nível emocional e racional, garante o bem-estar do funcionário, da equipe e do cliente.

Autoestima e autorrepresentação

Sabemos que a primeira impressão fica! Exemplo: a recepção. "Preparado para receber o cliente - a primeira imagem conta, a primeira impressão é importante porque permanece"! Você já se sentiu menosprezado ou desvalorizado na sua chegada? Foi recebido e atendido sem atitudes positivas e sem entusiasmo? Eu tenho certeza que você lembra este momento até hoje e nunca voltou para este lugar. A recepção é um ponto estratégico e central no estabelecimento, na reserva, no *check-in* ou *check-out*. O *coaching* apoia o funcionário para usar o autoconhecimento, ajudando-o a trabalhar os pontos fortes e os pontos de melhoramento, como base para envolver autoestima. O autoconhecimento profundo e uma autoestima elevada garantem uma autoapresentação perfeita, profissional e inesquecível para o cliente. A meta do *coaching* neste momento pode ser o desejo de ser o melhor representante, o melhor cartão de visita da empresa. Na recepção muitas atividades e informações se cruzam. Isso pede uma competência grande de comunicação boa dos funcionários. Chegamos no terceiro ponto: A comunicação - ***sine qua non!!!***

Comunicação

No restaurante e no hotel os funcionários precisam fornecer serviço perfeito o tempo inteiro. O cliente espera uma performance sem atrito, com ou sem problemas atrás dos bastidores. A comunicação clara, explícita e aberta é indispensável. *Coaching* abre o caminho para uma comunicação bem específica e respeitosa, uma comunicação eficaz na equipe, e analisa o próprio tipo de comunicação. Comunicação não significa só falar, existe a linguagem do corpo e com o *coaching* entendemos a importância de ouvir e ser ouvido. Que cliente num restaurante ou hotel não gosta de ser ouvido! *Coaching* capacita a pessoa ouvir, dar *feedbacks* regulares e imediatos, melhorando a comunicação e, consequentemente, o desempenho individual e do time.

Empatia, aceitação e respeito

Culturas e hábitos diferentes existem em países e regiões diferentes. Em cidades quase vizinhas encontramos outros estilos de comportamentos. Na indústria da hospitalidade pessoas de muitos lugares do mundo se encontram, clientes com clientes, funcionários com clientes e funcionários com outros funcionários. Na equipe trabalham pessoas com personalidades, características e hábitos diferentes. Muitas se completam, outras não se encaixam automaticamente. O *coaching* trabalha o entendimento, a aceitação e valorização do outro, mostra como todos somos diferentes. *Coaching* explica a existência e a formação das nossas próprias crenças, emoções e comportamentos, e nos apoia a respeitar as diferenças, muitas que pereciam inexplicáveis em um primeiro momento.

Autocontrole

Autoconhecimento permite autocontrole em situações do dia a dia com clientes e colegas. Autocontrole permite o aprimoramento na gestão de reclamações, que sempre podem acontecer, às vezes com razão, às vezes sem. Lidar com hóspedes e clientes insatisfeitos, reclamando, é um grande desafio e no mesmo momento uma grande chance para estabelecer uma ligação íntima com o cliente. Quem nunca fez uma reclamação, e por conta da pessoa ter atendido com educação, profissionalismo, ouvindo com paciência, foi conquistado de volta? E o contrário? Todos nós sabemos o que acontece. *Coaching* apoia na mudança da crença que uma reclamação do cliente é uma coisa negativa e substitui este julgamento positivamente: **"toda reclamação e conflito é uma chance de parar e pensar, de inventar uma forma melhor ainda de resolver e fazer no futuro"**. Vamos ver a reclamação como um presente e um desafio, um convite para o crescimento profissional e pessoal. *Coaching* prepara a manter a calma, praticar uma distância emocional para lidar perfeitamente com situações difíceis.

Liderança dos subordinados

Líder não é gerente, ele pode ser um gerente também, mas um verdadeiro líder é muito mais. Na indústria da hospitalidade os líderes têm um significado mais especial ainda. Eles precisam garantir um excelente funcionamento da equipe, um clima de trabalho agradável e aconchegante, tanto para equipe quanto para os hóspedes. *Coaching* de liderança oferece as ferramentas para formar líderes brilhantes, que fornecem *feedback* regularmente e sabem da importância do *feedforward* (planejamento como deve ser feito melhor no futuro). *Coaching* forma líderes que conseguem trabalhar com vários tipos de pessoas, usando a psicologia positiva. Líderes *coaches* motivam, apoiam o desenvolvimento dos liderados e da equipe, resolvem conflitos de maneira inteligente, enfim: são verdadeiros modelos para os funcionários. No processo de *coaching* de liderança formamos líderes em vez de gerentes, com visão e missão, interessados no crescimento de cada membro da equipe, formando outros líderes. Líderes focam no crescimento, excelência, sucesso e lucro da empresa.

Conclusão

Não quero desvalorizar o treinamento técnico, ao contrário, funcionários precisam ser treinados, eles precisam ter conhecimento técnico nas suas respectivas áreas de atuação. Também há treinamentos com caráter motivacional-emocional. Em minha opinião esta motivação fica presente só por alguns momentos, horas, às vezes dias, mas sempre por pouco tempo. O *coaching* é diferente! O *coaching* trabalha com motivação cognitiva. *Coaching* verdadeiramente transforma, faz um convite a fazer diferente e melhor, substitui as crenças limitadoras e automaticamente melhora os sentimentos e comportamentos dos funcionários no longo prazo. Cada um cresce pessoalmente e profissionalmente, aceita e respeita outras opiniões, dos colaboradores e dos clientes. Cada um descobre o próprio potencial. Com o *coaching*, os funcionários "vestem a camisa", se identificam com a empresa, se sentem orgulhosos de fazer parte, e serem importantes para o crescimento da empresa.

Vários estudos comprovaram que o *coaching* funciona, por isso é interessante que vejamos o exemplo do JOYE Restaurant Group, com a matriz em Vancouver, Canadá. A empresa começou o programa de *coaching* em 2009, com foco na liderança, gestão de conflitos e crescimento pessoal dos funcionários. Participaram 1000 funcionários (o JOYE oferece o programa de *coaching* para cada funcionário que está na empresa a mais do que seis meses), e o nível de sucesso do processo foi inacreditável: a empresa cresceu 30% e o ROI (return on investment) cresceu 682%. Com o investimento no programa de *coaching* a empresa apoiou os funcionários a se tornarem líderes responsáveis, motivados, com foco e obstinados, em vez de manter funcionários que trabalham lutando contra a rotina e gerentes que só controlam. A filosofia do *coaching* baixou a rotatividade de funcionários de 200 para 66 e quase zerou a rotatividade no nível hierárquico superior.

Sete pontos importantes para a indústria da hospitalidade

7
Pontos
Importantes

OTIMISMO   APOIO

    CONFIANÇA   VALORES

        INTERAÇÃO   RESPEITO

                COMUNICAÇÃO

Espero realmente que hotéis e restaurantes brasileiros mais e mais se motivem a introduzir o *coaching* em suas empresas, para ter funcionários preparados, felizes e responsáveis.

Vamos encantar o público mundial que vamos receber na Copa do Mundo em 2014 e na Olimpíada em 2016, não só com nosso calor humano, mas também com profissionalismo, atenção e educação, além de nossa motivação contagiante, que vai abrir os corações das pessoas. *Coaching* tem muito a contribuir para isso!!!

Coaching abre novas portas.
Coaching transforma mentes.
Coaching faz crescer.

Vamos receber o mundo com classe. Somos capazes!

41

Coaching presente nas várias fases da vida

Coaching é uma parceria firmada entre o profissional que chamamos de *coach* e cliente, denominado *coachee*, onde o profissional irá apoiar e motivar você a acreditar que pode ser o que e quem você quiser ser

Talita Martins

Talita Martins

Sólida vivência na área Comportamental e de Gestão de Pessoas, habilidades em Programas de Capacitação e Desenvolvimento de Competências. Especialista em gerar resultados, formada em *Personal Professional Coaching* e *Leader Coach* pela Sociedade Brasileira de Coaching, *Master Coach* e *Mentor* formada pelo Instituto Holos, formação em Programação Neurolinguística, Consultora Internacional e Palestrante, graduada em Administração de Empresas pela Universidade Paulista – UNIP, Pós-graduada em Gestão de Pessoas com ênfase em Estratégia pela FAESB. Atuou como Consultora, Coordenadora e Gestora de Projetos na Totvs por dez anos, com experiência em nível nacional e internacional. Atualmente trabalha com Diagnósticos, Processos, Desenvolvimento de Pessoas e Empresas, Integração entre Processos e Pessoas, por meio de *Workshops*, Treinamentos Personalizados associando todos os seus conhecimentos em um trabalho que proporciona vários benefícios.

Contato:
tallita.martinss@gmail.com

Talita Martins

A vida parece um grande quebra-cabeça onde existem momentos que buscamos peças para montá-lo e quando não as encontramos, em outros momentos, nos sobram peças e não conseguimos encontrar o lugar onde devemos encaixá-las.

A prova desse grande quebra-cabeça é a quantidade de vezes que passamos por situações onde nos questionamos: por quê? Como? Quando? Será que estou fazendo a coisa certa? Dias, meses e anos se passam e nada muda, nada acontece? Quais são os meus sonhos reais? O que eu espero e quero da vida? Será que existe um caminho melhor a seguir? O que posso fazer para resolver da melhor forma possível os meus problemas? Será que existe uma luz no final do túnel? Todos falam: faça uso de seus pontos fortes, mas quais são os meus pontos fortes? Todos nós temos qualidades e pontos a serem melhorados, o que posso fazer para potencializar minhas qualidades e desenvolver os pontos que precisam ser melhorados? Nada dá certo, meus relacionamentos estão cada vez piores, será que existe uma forma de melhorá-los? Todos os dias em jornais, revistas e na TV aparecem notícias sobre pessoas bem-sucedidas, mas será que isso realmente existe, é só privilégio de alguns ou qualquer pessoa pode se tornar bem-sucedida?

Gosto de dizer ainda que esse grande quebra-cabeça chamado vida é composto por fases, sonhos e escolhas, e cada uma dessas fases, sonhos e escolhas são pecinhas que irão compor o grande quebra-cabeça da vida.

Os sonhos nascem quando começamos a descobrir que somos alguém, ainda na infância, onde sonhamos com coisas simples, brinquedos, um cachorrinho, nada que nos venha causar muito impacto, é uma fase de aprendizado, repleta de novidades, onde começamos a descobrir o mundo.

Passam-se os anos e entramos na adolescência, aí sim começam as grandes batalhas internas, os conflitos entre a fase de criança e a adolescência, os sonhos e as escolhas que podem impactar no futuro. Nesta fase nos transformamos, muitas coisas importantes ocorrem dentro e fora de nós, os questionamentos começam a ficar mais intensos e, junto com as transformações, se introduz na vida do adolescente o senso de responsabilidade.

Depois vem a fase adulta, onde a princípio todas as mudanças ocorridas na fase da adolescência começam a se assentar, a se estabilizar. A tal responsabilidade passa a fazer parte do seu dia a dia e com um peso muito maior do que a da adolescência. Quanto aos questionamentos... Esses só tendem a aumentar e a ser tornar cada vez mais complexos. As escolhas deixam de ser simples, e se tornam tão ou mais complexas que os questionamentos. Alguns, já podemos dizer que estejam com a situação financeira tranquila, outros a estão buscando, alguns já se casaram, outros estão noivos e ainda restam aqueles que só querem curtir a solteirice, tem alguns que podemos dizer que a responsabilidade já é gigante, pois já estão com filhos, outros estão planejando.

Passada a infância, a adolescência e a fase adulta, nos resta a velhice, fase esta em que muitos se aposentaram, já estão com netos, bisnetos.

Em cada uma dessas fases sonhamos muito, alguns planejam, outros realizam, uns escolhem, outros são escolhidos, o importante em cada uma dessas fases é sonhar muito, planejar-se, estar consciente de cada passo que se irá dar, conhecendo suas possíveis consequências, realizando e conquistando tudo o que se almeja. Quando chegar a velhice, aí sim podemos dizer que a vida começa novamente, que podemos viver intensamente cada minuto, cada segundo sem preocupação, pois todas as outras fases já foram trabalhadas de forma a tornar a velhice mais leve, sem preocupações.

Para cada fase da vida você pode contar com um profissional capacitado e preparado para auxiliá-lo na busca da melhor resposta de cada questionamento seu e, melhor, esse profissional sabe que todas as respostas para o seus questionamentos estão dentro de você, ele fará uso de técnicas e ferramentas que irão te ajudar a localizar essas respostas; esse profissional pode estar mais próximo do que você imagina, esse profissional é o *coach*, você já ouviu falar? Conhece algum?

Pois bem, o *coaching* é uma parceira firmada entre o profissional que chamamos de *coach* e cliente denominado *coachee*, onde o profissional irá apoiar, motivar você a acreditar que você pode ser o que e quem você quiser ser.

O *coaching* na adolescência irá auxiliá-lo no autoconhecimento, desenvolvimento, na transição das fases da vida dando foco ao direcionamento das potencialidades, habilidades, além de desenvolver objetivos em diversas áreas da vida.

O *coaching* vocacional irá facilitar no momento que podemos dizer que seja o mais importante do ser humano, que é o momento de escolher a profissão a seguir, ele o fará com segurança, conhecendo todas as possibilidades existentes para área que escolheu atuar.

Depois dessa fase da escolha da profissão, a parte que mais nos assusta, é o momento em que concluímos a universidade, estamos com o diploma na mão, não existem mais desculpas, o que nos espera é um mercado de trabalho acirrado, disputado, que na sua maioria não perdoa, é cruel, aí entra novamente o profissional de *coaching* para auxiliá-lo na fase "Estou formado!!! E agora?".

Resolvida a fase do choque do diploma na mão e de não saber o que fazer e para onde correr, vem a tão sonhada carreira, tudo caminha exatamente como se planejou, as oportunidades não param de bater à sua porta, promoções, as responsabilidades crescem junto com cada oportunidade e promoção, em um dado momento você percebe que lhe falta algo para chegar no último degrau, aí o *Coaching* de Carreira chega para o auxiliar e o preparar para subir esse tão sonhado, desejado e merecido degrau.

No corre-corre da vida, e de suas escolhas você diz, "Para tudo!!!" e começa a olhar para todos os lados e buscar uma peça especial dentro do seu gigante quebra-cabeça da vida e não o encontra, essa peça você a deixou de lado enquanto cuidava das peças profissionais. Essa peça faz parte do lado pessoal e afetivo, você se preocupou tanto com as peças profissionais que esqueceu de seus relacionamentos, e a vida passa rápido demais e não temos como voltar no tempo para rever pessoas importantes que passaram em nossas vidas e as deixamos passar. Muitas vezes relacionamentos são perdidos pela falta de tempo para o outro, o *coaching* de relacionamentos e para casais vem para mostrar a importância do equilíbrio entre o profissional e o pessoal, e que é possível levar os dois juntos sem precisar sair atropelando as coisas, e o relacionamento é mais simples do que muitas vezes imaginamos.

O que dizer de nós mulheres, que além de passarmos por todas as fases, e todas as escolhas que fazemos, temos as nossas próprias fases, a fase de menina sonhadora, da adolescente toda poderosa, da mulher que é profissional mas que quer ser esposa e depois mãe, quer construir e cuidar da sua família, e grande parte dessas mulheres, depois que escolhe se casar, passa a viver em função do marido. Depois vêm os filhos, e ela mesmo se apaga, se perde, a mulher, a adolescente e a menina que um dia foi se perde, o *coaching* para mulheres é para você mulher que deseja se harmonizar, que busca o equilíbrio, que quer melhorar a percepção de si mesma, compreender preconceitos e descobrir como lidar com eles. É para você mulher que tem sede de mudança, vontade de olhar para vida e para si mesma e descobrir tudo o que pode e quer fazer. É para você mulher que quer ser você em primeiro lugar, profissional, esposa e mãe.

E quando vai chegando perto da velhice, perto de pendurar a chuteira e se aposentar, vem o *coaching* pré-aposentadoria, que o ajuda a se preparar para a terceira idade, que acredito ser a melhor de todas, pois não tem mais com o que se preocupar, você já se realizou profissionalmente, já criou seus filhos, já chegaram os netos, a hora agora é de curtir, de viver a vida, de resgatar sonhos que foram guardados no fundo da gaveta e realizá-los, para quando te perguntarem como foi a sua vida, você ter histórias para contar e poder dizer com toda a segurança do mundo foi perfeita, "vivi plenamente cada fase dela, com conhecimento e sabedoria".

Venha e descubra os pensamentos que o limitam, supere as barreiras que na maioria das vezes são criadas por nós mesmos como uma forma de defesa, descubra quais foram as barreiras que você mesmo criou de forma inconsciente, venha se conhecer e potencializar os seus recursos pessoais, para que você atinja suas metas de forma eficiente.

O *coaching* trabalha com resultados, por isso cabe a pergunta: qual resultado você deseja obter? Qual é a peça que está faltando para que você complete o seu quebra-cabeça? Ou será que estão sobrando peças e você não está localizando o lugar certo de posicioná-las?

Conte sempre com o auxílio de um profissional de *coaching* em cada uma das suas fases para ajudá-lo a montar o grande quebra-cabeça da vida e a encontrar o melhor caminho a seguir.

42

O que você quer?

"Daqui a alguns anos você estará mais arrependido das coisas que não fez do que das que fez. Então solte suas amarras. Afaste-se do porto seguro. Agarre o vento em suas velas. Explore. Sonhe. Descubra."
Mark Twain

Thiago Geordano

Thiago Geordano

Master Coach Trainer, membro da International Coach Federation (ICF - USA), a maior comunidade de *coaches* do mundo e International Positive Psichology (IPPA - USA), que promove a ciência da psicologia positiva em todo o mundo. Possui 14 anos de experiência no mercado publicitário e já atuou em várias agências de propagandas premiadas nacionalmente onde desenvolveu eficientes estratégias para maximizar o poder de marca de famosas corporações brasileiras. É certificado como Analista Comportamental de Negócios, graduado em Comunicação Social/ Publicidade e Propaganda e Especialista em Desenvolvimento Humano. Hoje, treinador principal na Act Coaching realiza formações em *coaching, workshops* personalizados, palestras, avaliações comportamentais de liderança e oferece suporte a *coaches* em todo o Brasil. É certificado pela International Coaching Federation (ICF), The Inner Game Business School (IG), European Coaching Association (ECA), Global Coaching Community (GCC), Metaforum International, Internacional Coaching Council (ICC), International Association of Coaching (IAC), Behavioral Coaching Institute (BCI) e International Positive Psichology (IPPA).

Contatos:
www.liderancadofuturo.com.br
tgeordano@hotmail.com

Thiago Geordano

Este é um capítulo incontestável. Nele compartilho *verdades extraordinárias* para corações ansiosos e em busca de respostas.

Não as criei. Porém acredite. São verdades que se sustentam e que produzem verdadeiros efeitos. Uma delas é que você têm todos os recursos de que precisa para atingir grandes resultados na vida e viver poderosamente. Outra é que, se estiver comprometido com o sucesso, você o criará. Se disser para si mesmo que é capaz de fazer alguma coisa, você abre os caminhos que podem fornecer-lhe os recursos da realização.

Foi assim com grandes excêntricos da história. Albert Einstein, Nicolau Copérnico, Constantino, Martinho Lutero, George Washington, Thomas Edison, Beethoven, Sigmund Freud, Henry Ford... Homens que deixaram grandes legados e que inspiram por seus feitos. Aprecio também Muhammad Ali, considerado o "esportista do século", foi um dos maiores pugilistas do mundo, magistral dentro e fora do ringue. Fora dele, soube promover seus interesses e defender suas ideias com firmeza e inteligência. Afirmava que campeões não são feitos em academias. Campeões são feitos de algo que eles têm profundamente dentro de si – "um desejo, um sonho, uma visão".

Tudo começa com o desejo

O desejo é realmente a nossa qualidade essencial. É aquilo de que somos feitos, nossa essência e o que nos move. Somos todos desejos ambulantes, constantemente buscando preencher nossos próprios anseios. Seu coração bate, seu sangue circula, seu corpo se move somente porque existe um desejo que busca ser preenchido. Steve Chandler[1] escreveu certa vez que o ser humano não moveria um único dedo se não fosse por "*algum desejo interno*". Daí o questionamento:

- O que você quer?
- O que você está procurando?
- Qual é seu objetivo especificamente?
- Se pudesse conseguir o que quer, o que seria?
- Onde você se movimenta melhor?
- Quando está mais contente?
- Com o que você trabalha melhor?
- O que é uma vida preciosa e rica para você?
- O que motiva você a dar o melhor de si?
- O que é importante para você?
- Com o que se importa?
- O que mais quer em seu trabalho?
- O que mais quer da sua vida?
- O que menos quer em seu trabalho?
- E em sua vida?

Se quiser chegar a algum lugar na vida, é imperativo saber o que quer. Todos desejam saúde, felicidade, segurança, paz de espírito, autoexpressão autêntica... Mas de que maneira muitos de nós atingem esses objetivos?

---

[1] *Steve Chandler, 100 Ways to Motivate Others. Publicado por Career Press, EUA, em 2008. Ele é o extraordinário consultor das grandes empresas da Fortune 500.*

Um aluno do curso de *coaching* confessou-me recentemente: "Eu sei que se mudar meu padrão mental e redirecionar minha vida emocional, o estado de meu coração vai melhorar. Eu sei disso. O problema é: não tenho uma técnica, processo ou *modus operandi*. Minha mente vagueia de um lado para o outro quando penso em meus muitos problemas e me sinto frustrado, infeliz e derrotado." Este aluno sentia o desejo de ter um propósito de vida definido. O que precisava era conhecer a maneira de se *conduzir* para essa realidade.

Há um tesouro escondido em você

O escritor Joseph Murphy[2] é um dos mais profundos conhecedores das leis inconscientes que já li. Essa lei afirma que ao seu alcance, você tem riquezas infinitas. Para obtê-las, tudo o que precisa fazer é abrir seus olhos inconscientes e contemplar o tesouro de Deus que há em você. E encontrará nele tudo do qual pode extrair para viver rica, alegre e abençoadamente.

As descobertas de Murphy consideram que numerosas pessoas vivem fechadas para seu potencial, porque desconhecem esse tesouro de inteligência infinita e amor sem limites que nelas existem. "O que quer que queira, você pode sacar do tesouro".

O mapa da mina

Ao longo de vinte anos de estudos, Napoleon Hill, o maior gênio na área da realização pessoal e psicologia aplicada, estudou a vida de mais de 16 mil pessoas. Durante esse tempo, organizou e analisou cuidadosamente um grande número de dados sobre elas. E uma das constatações mais contundentes foi a de que 95% das que não obtiveram desempenho satisfatório na carreira não tinham claro o que queriam da vida. Porém, os 5% que alcançaram sucesso notável não apenas possuíam um propósito definido, mas também tinham um plano para executá-lo.

Qual é o problema? Grande parte das pessoas, ao terminar os estudos arruma logo um emprego qualquer, sem a menor concepção de algo que, mesmo de longe, se pareça com um propósito definido ou com um "plano traçado". Assim passam a vida inteira se perdendo nas tarefas diárias, na correria da vida, sem terem noção de onde irão parar e do que verdadeiramente buscam.

Pessoas que se destacam das demais decidem definitivamente responder:

- O que faria se soubesse que não poderia fracassar?
- Quando o iria querer?
- Por que o iria querer?

Se estivesse absolutamente certo do sucesso, que atividades seguiria, que ações faria? Como iria conseguir o que quero?

Assim, elas criam um propósito definido para sua vida.

Mas por que um propósito definido é tão importante? A resposta é simples: ele cria poder pessoal.

---

2 *Dr. Joseph Murphy, Ph.D The power of your subconscious mind. Publicado por Prentice Hall, Inc. 1962-2000.*

Thiago Geordano

Espantando os piratas

Você sabia que uma peça imantada de ferro levanta doze vezes seu próprio peso? E se desmagnetizá-la, porém, ela não erguerá nem uma pena? De idêntica maneira, há dois tipos de pessoas. As imantadas que vivem cheias de confiança e fé. Sabem que nasceram para ter sucesso e para vencer. Outras, infelizmente, tantas outras, vivem desmagnetizadas. Estão cheias de medo e dúvidas. Quando surge uma oportunidade, dizem: "E se eu fracassar? Posso perder dinheiro. Vão rir de mim". Gente desse tipo não vai longe na vida. O medo de dar um passo à frente faz com que fiquem onde estão.

Assim, sempre que começar a pôr limitações em si mesmo, atire-as fora. Faça isso visualmente. Imagine um lutador atirando seu oponente para fora do ringue, e então, faça a mesma coisa com o que estiver limitando você. Pegue essas crenças limitadoras e jogue-as fora e esteja atento para o sentimento de liberdade que terá quando fizer isso.

Você pode tornar-se uma pessoa magnetizada e alcançar tudo o que deseja na vida desde que tenha bem claro o que realmente deseja.

A partir do momento que você define um propósito e transforma sua realização na missão de sua vida, ele se tornará o pensamento dominante em sua mente. E isso fará que você esteja constantemente atento a fatos, informações e oportunidades úteis e necessárias à realização desse propósito. Ou seja: no instante que você planta um propósito definido em sua mente, ela começa, tanto consciente como inconscientemente, a coletar e a arquivar material que será útil na realização dele.

Apropriando-se do baú

O grande segredo deste capítulo é levá-lo a entender que há um baú extremamente rico em cada um de nós. Chamarei esse tesouro de *mente inconsciente*.

Imagine-se como um jardineiro. Durante o dia inteiro, planta sementes e nem se dá conta de que faz isso pela sua própria maneira habitual de pensar.

Sua *mente inconsciente* é como uma camada de solo fértil, no qual brotam e florescem todos os tipos de sementes, sejam elas boas ou más. Se você semeia espinhos, vai obter uvas? Se semear cardos, vai colher figos? Todo pensamento é uma causa e cada situação, um efeito. Esse é o motivo por que é tão essencial que assuma o controle do que planta em sua mente. Dessa maneira você só poderá gerar apenas situações favoráveis.

Porque, como imagina em sua alma, assim ele é...
Pv. 23:7.

Repare na poderosa verdade contida nessas palavras. Pense em como você pode se utilizar desses incríveis recursos dados por Deus a todo ser humano, maravilhosamente criado por Ele – a imaginação e a disciplina de uma alma e mente educadas ou treinadas.

Comece agora com pensamentos de paz, felicidade, ação correta, relacionamentos felizes, boa vontade e riquezas. Pense ativamente e com convicção nessas qualidades. Aceite-as sem reservas. Aquilo que você semeia na *mente inconsciente* é o que vai colher no ambiente externo.

Já é hora de abri-lo

Ponha em prática o maior segredo de todas as eras: a *mente inconsciente*.

Ela funciona de acordo com a lei da crença. E você precisa saber o que é crença, por que e como ela funciona. A Bíblia diz isso de maneira simples, clara, e bela:

> *Porque em verdade vos afirmo que se alguém disser a este monte: Ergue-te e lança-te ao mar, e não duvidar no seu coração, mas crer que se fará o que diz, assim será com ele.*
> **Marcos 11:23**

Todos os resultados conquistados por sua força advieram de sua crença. Portanto deixe de aceitar as falsas crenças, as opiniões, as superstições e os medos que assolam a humanidade. Comece a acreditar nas certezas e verdades eternas da vida, que jamais mudam. Nesse ponto, você se moverá para frente, para cima, e para Deus.

Se continuar acreditando que pode ou não pode fazer alguma coisa, você também estará certo. Mesmo que tenha as técnicas e os recursos para fazer alguma coisa, uma vez que diz para si mesmo "não conseguirei", você fecha os caminhos neurológicos que tornariam isso possível.

A *mente inconsciente* está sempre procurando informações de forma a lhe dirigir para determinadas direções. Ela contribui e manda efeitos sobre todo o corpo para lhe conduzir conforme acreditar ser o melhor.

O brilho das peças douradas

Eu acredito que cada um de nós tem um sonho no coração. Não estou falando sobre querer ganhar na loteria. Esse tipo de ideia vem de um desejo de escapar de nossas atuais circunstâncias, não de correr atrás de um sonho verdadeiro. Estou falando sobre uma visão que fala à alma lá no fundo. É o que nascemos para fazer. Ele vem dos nossos talentos e dons. Atrai nossos ideais mais elevados. Acende nossos sentimentos de destino. Está inseparavelmente ligado ao nosso propósito na vida. O sonho nos inicia na jornada do sucesso.

Quando eu procuro o nome de uma pessoa que identificou e viveu seu sonho, penso no pioneiro da indústria automobilística Henry Ford. Ele afirmava: "*O grande segredo de uma vida bem-sucedida é descobrir qual é o seu destino, e então realizá-lo.*"

Que tal tocá-las?

Para colocar sua vida em ação e descobrir seu propósito, sente-se agora, pegue papel e comece a escrever. Empenhe-se em manter sua caneta movendo-se sem parar, por pelo menos uns quarenta minutos.

A PRIMEIRA PEÇA DO BAÚ: IDENTIDADE
- Quem é você?
- Como você descreve a si mesmo?
- Quem quer se tornar?
- Que papéis você desempenha?
- Que papéis você quer desempenhar?
- O que acontecerá continuando tudo como está?

Viver com a sensação de que é um impostor de sua própria vida, causará grandes danos à sua autoestima e sua energia.

A SEGUNDA PEÇA DO BAÚ: VALORES
- O que é importante para você?
- Com o que se importa?
- O que mais quer em seu trabalho? E em sua vida?
- O que menos quer em seu trabalho? E em sua vida?
- Quando foi que a vida esteve maravilhosa? Quando foi que se sentiu no topo?
- O que o deixa zangado, farto ou frustrado?

Seus valores deixam claro o motivo de suas escolhas e logo o que terá na vida.

A TERCEIRA PEÇA DO BAÚ: SONHOS
- O que gostaria de ter mais?
- Pelo que você gostaria de ser mais conhecido?
- Em um mundo ideal, como seria você?
- Em seus sonhos mais ousados, o que você realmente gostaria que acontecesse?
- O que você faria para se conduzir aos seus sonhos?
- O que faria você pular de entusiasmo e cantar em cima do telhado?

Acessar suas paixões o ajudará em tempos difíceis.

A QUARTA PEÇA DO BAÚ: OBJETIVO
- O que você quer?
- O que mais quer ou preferiria ter?
- Quais são os benefícios?
- Está fazendo isso para você ou para outra pessoa?
- O resultado depende somente de você?
- Quando você quer que isso aconteça?
- Onde você quer que isso te leve no futuro?
- Como você saberá que está conseguindo o objetivo desejado?
- O que você estará fazendo quando o conseguir?

Suas respostas o ajudarão saber quando ser flexível e quando se manter firme.

A QUINTA PEÇA DO BAÚ: **RECURSOS**
- Que recursos você tem agora?
- Que recursos você precisa adquirir?
- Há evidências de que você já foi capaz de atingir grandes objetivos antes?
- O que aconteceria se você procedesse como se tivesse os recursos?

Identificar seus recursos o ajudará contra as suas próprias conspirações mentais e autossabotagens.

E agora, o que você fará com cada peça em mãos?

Pensar é o trabalho mais pesado que há, e talvez seja essa a razão para tão poucos se dedicarem a isso.
Henry Ford

Fazer os exercícios deste capítulo pode ser um dos mais importantes passos a dar na direção do seu propósito. Você não pode alcançar seus objetivos se não souber quais são.

Se tudo que fez foi ler este capítulo, perdeu seu tempo. É imperativo que encontre tempo para fazer cada um desses exercícios. Talvez não sejam fáceis no começo, mas acredite, vale a pena; e quando começar a fazê-los, eles se tornarão cada vez mais divertidos. Uma das razões por que a maioria das pessoas não se dá bem na vida é porque geralmente o sucesso está escondido atrás de trabalho pesado.

Muitas vezes caímos em rotinas. Podemos estar conseguindo resultados confortáveis, mas poderíamos estar conseguindo resultados extraordinários. Portanto, por favor, faça este exercício:

1. Crie uma lista de cinco tarefas objetivas que o aproxime de seu propósito.
2. Revise suas repostas em cada peça do baú e adicione mais cinco tarefas.

Sem a coragem para transformá-los em ação, os planos não servem para nada.

Vai guardá-las ou negociá-las corajosamente?

Todos nós conhecemos pessoas que são reestruturadas às avessas. Não importa quão brilhante seja o céu, elas podem sempre encontrar uma nuvem escura. Mas para cada atitude incapaz, para cada comportamento contraproducente há uma estrutura efetiva. Você não gosta de alguma coisa? Mude-a. Você está se comportando de forma que não o apoia? Faça alguma outra coisa.

Já bem dizia Theodore Roosevelt: "Faça o que pode, com o que tem, onde estiver".

43

O caminho do guerreiro

Ninguém faz sucesso sem treinar, estudar, se esforçar, se organizar. Cada um tem seu próprio ritmo, seu próprio movimento, suas forças e fraquezas

Walber Fujita

Walber Fujita

Empresário e consultor, palestrante, escreveu sua primeira obra "O Caminho das Pedras" pela editora CBJE e também coautor dos livros "Ser+ com Equipes de Alto Desempenho", "Master Coaches", "Ser+ com Qualidade Total", "Ser+ em Excelência no Atendimento ao Cliente" pela Editora Ser Mais.

Contatos:
www.walberfujita.com.br
walberfu@gmail.com
walberfu@yahoo.com.br
twitter.com/walberfujita

Walber Fujita

Há algum tempo recebo esse tipo de questionamento "Como faço para vencer?"
Vou escrever o óbvio, mas saiba que muitas vezes o mais simples é o mais complicado de se fazer. Por isso, nesse caso, podemos afirmar que: sucesso é consequência de trabalho e muito estudo, um complementa o outro. Aprenda que não se chega ao sucesso sem a soma desses dois fatores: estudo e trabalho. Se esse princípio for bem compreendido, você irá agir e, por consequência, as oportunidades aparecerão. Saiba que vontade de vencer não é nada sem o preparo para vencer. Aprenda que a educação é a base de tudo e que ela é a primeira chave para o sucesso. Observe que uma vez estabelecida a base teórica, poderá ser posto em prática. Assim sendo, podemos dizer que a teoria deve ser feita para poder ser posta em prática (trabalho, agir) e toda a prática deve obedecer a uma teoria (estudo) para não se perder no caminho. Falando sobre a importância do estudo em nossas vidas, podemos tomar como exemplo a verdadeira importância dos professores, que se tornaram ícones no Japão. Segundo a tradição japonesa, todos devem reverenciar o imperador, abaixando a cabeça para ele. Todos, menos os professores!

Porque sem professor não existiria imperador! O Japão tem a exata noção de que o futuro do país depende das crianças, por isso a educação é muito valorizada, rigorosa, disciplinada.

Moro na Terra do Sol Nascente há algum tempo e com 21 anos de profissão, sinto que ainda tenho muito a descobrir e a aprender. A cada etapa planejada e alcançada descubro que quero e que tenho muito mais a aprender todos os dias. Acredito que a vida em sociedade fica mais fácil quando entendemos que como pessoas diferentes, também temos pontos de vistas diferentes e que cada um retém para si o que lhe parece conveniente. Diante disso, nunca pense que você já sabe tudo e que é o melhor no que faz. As técnicas, os produtos e as tendências mudam constantemente, por isso é preciso buscar atualizações o tempo todo, enfim quem ficar estagnado come capim! Se quiser ser um profissional qualificado e respeitado no mercado, mexa-se. Sorte e oportunidade são dois fatores que, em minha opinião, contam muito, mas que não são suficientes para garantir uma carreira longa e com consistência, é preciso mostrar competência! Para quem está começando a carreira, ou pretende começar, a dica é: estude muito e aprenda muito sempre focado no caminho que escolheu para você. Escolha bons professores em todos os níveis da sua vida, crie estratégias de aprendizado porque conhecimento não tem preço e é um bem que não se perde. Pense muito nisso.

Coaching - A Solução

No Japão, sucesso com perfeição só pode ser vivenciado por quem conhecer, nem que seja por uma fração de segundos, o Bushido, (bushi = guerreiro, do = caminho), significa literalmente, "caminho do guerreiro" - um código de honra não escrito e um modo de vida para os samurais, que fornecia parâmetros para esse guerreiro viver e morrer com honra. Nesse momento, vamos destacar as aplicações práticas do Do (do = caminho), que também podemos dizer que o ideograma para caminho, em japonês, é equivalente à forma chinesa "Tao", e exprime o conceito filosófico de absoluto. Este conceito traz a ideia de origem, princípio e essência de todas as coisas. No geral, guerreiro é aquele que busca seu próprio caminho, então seja corajoso e busque o seu caminho. Jamais imite o caminho de alguém. Pare e reflita um pouco sobre o seu caminho e aprenda que no primeiro momento é necessário buscar e conhecer a sua meta, com isso concluímos também que a meta é que precisa ser encontrada, a meta é que precisa ser alcançada e não o caminho. Na verdade, existem muitíssimos caminhos para alcançar a mesma meta. Conhecer sua meta é o primeiro passo para a excelência, lembre-se: uma meta impossível pode ser divida em vários degraus possíveis. O sucesso não vem por acaso. Precisamos saber o que fazer para alcançar uma meta. (A palavra meta é definida no dicionário como "o ponto terminal de uma corrida" e "o fim na direção do qual o esforço é dirigido"). Então procure estudar ferramentas pessoais para poder identificar a sua meta e construa um plano de vida para você não se perder. Lembre-se, siga o melhor caminho em direção à sua meta e procure sempre aprimorar tudo que você faz e a vitória será certa, mais cedo ou mais tarde ela será alcançada, tudo depende da sua estratégia. Em outras palavras, com calma e raciocínio repete-se sempre tudo de novo mostrando caminhos diferentes.

Para se atingir esse grau de capacidade de realização e conhecimento, sem dúvida você terá que canalizar e colocar todas as suas forças em ação e focar todo o seu desejo na meta a ser conquistada. Pense que não há mais ninguém sobre a Terra com a mesma força. Pegue o espelho e se olhe, acredite na sua capacidade de acertar, você é o único. Acredite sempre em você, por que depois que você o fizer, perceberá as principais diferenças entre possuir o sentimento de riqueza que por sua vez atrairá riqueza. Mentalize a riqueza, pense positivo, corra atrás, trabalhe muito e pesquise ferramentas para organizar sua vida, para obter mais produtividade, enfim coloque no papel sua missão, sua visão e seus valores, seus pontos fracos e fortes, indique suas oportunidades e ameaças, defina sua metas e objetivos, defina ações e prazos, controle seus resultados e revise as metas para ajustar o caminhar, faça um plano de vida e, como todo samurai, tenha o objetivo de chegar ao topo da montanha. Lembre-se, cada um escolhe a montanha em que quer chegar por que o sucesso é sempre manter um objetivo em vista. Então, qual o passo que você dará hoje em direção a sua meta? Reconheça dentro de si que guerreiros de sucesso sabem o que querem, possuem metas definidas e entram em ação para alcançá-las.

Tudo o que precisa fazer é começar a sua pesquisa diária usando essas ferramentas de evolução pessoal que, com certeza, irão facilitar a manutenção do seu dia a dia rumo à meta desejada. É certo que você, em seus estudos encontre siglas como: os famosos "4 Ps" do marketing (Produto, Preço, Promoção e Ponto de venda) e a análise SWOT (as iniciais de "forças", "fraquezas", "oportunidades" e "ameaças" em inglês), 5S (Seiton, Seiri, Seiso, Seiketsu e Shitsuke). Há uma variedade de métodos para avaliar o desempenho humano. É compreensível que o estudo de todos os métodos possíveis irá possibilitar identificar possíveis erros e ajudá-lo a escolher o melhor caminho, porque um guerreiro tem suas armas e com cada arma possui habilidades específicas, para facilitar subir cada degrau rumo a sua meta.

Dando sequência ao tema metas, vou lhe apresentar o SMART, um dos mais conhecidos acrônimos, muito utilizado em gerenciamento de projetos. A sigla SMART (que também significa "esperto" em inglês) é composta pelas palavras "Specific", "Measurable", "Attainable", "Relevant" e "Time-bound" (poderíamos traduzir de forma livre como "específico", "mensurável", "atingível", "relevante" e "temporal"), ou ainda dizer que (S - uma meta precisa ser específica, M - é como você irá medir se o objetivo foi ou não alcançado, A - avalie se o objetivo pode ser alcançado, R - você precisa acreditar que tal objetivo possa ser alcançado e T - o objetivo precisa ter um prazo para ser alcançado). Para melhor se posicionar com essas ferramentas escreva as respostas dessas perguntas - O que especificamente (S)? Quanto vai custar (M)? Como vou alcançar (A)? Por que eu quero esse objetivo (R)? Quando eu vou realizar (T)? Ou seja, qualquer meta deve ser SMART. Não se sabe ao certo quem é o autor das metas SMART. Alguns dizem que foi o guru dos negócios Peter Drucker, mas não há registros precisos disso. As metas SMART se tornaram populares nos anos oitenta por causa de um famoso livro de negócios que as mencionava, mas o livro também não dá mais detalhes sobre suas origens. Por ser uma sigla de autoria desconhecida, muitos autores acabam definindo as palavras que a compõem de forma diferente, trocando, por exemplo, a palavra "relevante" por "realista", ou "temporal" por "tangível" (colocando, neste caso, o sentido de temporalidade em alguma outra palavra), o que não invalida o conceito.

Todos nós temos um professor inesquecível, aquele que mais do que ensinar a lição, faz com que a gente se apaixone. Desperta vocações, nos obriga a tentar até conseguir. Ou descobre um talento que nem a gente acreditava, colabora para que ações sejam tomadas, limites sejam enfrentados e o sucesso seja alcançado. Saiba que pessoas de sucesso têm seus professores que irão lhe ensinar a ter o tempo como aliado, professores da vida que hoje foram popularizados como *coaches*. Antes de prosseguir, é necessário que você entenda o que é. O *coaching* é uma ferramenta muito utilizada e desenvolvida pelas pessoas e profissionais que moram nos Estados Unidos. De todos os conceitos, achei melhor usar esse para lhe deixar como exemplo: *coaching* é uma gíria que surgiu nas universidades norte-americanas para definir um "tutor particular". O *coach* preparava os alunos para exames de determinada matéria. Com o tempo, passou a ser usada também para se referir a um instrutor ou treinador de cantores, atletas ou atores. A palavra *coaching* vem da palavra inglesa "*coach*" e significa treinador. Esse treinador tem o objetivo de encorajar e motivar o seu cliente a atingir um objetivo, ensinando novas técnicas que facilitem seu aprendizado. É claro que a evolução fez o termo *coaching* ganhar outras roupagens e cair nas graças de profissionais de várias áreas tendo a seguinte evolução: *coaching* estratégico / liderança, *coaching* de desenvolvimento pessoal, *coaching* operacional, *coaching* de equipes, entre outros. Ensinando você a aprender e a enfrentar os desafios individuais e coletivos. Enfim para cada caso - um *coaching*.

Eu poderia passar dias escrevendo sobre técnicas e ferramentas...

Porém, de nada adianta tanta teoria se você não assumir o compromisso de mudar. Tenha certeza que toda mudança é difícil, mas depois as coisas se ajeitam. Assim, logo chegará o Depois e a Recompensa.

Prepare-se para mudar de verdade. Se você já se acostumou com o que faz e não quer sair da sua zona de conforto, então aceite o que você já conquistou e ponto final. Se quiser continuar a andar para frente então fale alto, eu sei que posso mudar e mude de verdade por que se você não estiver satisfeito hoje é por que o seu hoje não está bom e saiba que se continuar a fazer o que está fazendo o resultado será o mesmo. De uma coisa tenho certeza... De nada adianta querer que as coisas mudem se você não mudar primeiro. A primeira mudança que sugiro é foco na meta. Agora vou sugerir um exercício, para realizá-lo limpe sua mente. Feche os olhos, relaxe, lembre-se da sua meta.

Foco na sua meta. Imagine cada degrau que tem que construir até chegar ao topo ou à realização total dessa meta. Descreva em detalhes a meta, coloque cor, observe tudo à sua volta, nos mínimos detalhes, observe o que você vai precisar mudar para atingir essa meta, identifique as ferramentas que precisar para modelar esse degrau. Classifique por grau de importância as ferramentas, identifique os recursos que serão necessários, identifique as dificuldades que terá que ultrapassar, pense em como ultrapassá-las, pense no que precisa fazer para isso, monte uma estratégia e observe os vários caminhos que poderá seguir para alcançar esse primeiro degrau. Estipule um prazo, faça lembretes para não perder o foco, pegue papel e caneta e escreva seu plano de ação. Classifique as prioridades e faça a seguinte pergunta: – eu possuo conhecimento para realizar essa fase ou quem poderia fazê-la e como? Analise cada etapa e classifique por critérios, sugiro pontuar cada item com uma nota de um a dez, deste modo a que tiver maior nota será a mais urgente a ser concluída. Determine a rota, qual o ponto inicial, quais são os seus limites, quanto tempo precisará e tenha o compromisso de resolver as coisas dentro do prazo real. Divida tarefas e organize o seu horário para poder atingir as etapas pré-escolhidas rumo à meta. Acredite: estabelecer regras que orientem suas decisões não só facilita o alcance dos objetivos, como também permite liberar sua mente para coisas mais importantes.

- Não se importe com o que pensam e falam sobre você. O que alguém pensa ou fala de você não depende de você.
- Gaste tempo e energia rumo ao seu objetivo. Entenda o que significa CONSTRUIR.
- E lógico, trabalhe muito e estude muito.
- Por último, aprenda a motivar a si mesmo e seja feliz.

Para finalizar, desejo do fundo do meu coração que você realize todos os seus sonhos e festeje muito!